Şeref Erkayhan

AF239542

Ein Vorgehensmodell zur automatischen Kopplung von Services am Beispiel der Integration von Standardsoftwaresystemen

Reihe Informationsmanagement im Engineering Karlsruhe
Band 1 – 2011

Herausgeber
Karlsruher Institut für Technologie
Institut für Informationsmanagement im Ingenieurwesen (IMI)
o. Prof. Dr. Dr.-Ing. Dr. h.c. Jivka Ovtcharova

Eine Übersicht über alle bisher in dieser Schriftenreihe erschienenen Bände finden Sie am Ende des Buchs.

Ein Vorgehensmodell zur automatischen Kopplung von Services am Beispiel der Integration von Standardsoftware-systemen

von
Şeref Erkayhan

Dissertation, Karlsruher Institut für Technologie,
Fakultät für Maschinenbau
Tag der mündlichen Prüfung: 26.01.2011
Referenten: Prof. Dr. Dr.-Ing. Jivka Ovtcharova
             Prof. Dr. Ralph H. Stelzer

Impressum

Karlsruher Institut für Technologie (KIT)
KIT Scientific Publishing
Straße am Forum 2
D-76131 Karlsruhe
www.ksp.kit.edu

KIT – Universität des Landes Baden-Württemberg und nationales
Forschungszentrum in der Helmholtz-Gemeinschaft

Diese Veröffentlichung ist im Internet unter folgender Creative Commons-Lizenz
publiziert: http://creativecommons.org/licenses/by-nc-nd/3.0/de/

KIT Scientific Publishing 2011
Print on Demand

ISSN: 1860-5990
ISBN: 978-3-86644-697-7

Vorwort der Herausgeberin

Der steigengender Wettbewerbsdruck und immer höhere Kundenanforderungen stellen an zukünftige Produkte und Fertigungsprozesse immer neue Anforderungen. Die Fertigungsindustrie - insbesondere die Automobilindustrie - versuchen, mit neuen Produktinnovationen diesen Herausforderungen zu begegnen. Gerade in diesem Bereich zeigen die Trends eine Reihe von Veränderungen auf, was die Zukunft des Automobils angeht. So werden z.B.: die Fahrzeuge in Zukunft mit mehr Telematik und Multimedia ausgestattet, miteinander vernetzt, die Emotionen sowie Reaktionen des Fahrers werden verkehrsgerecht umgesetzt. Dieser zunehmende Innovationsdruck führt unverweigerlich zu immer komplexeren Produkten. Die Elektronik und Software im Fahrzeug hat beispielsweise jetzt schon einen beträchtlichen Anteil erreicht und dieser Anteil wächst rasant. Mit dem Wandel hin zum Elektroauto werden sich diese Entwicklungen umso mehr verstärken. Um diese steigende Produkt- und Prozesskomplexität beherrschen zu können, kommen in der Fertigungsindustrie verschiedene Software-Lösungen zum Einsatz. Insbesondere Produktdatenmanagement (PDM)-Systemen kommt hier eine bedeutende Rolle zu.

Die neuen Entwicklungen führen jedoch zu neuen Anforderungen an Standardsoftwaresysteme wie PDM oder ERP sowie an ganzheitliche Konzepte wie das Product Lifecycle Management (PLM). Die aus diesen Entwicklungen resultierenden Anforderungen müssen dann als IT-Lösungen auf technischer Ebene realisiert und anschließend auf strategischer, operativer Ebene in der Jeweiligen Industrie, sowohl auf der Seite der OEMs als auch auf der Lieferanten-Seite, umgesetzt werden.

Um solchen Anforderungen gerecht werden zu können, werden flexible Softwarearchitekturen gebraucht. Heutige Architekturen von PLM-Lösungen sind überwiegend Client-Server orientiert. Mittelfristig wird sich hier eine offene, flexible-Architektur durchsetzen müssen: Service-orientierte Architekturen (SOA). Dabei werden die PLM-Funktionen als Services zur Ausführung prozessrelevanter Tätigkeiten angeboten. Daraus ergibt sich ein strukturierter Ansatz für das PLM. Die Kombination von PLM und SOA kann so Unternehmen helfen, ihre bestehenden Infrastrukturen im Laufe der Zeit schrittweise aufzubauen, zu erweitern und zu verändern, indem zahlreiche Anwendungen Services wiederverwenden dürfen. So kann die service-basierte Integration von Zulieferern ermöglicht werden.

Im Rahmen dieser Arbeit wird zuerst die Eignung von Standardsoftwaresystemen im Hinblick auf Servicefähigkeit untersucht und anschließend ein Vorgehensmodell zur möglichst automatischen Kopplung von Services mit Hilfe von Agententechnologie am Beispiel der Integration von Standardsoftwaresystemen erarbeitet und in verschiedenen Anwendungsszenarien verifiziert. Das Vorgehensmodell beschreibt die notwendigen Schritte, Methoden und Werkzeuge und deren Anwendung.

Prof. Dr. Dr.-Ing. Dr. h. c. Jivka Ovtcharova

Vorwort

Die vorliegende Dissertation entstand neben meiner Tätigkeit als wissenschaftlicher Mitarbeiter im Forschungsbereich Prozess- und Datenmanagement im Engineering (PDE) des Forschungszentrums Informatik (FZI) an der Universität Karlsruhe.

Herrn o.Prof.em. Dr.-Ing. Prof.E.h. Dr.h.c. Hans Grabowski, dem ehemaligen Leiter des Instituts für Rechneranwendung in Planung und Konstruktion (RPK) an der Universität Karlsruhe und Direktor des Forschungsbereiches PDE am FZI, der leider in der Endphase dieser Arbeit erkrankt und verstorben ist, gilt mein ganz besonderer Dank für die wissenschaftliche Betreuung und das mir entgegengebrachte Vertrauen.

Bei Frau Prof. Dr. Dr.-Ing. Dr. h. c. Jivka Ovtcharova, Leiterin des Instituts für Informationsmanagement im Ingenieurwesen (IMI), möchte ich mich recht herzlich für die Übernahme des Hauptreferats nach dem Tod von Herrn Prof. em. Dr.-Ing. Prof. E.h. Dr. h.c. Hans Grabowski und die Weiterführung der wissenschaftlichen Betreuung dieser Arbeit bedanken. Sie führte diese Arbeit zum erfolgreichen Abschluss. Das IMI entstand durch Umbenennung des Instituts für Rechneranwendung in Planung und Konstruktion.

Herrn Prof. Dr. Ralph H. Stelzer danke ich für das der Arbeit entgegengebrachte Interesse und die Übernahme des Korreferats. Für die Übernahme des Prüfungsvorsitzes danke ich Herrn Prof. Dr.-Ing. Sven Matthiesen. Bei den Mitarbeiterinnen und Mitarbeitern des FZI und RPK, insbesondere meinen Kollegen des Forschungsbereiches PDE, bedanke ich mich für die vielfältige Unterstützung und Hilfsbereitschaft, sowie auch für die vertrauensvolle Zusammenarbeit. Diese Tatsache und die freundschaftliche Atmosphäre haben meine Arbeit wesentlich erleichtert.

Weiterhin möchte ich mich bei den studentischen Hilfskräften; Petar Hristov, Todor Dimitrov, Abdeljhalil Lahlou und Stefan Schürle für ihre langjährige engagierte Mitarbeit in unseren Projekten und ihre stete Einsatzbereitschaft herzlich bedanken. Ferner gilt mein Dank allen Studien- und Diplomarbeitern, die zum Gelingen dieser Arbeit mit beigetragen haben. Ohne deren Hilfe wäre die Fertigstellung der Arbeit in dem Zeitraum nicht möglich gewesen.

Besonderer Dank gilt den Herren Dipl.-Ing. Volker Arnold, Dipl.-Ing. Konstantin Krahtov sowie Dipl.-Inform. Torsten Engel für die wertvollen Hinweise, Anregungen und Diskussionen, die die Arbeit in vielen Bereichen weiter verbessert haben.

Meinen Eltern danke ich für ihre Unterstützung während meiner gesamten Ausbildungszeit, die mir diesen Lebensabschnitt erleichtert hat. Und Meiner Frau danke ich für Ihre Geduld.

Şeref Erkayhan   Karlsruhe, im Januar 2011

Ein Vorgehensmodell zur automatischen Kopplung von Services am Beispiel der Integration von Standardsoftwaresystemen

Zur Erlangung des akademischen Grades eines

Doktors der Ingenieurwissenschaften

der Fakultät für Maschinenbau
Karlsruher Institut für Technologie (KIT)

genehmigte

Dissertation

von

Dipl.-Ing. Şeref Erkayhan

aus	Turgutlu, Türkei
Tag der mündlichen Prüfung:	26. Januar 2011
Hauptreferent:	Prof. Dr. Dr.-Ing. Dr. h. c. Jivka Ovtcharova
Korreferent:	Prof. Dr. Ralph H. Stelzer

Für Paşa Baba, meinen Vater

Inhaltsverzeichnis

Abkürzungen

ALM	Application Life Cycle Management
BAM	Business Activity Monitoring
BI	Business Intelligence
BPA	Business Process Analysis
BPEL	Business Process Execution Language
BPM	Business Process Management
BPMI	Business Process Management Initiation
BPML	Business Process Modeling Language
BPMN	Business Process Modeling Notation
BPMS	Business Process Management System
EPK	Ereignisgesteuerte Prozessketten
DAML-S	Darpa Agent Markup Language for Services
EA	Enterprise Architecture
EAI	Enterprise Application Integration
ebXML	Electronic Business Using Extensible Markup Language
ITIL	IT Infrastructure Library
OASIS	Organization for the Advancement of Structured Information Standards
OMG	Object Management Group
OWL-S	Web Ontology Language for Services
PDM	Produktdatenmanagement
PDML	Product Data Markup Language
PLM	Product Lifecycle Management
RDF	Resource Description Framework
RIA	Rich Internet Application

RPK	Rechneranwendung in Planung und Konstruktion
SaaS	Software-as-a-Service
SLA	Service Level Assurance oder Agreement.
SOA	Service-oriented Architecture
SOAP	Simple Object Access Protocol
UDDI	Universal Description, Discovery and Integration
WSCI	Web-Services Choreography Interface
WSDL	Web-Service Description Language
XSD	XML Schema Definition
WSBPEL	Web-Services Business Process Execution Language
XPDL	XML Process Definition Language

Bildverzeichnis

1 Einleitung

Die Entwicklung, Herstellung und Vermarktung innovativer Produkte sowie die Fähigkeit, auf sich dynamisch wandelnde Märkte zu reagieren, ist eine wichtige Voraussetzung zur Aufrechthaltung und Steigerung der Wettbewerbsfähigkeit von Unternehmen [EiSt-09]. Dabei hat sich das Unternehmensumfeld in den letzten Jahren dramatisch verändert und befindet sich in einem permanenten Wandel. Märkte, Produkte und Kundenanforderungen unterliegen einer turbulenten Veränderungsdynamik. Die Anzahl industrieller Produkte, Bauteile und Produktvarianten nimmt exponentiell zu, was zu einer Explosion der Produkt- und Datenkomplexität führt [AbSt-07].

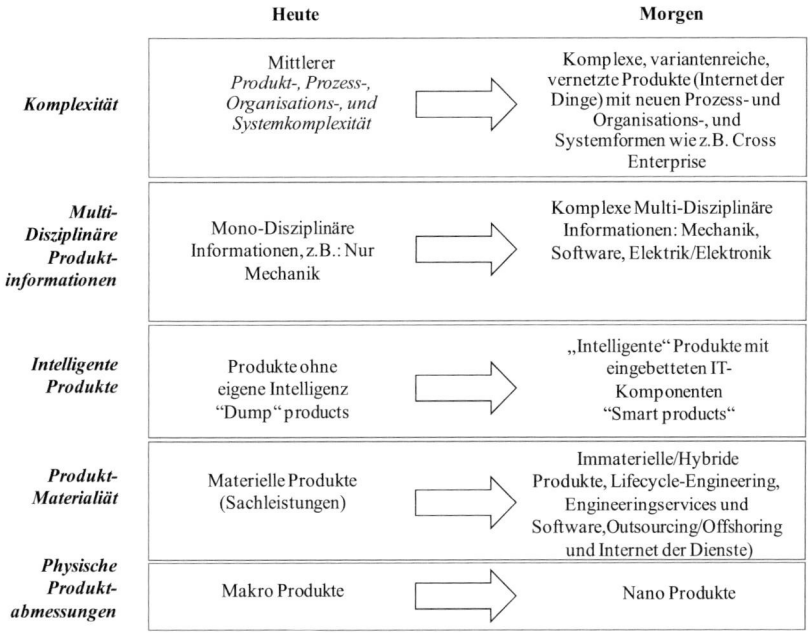

Bild 1-1:   Engineering-Trends 2015 angelehnt an [AbSt-07].

Der Wandel des Unternehmensumfeldes und der Industrieprodukte sowie die rasante Entwicklung der Informationstechnologien verändern auch die Engineering Prozesse grundlegend. Dabei ist das Engineering die Hauptquelle für Produkt- und Prozess-Innovationen. Das frühe Erkennen von Trends im Engineering eröffnet produzierenden Unternehmen den entscheidenden Wettbewerbsvorteil in dynamischen, globalen Märkten (Bild 1-1).

So zeigen Ergebnisse einer gemeinsam mit PTC und WZL der RWTH Aachen durchgeführten Studie zum Thema „Managing Complexity in Automotive Engineering" auf, dass Unternehmen heute vor der Situation stehen, mit immer flexibleren und effizienteren Geschäftsprozessen auf sich immer schneller ändernde Marktsituationen reagieren zu müssen. Laut Studie besteht allgemein Konsens, dass die Komplexität in der Automobilindustrie mannigfaltige Ursachen hat und weiter steigt. Die Studie belegt, dass die Beherrschung der Komplexitätstreiber zum Haupthebel für die weitere Erfolgsoptimierung wird.

In dieser Dynamik ist der Einsatz der Informationstechnologie für die Gestaltung und kontinuierliche Verbesserung der Geschäftsprozesse eines Unternehmens unerlässlich. Der Bereich der Produktentwicklung zeigt dies deutlich, die einzelnen Phasen des Produktentstehungsprozesses kommen nicht mehr ohne eine durchgängige und integrierte Softwareunterstützung z.B. durch PDM-Systeme aus [VDI-99].

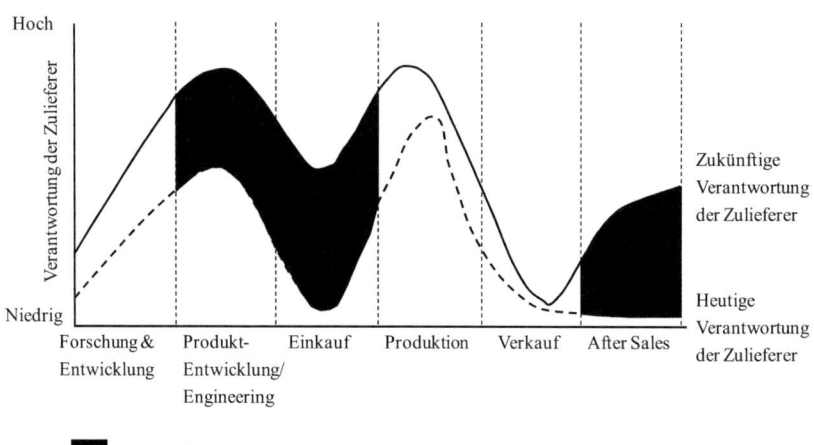

Bild 1-2:   *Verantwortung der Zulieferer für den Produktlebenszyklus [RoSi-04]*

Der Einsatz der Informationstechnologie ermöglicht heute weltweit verteilte Entwicklung und Fertigung von Komponenten und Systemen. Dabei verstärken sich die Anstrengungen von Unternehmen zunehmend, sich auf ihr Kerngeschäft zu konzentrieren und andere Teile der Wertschöpfung an externe Lieferanten auszulagern. Die Hersteller übernehmen meistens lediglich die Endmontage der gelieferten Komponenten.

In der Automobilindustrie übernehmen die Zulieferer zunehmend auch die Verantwortung für das Management von Prozessen und die Systemintegration entlang der Lieferkette [Schu-06]. Die Zulieferindustrie steht vor weit reichenden Veränderungen. Laut einer aktuellen Untersuchung der Roland Berger und Partner GmbH wird beispielsweise die Konzentration im Umfeld der Erstausrüster (OEM) weiter zunehmen.

Danach soll die Zahl der Zulieferer bis zum Jahr 2010 auf 3.500 sinken; im Jahr 2000 waren es noch 5.600. Zudem geht die Studie davon aus, dass sich bis dahin nur noch acht Automobilhersteller den gesamten Weltmarkt teilen.

Will ein Zulieferer in diesem Konzentrationsprozess bestehen, muss auch er verstärkt global agieren und kooperieren. Dies ist umso dringlicher, als die Zulieferunternehmen bis 2015 große Teile der Entwicklung und Forschung, sowie der Produktion von den Herstellern übernehmen werden, wie eine Untersuchung der Unternehmensberatung Mercer Inc. sowie der Fraunhofer Institute für Produktionstechnik und Automatisierung (IPA) und für Materialfluss und Logistik (IML) ermittelte [fast-04].

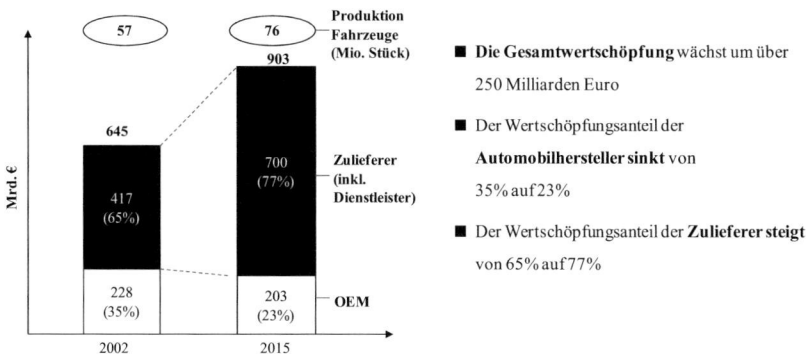

Wertschöpfung/Wertschöpfungsanteil Automobilhersteller
(weltweit, Automobilentwicklung/-produktion, Light Vehicles)

Bild 1-3:   Entwicklung der Wertschöpfungsanteile 2002 – 2015 nach [Fast-04]

Mehr und mehr wird das Unternehmen als ein Gefüge vieler einzelner Geschäftsfelder betrachtet, deren Beziehungen untereinander ebenso kontinuierlichen Veränderungen unterworfen werden wie die Frage, welche Tätigkeitsbereiche intern oder extern anzusiedeln sind. Das erweiterte Unternehmen ist Realität geworden. Zusammenschlüsse mit anderen Firmen – auch nur projektbezogen – sind genauso an der Tagesordnung wie die Ausgliederung von Teilen eines Unternehmens. Der daraus resultierenden Komplexität und vor allem dem hohen Grad an kontinuierlichem Wandel in den Organisations- und Prozessstrukturen werden die in vielen Jahren gewachsenen IT-Strukturen immer weniger gerecht [Sopl-08]. Die Umstellung von der bisher üblichen Applikationsorientierung auf eine service-orientierte Architektur (SOA) wird nun als Möglichkeit diskutiert, für diese Aufgaben einen besseren Lösungsansatz zu finden und Verkrustungen zu überwinden. Auch und gerade im Bereich des Produktentstehungsprozesses.

1.1 Ausgangssituation

Durch die engere Zusammenarbeit mit den Herstellern und Zulieferern entstehen dynamische, stark verzahnte Netzwerke, in die alle möglichen Bereiche, von der Entwicklung bis hin zu den Service-Dienstleistungen, eingebunden sein können. Für diese Form der Zusammenarbeit sind IT-Lösungen erforderlich, die eine lückenlose Prozess-Kommunikation und den Informationsaustausch über die Unternehmensgrenzen hinweg ermöglichen.

Die unternehmensübergreifende Zusammenarbeit entlang der Wertschöpfungsketten, gewinnt daher zunehmend an Bedeutung. Die unternehmensübergreifende Integrationsfähigkeit der Informationstechnologie (IT) wird damit zum strategischen Erfolgsfaktor. Als unmittelbare Folge der insbesondere in den letzten Jahren überproportional gestiegenen Investitionen stehen Anwender jedoch vor einem Berg an internen sowie unternehmensübergreifenden IT-Systemen [Feße-04]. Denn viele Unternehmen im Produktions- und Dienstleistungsbereich sind durch geschichtlich gewachsene, heterogene Systeme geprägt.

Darüber hinaus gibt es in über Jahrzehnte gewachsene Unternehmen häufig für ein und dieselbe Funktion redundante Systeme in unterschiedlichen Abteilungen. Entstanden sind sie häufig dadurch, dass einzelne Abteilungen in vorhandenen Programmen Funktionen vermissten und von der IT eine Eigenentwicklung erhielten, obwohl 90 Prozent der benötigten Funktionalitäten bereits in der ursprünglich Software vorhanden war. Durch Redundanzen entstehen nicht nur unnötige Kosten. Ein noch viel größeres Problem ist, dass doppelte Daten zu unterschiedlichen Datensätzen führen können. Ein späteres Zusammenführen der Daten ist sowohl problematisch als auch kostenintensiv.

Kommunikation und Datenaustausch finden auch oft über sehr spezifische Standards statt. Traditionell sind viele Applikationen funktional ausgerichtet, während immer mehr Geschäftsprozesse funktions-, bereichs- und teilweise unternehmensübergreifend ausgerichtet werden. Um eine weitere Automatisierung und Optimierung dieser Geschäftsprozesse zu erreichen, ist die Integration dieser einzelnen Software-Systeme notwendig.

Die informationstechnische Unterstützung erfordert den Einsatz und die Integration von Software-Systemen. In zahlreichen Forschungs- und Industrieprojekten wurden bereits versucht verschiedene Integrationsansätze zwischen einzelnen Systemen zu realisieren. Durch diese isolierte Vorgehensweise traten dabei Probleme in den Bereichen; Plattform-, Datenformat- und Prozessabhängigkeit sowie Management und Optimierung [Kole-04]. Denn die Systeme laufen häufig auf unterschiedliche Hardware und Betriebssystemplattformen und sie wurden nicht für die Interaktion mit anderen Software-Systemen entworfen. Die zur Lösung solcher Probleme entwickelten Adapter konnten häufig für eine weitere Integration mit anderen Systemen nicht wieder verwendet werden. Die von den unterschiedlichen Systemen verwendeten unterschiedliche Datenformate und Datenmodelle erschwerten die Integration zusätzlich.

Die in den Prozessen eingesetzten IT-Systeme wiederum verlangen nach effizienteren Strukturen, um die Informationsflüsse durchgängiger zu gestalten und die Informationen aus der unüberschaubaren Datenflut der großen Menge an Applikationen gezielter dort zur Verfügung stellen zu können, wo sie benötigt werden. Weder funktioniert dies zwischen den Systemen der verschiedenen Engineering-Disziplinen mithilfe von PLM zufriedenstellend, noch ist es zwischen den zentralen Geschäftsprozessen und deren Applikationen – also PLM, ERP, SCM und CRM – in größerem Umfang gelungen [Sopl-08].

Die Unternehmen sind daher gezwungen, ihre Strategie und die daraus abgeleiteten Geschäftsprozesse der Dynamik ihres Umfeldes anzupassen. An Stelle traditioneller Netzwerke auf Basis etablierter Kunden- und Lieferantenbeziehungen treten flexible, sich ständig neu konfigurierende Wertschöpfungsketten [HeGü-05].

IT-Strukturen im klassischen Sinne unterstützen diese Konzepte nur unzureichend. Sie sind oft zu statisch, um sich Veränderungen schnell und flexibel anzupassen. Zur Realisierung von Adaptive Business Networks bedarf es einer IT-Infrastruktur, die es ermöglicht, Prozesse und Organisationsstrukturen rasch umzubauen. Eine solche Infrastruktur stellen so genannte service-orientierte Architekturen (SOA) bereit. In Analogie zu den flexiblen Geschäftseinheiten werden bei SOA einzelne Funktionalitäten einer ERP-Lösung gekapselt. Sie bekommen eindeutige Zuständigkeiten in Form von Web-Services zugewiesen, die standardisiert und wieder verwendbar über ein Service-Repository zugänglich gemacht werden. In Kombination mit einer Integrationsplattform und der Portaltechnologie ergeben sich neue Möglichkeiten, veränderte Geschäftsmodelle rasch und reibungslos umzusetzen.

1.2   Bedeutung der Service-basierten Integration

Die Integration von Systemen und die Zusammenarbeit in der vernetzten Firmenwelt bilden eine wesentliche Grundlage für effiziente Geschäftsprozesse. Um Herausforderungen zu begegnen, müssen Unternehmen eine IT-Infrastruktur entwickeln, die einerseits die Einbindung neuer Geschäftspartner ermöglicht und andererseits einheitliche Sicherungsmechanismen sowie eine einheitliche Lösungsverwaltung und -überwachung unterstützt. Die Technologien auf Basis von Web-Services können diese Herausforderungen meistern. Unternehmen profitieren von der flexiblen Entwicklung integrierter Anwendungen und einer kostengünstigen Integration durch bedarfsgerechte Zusammenstellung.

Der Schlüssel für eine vollständig automatisierte und bedarfsgerechte Integration liegt in anpassungsfähigeren Systemen; daher müssen große IT-Infrastrukturen in kleinere, flexiblere Komponenten aufgeteilt werden, in sog. Web-Services. Dieser Technologie liegt die Modularisierung von Systemfunktionen als Web-Services zugrunde. Diese werden mit Hilfe von Standardsprachen wie XML beschrieben, veröffentlicht und aufgerufen, und sie interagieren über Standard-Internetprotokolle.

Web-Services gelten als eine der wichtigen Evolutionsstufen im Bereich der Informationstechnologie. Analysten erwarten in zwei bis sechs Jahren einen breiten Einsatz der Technologie und eine damit verbundene grundlegende Veränderung von IT-basierten Geschäftsprozessen [SASI-03]. Web-Services erzeugen neue Geschäftsmodelle, die eng gekoppelte IT-Strukturen ablösen und lose gekoppelte Business-Netzwerke ermöglichen. Im Vergleich zu traditionellen Integrationsmethoden erfordert eine Web-Service-basierte Integration vergleichsweise geringe Investitionen, da bereits existierende Systeme weiterhin genutzt werden können. Gleichzeitig bietet diese Technologie ein Maximum an Flexibilität, da neue Anwendungen relativ effizient in bestehende Systeme integriert werden können.

Der Hauptvorteil dieses Ansatzes ist die Betrachtung der Anwendungsfunktionen als Services, die zur flexiblen Gestaltung von Geschäftsprozessen verwendet werden können [Chri-05]. Ältere Verfahren wie die Kopplung der Systeme über spezielle Schnittstellen führten dazu, dass große Teile der IT-Budgets für die Pflege der Brücken verwendet werden mussten, anstatt für neue Geschäftsservices zur Verfügung zu stellen.

Mittels Web-Services können Unternehmen ihre Geschäftsprozesse beschleunigen und gleichzeitig Serviceangebote für Kunden und Partner verbessern [Scha-04]. Damit leisten Web-Services nicht nur einen wichtigen Beitrag zur Kostensenkung, auch die Einbindung externer Firmen wird einfacher [Ecin-04]. Denn so lassen sich sog. Legacy-Systeme kostengünstig modernisieren und in neue Lösungen – wie beispielsweise das SCM, ERP oder PDM – einbinden. Führende Unternehmen bedienen sich bereits Web-Services, um Vorgänge wie Auftragserfüllung und Bestandswarnung abzuwickeln. Als Vorreiter gelten hierbei Hightech-Firmen - sie stellen mit Hilfe von Web-Services wichtige Daten aus der Logistikkette bereit [SaIn-02].

Die zunehmende Dezentralisierung der Informationsverarbeitung und die wachsende Nutzung der Web-Service-Technologie führen zur Verbreitung von serviceorientierten Architekturen (engl.: SOA) [KuJa-07]. Denn Web-Services sind essentielle Bestandteile einer service-orientierten Architektur. Service-orientierte Architekturen bieten wiederum mit ihrem hohen Grad an Modularität, mit der Widerverwendbarkeit ihrer kleinsten Bausteine, der Services, und aufgrund der Tatsache, dass sie auf offenen Standards basieren, eine gute Möglichkeit, die bestehenden Strukturen modernisieren und dabei zugleich die hohen bisherigen Investitionen in die IT zu schützen [SOPL-08].

Über alle Branchen hinweg werden Unternehmen künftig Web-Services verwenden, etwa um kostengünstige Partnerverbindungen zu etablieren, interne Anwendungen miteinander zu verknüpfen und neue Partner einzubinden, so das Ergebnis einer Forrester-Studie. Bild 1-4 zeigt zukünftige Web-Services Modelle nach dieser Studie [Yate-01].

Herausforderungen und der Handlungsbedarf

Bei einem Web-Service handelt es sich um eine Funktion oder einen Dienst, der über das Internet zugreifbar ist und eine bestimmte Dienstleistung erfüllt [Jano-03]. Dabei kann es sich beispielsweise um einen Sensor handeln, der auf Anfrage über das Internet Temperaturdaten zurückliefert. In diesen Fällen mag auf den ersten Blick ein einzelner Dienst ausreichen, um die geforderte Aufgabe zu erfüllen. In der Wirklichkeit werden jedoch verschiedene Quellen anfragt und möglichst auch Informationen über die Verfügbarkeit zurückgeliefert.

	Partner	Firmeneigen	Öffentlich
Beschreibung:	Verbindet bekannte Kunden, Partner und Außenstellen	Integriert interne individuell angepasste Anwendungen und Legacy-Anwendungen für ein einzelnes Unternehmen	Liefert ein Verzeichnis, das dazu genutzt werden kann, neue Partner zu finden und Engagieren
Hauptvorteile:	Bietet kostengünstige B-to-B-Verbindungen und besseren Informationsfluss zwischen Partnern	Bietet einen Standard für die Integration interner Anwendungen sowie die Datenaggregation für Dienstleistungen	Liefert ein Verzeichnis, das dazu genutzt werden kann, neue Partner zu finden und auf Ad-hoc-Basis zu Kooperieren
Einsatzbereich:	▪ Logistikketten ▪ Komplexe Produkte ▪ Eingeschränkte Verbindungen zwischen kleineren Firmen	▪ Viele Interne Systeme ▪ Zahlreiche Standorte ▪ Abhängigkeit von eigenentwickelten Legacylösungen für die Integration	▪ Kurzer Produktlebenszyklus ▪ Niedrige Zugangsschranken ▪ Dynamische Geschäftsbeziehungen

Bild 1-4:   Web-Services Modelle [Yate-01]

Auch die Daten von einem Sensor sollen häufig als Eckdaten für eine Berechnung benutzt oder einem anderen Dienst zur Verarbeitung übergeben werden. Dies bedeutet aber, dass verschiedene Services verschiedener Anbieter miteinander agieren müssen. Für eine solche dienstübergreifende Zusammenarbeit müssen einige Voraussetzungen erfüllt sein. Als erstes muss es möglich sein, die Services zu finden. Anschließend muss man beurteilen können, ob der gefundene Dienst auch für die jeweilige Anwendung geeignet ist. Ist dies der Fall, muss in Erfahrung gebracht werden, wie man Zugang zu dem Service bekommt. Zum Beispiel muss bekannt sein, welches Kommunikationsprotokoll der Dienst benutzt (z.B. SOAP) und welche Eingabe-Parameter er benötigt. Wenn bekannt ist, wie die einzelnen Services aufgerufen werden können, kann man sie miteinander verbinden.

Bisher werden die oben genannten Schritte vorwiegend manuell durchgeführt: Ein Anwender sucht in einer zentralen Datenbank (Registry, UDDI) nach Diensten, die seinen Bedürfnissen entsprechen. Aus den dort gefundenen Beschreibungen versucht er, Informationen über die Zugriffsmöglichkeiten und die Eignung zu erhalten. Anschließend ruft er den Dienst, der meist durch ein WSDL-Dokument beschrieben ist, von Hand auf. Die Rückgabewerte benutzt er im nächsten Schritt als Eingabe-Parameter für den nächsten Service in seiner erdachten Kette.

Diese Vorgehensweise bringt einige Herausforderungen mit sich. Zuerst einmal muss der Anwender beurteilen können, ob der Dienst seinen Bedürfnissen entspricht. Dazu kann er meist nur eine Beschreibung, Informationen über den Anbieter und ein WSDL-Dokument verwenden.

Als nächstes muss der erste Service ausgeführt werden. Auch hierfür steht wiederum nur die WSDL-Beschreibung zur Verfügung. Was genau sich innerhalb des Services abspielt und tatsächlich mit den Eingabe- und Ausgabe-Parametern gemeint ist, bleibt dem Benutzer jedoch verborgen. Ruft er den Service dann erfolgreich auf und erhält auch das gewünschte Ergebnis, so muss er wiederum prüfen, ob dieses sich direkt für die Weiterverarbeitung im nächsten Dienst des Prozesses eignet.

Diese Aufgaben bestimmten Software-Agenten zu überlassen und somit zu automatisieren kann Zeit und Kosten sparen und die Qualität der Integration erhöhen.

1.3 Zielsetzung und Ansatz

Web-Services sind gekennzeichnet durch die Bereitstellung von Softwarefunktionalitäten in Form von Komponenten, die sowohl im Unternehmen als auch darüber hinaus verfügbar gemacht werden können. Je mehr Anwendungen diese Technologie nutzen, desto mehr gewinnen Web-Services an Bedeutung. Die meisten Software-Hersteller haben bereits die Vorteile dieser Technologie entdeckt und sich auf den Weg gemacht, die Ausrichtung ihrer Produkte an den Anforderungen des Web-Service basierten Geschäftsmodellen nachzuweisen. Beispielsweise gibt es bereits Systeme, die eine gesamte ERP-Funktionalität ausschließlich über Web-Services abwickeln.

Auch wenn jeder Web-Service für sich allein genommen einfach sein soll, entsteht im Laufe der Zeit ein hoher Grad an Komplexität, insbesondere wenn mehrere Web-Services gekoppelt werden. Denn für eine prozessbasierte Integration zwischen Unternehmen reichen einzelne Web-Services nicht aus. In vielen Fällen müssen Web-Services von verschiedenen Software-Systemen zu einem Prozess manuell gekoppelt werden, da einerseits die Integration von Services auf Prozessebene mangelhaft ist und andererseits Web-Services an einer semantischen Beschreibung fehlen. Viele der zurzeit auf dem Markt befindlichen Lösungen bieten Werkzeuge zur Erstellung von Web-Services. Allerdings vernachlässigen sie sowohl den Aspekt der Verwaltung als auch der flexiblen Integration von Services. Das Ergebnis sind weiterhin starre Implementierungen mit hohem Kostenaufwand. Auch die Technologien zum automatischen Auffinden von Web-Services reichen nicht aus.

Die Nutzung der Agententechnologie bei der Kopplung (Komposition) von einzelnen Services zu einem Geschäftsprozess kann genau hier die Komplexität reduzieren und damit dieses Problem zu lösen [Klim-03] helfen. So können mit semantischen Informationen versehene Web-Services von Agenten automatisch gefunden, ausgewertet, zu einem Geschäftsprozess gekoppelt, aufgerufen und überwacht werden [Arlt-02]. Dabei wird das Konzept des Agenten als funktional eigenständige, autonom agierende und kommunizierende Software-Komponente zum Aufbau flexibler Prozesse in verteilten Service-orientierten Architekturen benutzt.

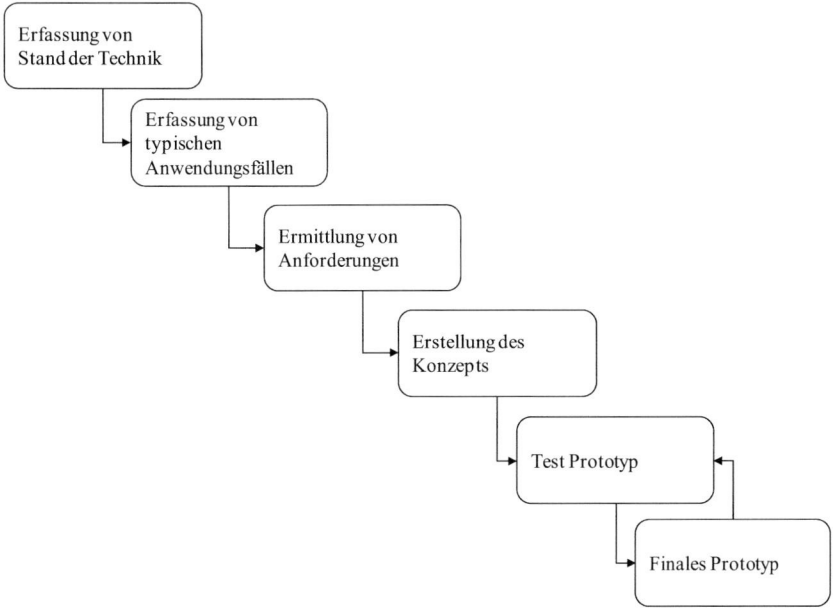

Bild 1-5:   Vorgehensweise bei der Arbeit

Trotz den zahlreichen Forschungsvorhaben in diesem Bereich, sind insbesondere Unternehmen bei der Nutzung der Agententechnologie zur Service-basierten Integration von Standardsoftwaresystemen - wie z.B.: PDM und ERP – zahlreichen Hindernissen und Fragestellungen ausgesetzt. Dazu zählen beispielsweise fehlendes Erfahrungswissen sowie unzureichendes Know-how hinsichtlich Vorgehensweise, Technologie und Hilfsmitteln. Dazu kommt, dass zahlreiche Standardsoftwaresysteme sowie unterstützende Werkzeuge und Vorgehensmodelle nicht für die unmittelbare praktische Anwendung in den Unternehmen ausgelegt sind. Dies führt zu massiven Schwierigkeiten bei der Umsetzung oder sogar zum Scheitern von Service-basierten Integrationsprojekten.

Zusammenfassend lässt sich feststellen, dass der Einsatz der Agenten-Technologie bei der Service-basierten Integration von Standardsoftwaresystemen aufgrund des hohen wirtschaftlichen Risikos und fehlendem Erfahrungswissen nur unzureichend ist. Gleichzeitig ist ein großer und weiter wachsender Bedarf an diese Technologie vorhanden, da immer mehr Standardsoftwaresysteme Funktionen in Form von Web-Services anbieten und diese wiederum zu einem logischen Prozess möglichst automatisch integriert werden müssen.

Im Rahmen dieser Arbeit wird daher ein Vorgehensmodell zur möglichst automatischen Kopplung von Web-Services am Beispiel der Integration von Standardsoftwaresystemen erarbeitet und in verschiedenen Anwendungsszenarien verifiziert. Dabei wird für die automatische Kopplung einzelner Web-Services die Nutzung der Agententechnologie untersucht. Das Vorgehensmodell beschreibt die notwendigen Schritte, Methoden und Werkzeuge und deren Anwendung.

2 Stand der Technik und die Trends

Zahlreiche Unternehmen beschäftigen sich intensiv mit der Einführung service-orientierter Architekturen. Laut einer von der Aberdeen Group1 durchgeführten Befragung unter 120 Unternehmen erklärten 90 Prozent aller Befragten, dass SOA grundsätzlich auf der Tagesordnung stehe. Bereits jedes fünfte Unternehmen mit mehr als einer Milliarde US-Dollar Umsatz arbeitet schon länger als ein Jahr damit.

In zahlreichen Projekten befassen sich immer mehr Unternehmen mit dem Thema SOA, die teilweise auch den PLM-Bereich erfassen, teilweise in Feldern wie Logistik, Vertrieb oder Service angesiedelt sind. Vor allem Großunternehmen beispielsweise in der Automobilindustrie arbeiten an umfassenden SOA-Konzepten [SOPL-08].

An den Hochschulen existieren Forschungsprojekte und Überlegungen, wie eine neue Generation von PLM-Lösungen gefördert und entwickelt werden kann. Dabei wird auch diskutiert, wie weit SOA die Technologie der Wahl ist. Auch der ProSTEP iViP Verein definierte in Ergänzung zum STEP-Standard, der noch auf einem Datei-basierten Prozessgedanken aufbaut, einen neuen Standard mit den OMG PLM Services für Web-basierte Kommunikation.

Zahlreiche IT-Anbieter stellen ihre Systeme schon seit Jahren auf SOA-Technologie um, beispielsweise bei Dassault Systèmes, Siemens PLM Software, PTC und SAP. Diese verstehen die neue Technologie zunächst vor allem als Mittel, die innere Architektur ihrer Software zu verändern. Dabei wird meistens innerhalb der eigenen Struktur eine Art Service-Bus eingebaut, an die die unterschiedlichen Module andocken sollen. Und schließlich stellen zur Implementierung von SOA heute unterschiedliche Anbieter Plattformen zur Verfügung. Es sind Unternehmen wie IBM, Microsoft oder Oracle.

Eins ist sicher. Das Thema SOA in Zusammenhang mit PLM ist komplex. In diesem Kapitel werden daher zunächst einige elementare Begriffe definiert sowie festgelegt, wie sie im Kontext dieser Arbeit verstanden werden. Anschließend werden für die einzelnen Teilbereiche dieser Arbeit vorhandene Ansätze untersucht und bewertet, inwieweit diese für die geschilderte Problemstellung anwendbar sind bzw. wo noch Handlungsbedarf herrscht. Ferner werden auch kommerzielle Standardsoftware-Systeme vorgestellt, die bereits eine Integration auf Basis von Services ermöglichen.

2.1   Bedeutung von Service orientierten Architekturen

Der auf dem Forum „Enterprise Application World" auf der CeBIT am 05.03.2010 in Hannover vorgestellte Studie „SOA Check 2010[2]", gibt interessante Einblicke in den

---

1 Aberdeen Group, http://www.aberdeen.com, Abruf am 12.2007

2 SOA Check 2010, http://www.soa-check.eu, Abruf am 9.2010

Status Quo, in die Trends und in die Evolution von SOA. Er gibt eine Bestandsaufnahme zum Thema SOA in Deutschland, Österreich und Schweiz.

Nach dieser Studie steigt die Bedeutung von SOA für die Unternehmen gegenüber
2009 nochmal leicht vom Indexwert 3,6 auf 3,63 (nach 3,47 (2008) und 3,41 (2007);
Skala 1 bis 5; 5 = sehr große Bedeutung) an. Ebenfalls kontinuierlich steigt der Anteil
der Unternehmen, die das SOA-Paradigma anwenden von 31% (2007) über 36%
(2008) und 47% (2009) auf 63% (2010).

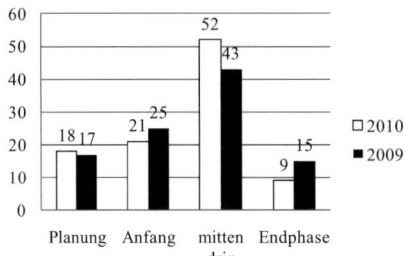

	2010	2009	2008	2007
IT	25%	21%	19%	19%
Produktion	11%	7%	6%	6%
Vertrieb	10%	11%	11%	12%
Logistik	9%	7%	10%	9%
Kundenservice	7%	11%	11%	14%
Einkauf	7%	11%	10%	9%

Bild 2-1:   SOA Check 2010: Aufbau und Einsatz von SOA

Laut der Studie setzen fast alle Unternehmen inzwischen eine SOA ein oder planen
den Einsatz. Rund die Hälfte der Unternehmen beschäftigt sich seit über 2 Jahren mit
dem Thema SOA.

Als Nummer 1 wie in den Vorjahren mit 25% (21% in 2009 und 19% in 2008 und
2007) spielt SOA im Unternehmensbereich IT eine große Rolle. In 2010 hat sich jetzt
die Produktion als Einsatzbereich vor Vertrieb und Logistik geschoben, während Kun-
denservice und Einkauf etwas zurückgefallen sind.

In bestimmten Zeitabständen stellt der Hype-Zyklus von Gartner dar, welche Phasen
der öffentlichen Aufmerksamkeit eine neue Technologie bei deren Einführung durch-
läuft. Gartner teilt alle Trends in fünf verschiedene Phasen ein: Zunächst ist ein Thema
Impuls, dann erlebt es den Höhepunkt überzogener Erwartungen. Ihm folgt eine Phase
der Desillusionierung, bevor nach einer Zeit der Abklärung das Plateau der Produktivi-
tät erreicht wird.

Laut Gartner wird sich das Modell SOA in zwei bis fünf Jahren etabliert haben. Die
Analysten glauben an den Durchbruch, weil Service-orientierter Architekturen Veränderungen in Business-Modellen - und damit in den erforderlichen Anwendungen - erleichtern.

2.1.1 SaaS, PLM On Demand und Cloud

Um Kosten zu sparen und die Komplexität von Prozessen zu reduzieren, lagern die meisten Industrieunternehmen einzelne Aufgaben oder ganze Prozesse aus. Dies kann entweder durch Auslagerung der Aufgaben in Billiglohn-Länder innerhalb der eigenen Unternehmensorganisation (Offshoring) oder durch Zukauf externer Komponenten oder Dienstleistungen (Outsourcing) erfolgen. Das Outsourcing betraf früher nur allgemeine kaufmännische Aufgaben und Produktionsprozesse, hat sich mittlerweile aber auf alle Phasen der Wertschöpfungskette ausgedehnt.

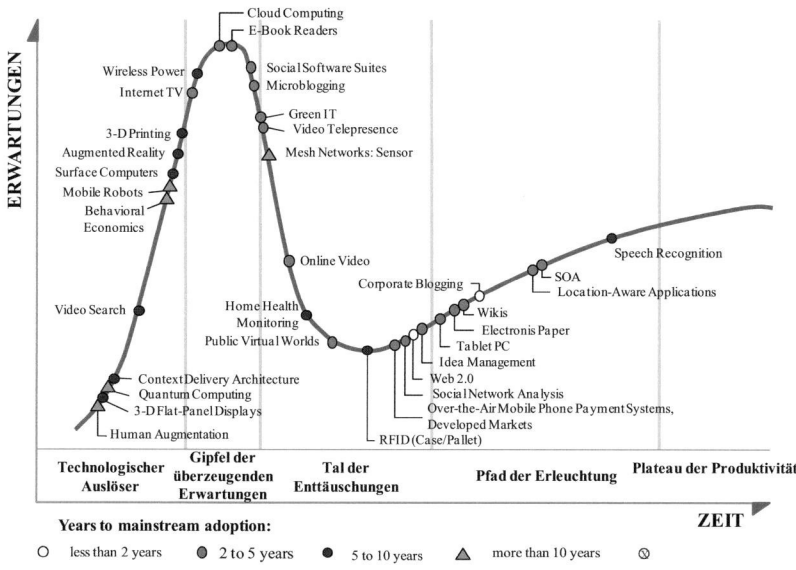

Bild 2-2:   Hype-Zyklus für neue Technologien u.a. für SOA nach Gartner[3]

Dabei ist SaaS ein Software-Distributions-Modell, ein Geschäftsmodell mit der Philosophie, Software als Dienstleistung basierend auf Internettechniken bereitzustellen, zu betreuen und zu betreiben. Das Thema SaaS ist prinzipiell nicht neu. Ein Vorläufer von SaaS ist in Form von Application Service Provisioning (kurz ASP) Modellen in der Vergangenheit entwickelt. Die Bereitstellung von IT als Service über das Web als Service Delivery Plattform bedeutet einen Paradigmenwechsel in der IT. Die Grundlage für diesen Paradigmenwechsel bildet das inzwischen überall verfügbare Internet als IT-Plattform, aufkommende Virtualisierungstechniken, Hardware-Kommoditisierung,

---

[3] Hype Cycle of Emerging Technologies, http://www.gartner.com/it/page.jsp?id=1124212, Abruf am 25.10.2020

der Trend zur IT-Standardisierung und Open Source Software, sowie der Kostendruck in den IT-Abteilungen.

In einer vom Marktforschungs-Unternehmen Vanson Bourne im Auftrag von Progress Software[4] durchgeführten, europaweiten Untersuchung wurden insgesamt 224 ISVs (Independent Software Vendors) nach ihrer Einschätzung der technologischen Trends der nächsten Jahre gefragt. Dabei sahen jeweils 64 Prozent die "Service-orientierte Architektur" (SOA) und "Software as a Service" (SaaS) als die wichtigsten Tendenzen an. ISVs in DACH (Deutschland, Österreich, Schweiz) sehen die Technologien der Zukunft etwas anders: Hier hat SOA mit rund 71 Prozent einen deutlichen Vorsprung vor SaaS (55 Prozent) und dem Business Process Modeling (45 Prozent). Die wichtigsten Trends im Einzelnen:

- Service-orientierte Architektur (SOA): 63,8 Prozent (Europa), 71,4 Prozent (DACH)
- Software as a Service (SaaS) und Web Plattforms: 64,3 Prozent (Europa), 55,1 Prozent (DACH)
- Business Process Modeling: 38,8 Prozent (Europa), 44,9 Prozent (DACH)
- Web 2.0 beziehungsweise Social Software (Blogs, Wikis, Social Networking Tools): 26,8 Prozent (Europa), 30,6 Prozent (DACH)
- Unified Communications: 23,7 Prozent (Europa), 26,5 Prozent (DACH)
- Virtualization 2.0: 15,6 Prozent (Europa), 24,5 Prozent (DACH)
- Mash-ups und Composite Applications: 12,5 Prozent (Europa), 14,3 Prozent (DACH)
- Green IT: 10,7 Prozent (Europa), 8,2 Prozent (DACH)

Nach Einschätzung von Gartner wird der weltweite SaaS-Markt in 2013 bei einer Wachstumsrate von 18 % (CAGR) ca. 14 Mrd. US Dollar betragen. Das Research Unternehmen Saugatuck Technology sieht die Entwicklung von SaaS-Lösungen bereits im Bereich der „Mainstream Adoption". Es wird angenommen, dass SaaS im Jahre 2014 ein integraler Bestandteil der IT-Infrastruktur, der Applikationsentwicklungsumgebung sowie der Anwendungsumgebung der Anwender werden wird[5].

Dem Outsourcing von Hardware und Business-Software sagen die MetaGroup und Gartner Jährliche Wachstumsraten von 50 Prozent voraus. Ähnlich sehen es die Marktforscher von IDC: Auf jedes Unternehmen, in dem eine SaaS-Lösung (Software as a Service) bereits etabliert ist, kommen fünf Firmen, die nach einer passenden Hosted-Service-Option suchen [Sen-09].

4 http://www.progress.de, Abruf am 17.09.2008

5 Siemens IT Solutions and Services, http://www.siemens.com/it-solutions, Abruf am 2.2010

Die wesentlichen Treiber für die Umsetzung von SaaS-Modellen sind aus der Sicht des Kunden die Reduzierung der Kosten und der Trend hin zur Standardisierung. In Bezug auf die Reduzierung von IT-Kosten sind nicht nur direkte IT-Kosten zu berücksichtigen, sondern auch die Möglichkeit, IT-Ressourcen, d.h. Personal im IT-Bereich, zu reduzieren und produktiveren Einheiten eines Unternehmens zuzuführen.

Während die beschriebenen Technologien insbesondere im Bereich des E-Business und E-Procurements in einigen Branchen bereits fest etabliert sind und dort nach branchenspezifischen Standards unternehmensübergreifend operieren, steckt ihr Einsatz im Bereich des Product Lifecycle Managements noch in den Anfangsphasen [Möll-06]. Dabei eignet sich diese Kommunikationstechnologie dank des objektorientierten Ansatzes hervorragend für PDM-Anwendungen.

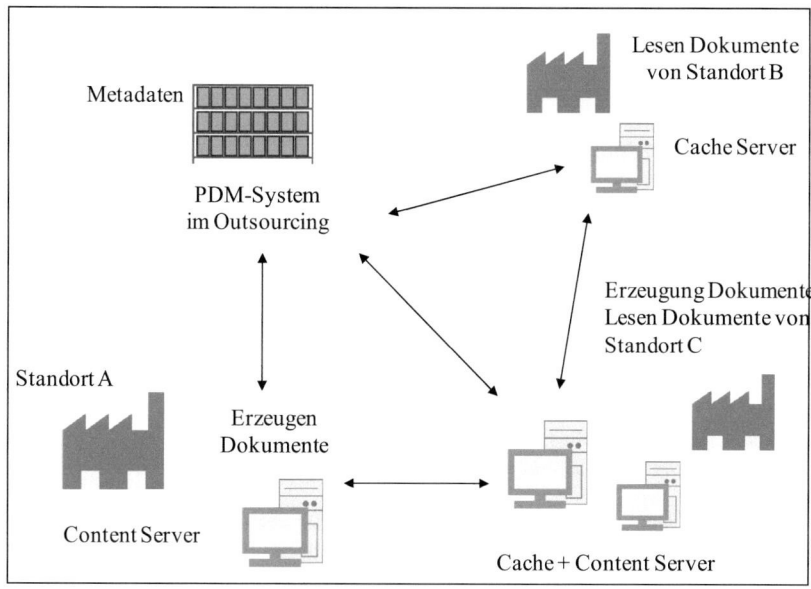

Bild 2-3:   Beispiel für Ablagenkonzept von PDM-Outsourcing nach [Sen-09]

Denn wenn singuläre PDM-Objekte und Funktionen in Services verpackt bereitgestellt werden, lassen sich technische Informationen in den mittels SOA implementierten Geschäftsprozessen beliebig abrufen und auch entsprechende Rückmeldungen aus anderen Systemen in der PDM-Welt verarbeiten.

Auch wenn es wenige sind, gibt es inzwischen technisch voll ausgereifte ERP- und PDM-Systeme[6] als Software as a Service. Auch Lösungen für die Produktentwicklung

---

6 PDM-System Arena, http://www.arenasolutions.com, Abruf am 4.2010

(Product Lifecycle Management, PLM) lassen sich heute im SaaS-Verfahren beziehen. Die Auslagerung einer PLM-Lösung ist zunächst unkritisch, solange es um die Metadaten geht, die einen CAD-Datensatz beschreiben (beispielsweise Status, Artikelstamm, Version, Objektverknüpfung und Klassifizierung).

Diese sind im ERP-System abgelegt, da die meisten PLM-Lösungen in einer modernen Unternehmenssoftware integriert sind. Anders sieht es bei den eigentlichen Engineering Daten aus, die auf dem Contentserver liegen. Um sie zu bearbeiten, müssen sie dort jedes Mal ein- und ausgecheckt werden. Deshalb sollte der Contentserver immer dort installiert sein, wo die Daten am meisten benötigt werden und zwar im Engineering. Steht er dagegen in einem externen Rechenzentrum, braucht man eine enorme Bandbreite, um die Daten jederzeit verfügbar zu haben. Wenn in der täglichen Arbeit die Konstrukteure gleichzeitig auf komplexe Baugruppen zugreifen, entstehen schnell mehrere hundert Mega Byte und mehr, je nach Größe der CAD-Modelle.

Sämtliche Konstruktionsunterlagen werden im Unternehmen erzeugt und im Sicherheitsbereich abgelegt. Während die Metadaten auf dem gehosteten PDM-System in einem Rechenzentrum liegen, bleiben die Original-CAD-Daten auf dem Contentserver. Jeder Zugriff erfolgt kontrolliert über das SAP-System. Ein- und Aus-Check-Mechanismen stellen sicher, dass immer nur ein Mitarbeiter das Original abrufen und bearbeiten kann.

PLM on Demand (PLM as a Service)

PLM on Demand ist in der Regel eine spezielle SaaS-Lösung und bündelt verschiedene Industrie Lösungen mit Betrieb und Service zu einem Paket mit nutzungsbasiertem Preismodell. Optionen ermöglichen es, das Paket an die individuellen Geschäftsanforderungen anzupassen. PLM on Demand ist allerdings nicht nur ein neues Finanzierungs- und Betriebsmodell. Es ist vor allem die Bereitstellung einer auf die Erfordernisse einer Industrie zugeschnittenen, vorkonfigurierten PLM-Lösung [Siem-10].

Damit PLM on Demand aus Sicht eines Unternehmens überhaupt akzeptabel ist, muss die angebotene Lösung die branchentypischen Geschäftsanforderungen auch tatsächlich abdecken. Dies hängt sehr stark von der Branchen- und Prozesskompetenz des Anbieters ab.

Vor und Nachteile PLM as a Service

Für Vorteile von PLM als Software-as-a-Service steht zunächst, dass mittels SaaS PLM Lösungen flächendeckend und zu transparenten Kosten bereit gestellt werden können. Unstrittig ist auch, dass der SaaS PLM Ansatz Flexibilität im Hinblick auf Nutzungsumfang bzw. -dauer bietet, so dass im Bedarfsfall Kapazitäten und Kosten angepasst werden können. Schließlich bergen das reduzierte Betriebsrisiko, der geringere Personalaufwand und einfachere Updates bzw. Release-Wechsel erhebliche Potenziale zur Entlastung der IT.

Nachteilig scheint für viele Unternehmen die Abhängigkeit vom Service-Anbieter, insbesondere was den Support bei auftretenden Problemen und die Wartung und Performance der Infrastruktur angeht. Auch die Integration von SaaS PLM in die bestehende Software-Landschaft eines Unternehmens ist eine nicht zu unterschätzende Herausforderung.

Besonders schwerwiegend wirkt sich die notwendige Standardisierung aus: Zwar werden von den SaaS-Dienstleistern meist fest vorgegebene oder konfigurierbare Varianten angeboten, die Funktionalität der Software kann aber nicht flexible auf die individuellen Gegebenheiten des einzelnen Unternehmens zugeschnitten sein. Dies bedeutet letztlich, dass die Geschäftsprozesse des Unternehmens gegebenenfalls an die Software angepasst werden müssen.

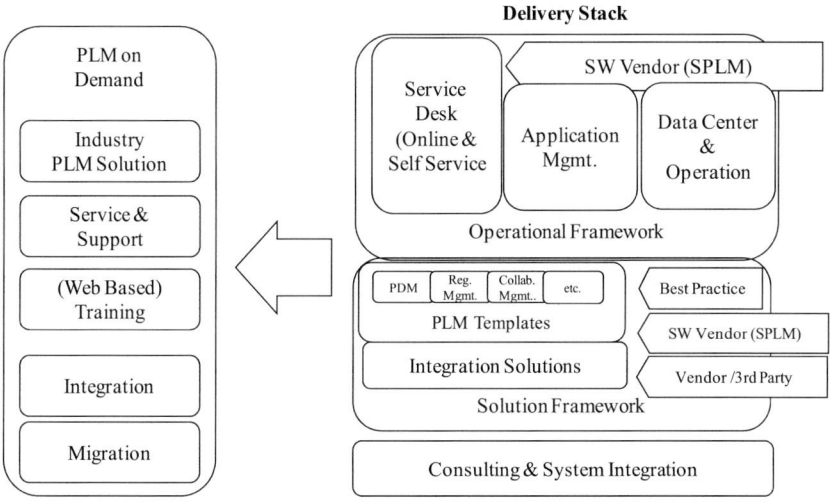

Bild 2-4:   PLM on Demand Architektur, Siemens IT Solutions und Services [Siem-10]

Sicher ist, dass der Zwang zur Standardisierung der PLM-Anwendungen durch den Einsatz als Service verstärkt - gleichzeitig werden aber auch die Unternehmen, für die der Ansatz grundsätzlich geeignet ist, deutliche Vorteile aus der gemeinsamen Nutzung ziehen.

2.1.2 Web 2.0- und Social Engineering in der Produktentwicklung

Seit etwa Mitte der 90er Jahre hat sich die Nutzung des Internets durch das Aufkommen verschiedener neuer Technologien verändert: Inhalte werden nicht mehr nur zentral erstellt und verbreitet, sondern einzelne User vernetzen sich und liefern und bewerten Informationen [Heus-08]. Es entstehen so genannte „Social Networks", deren Aktivitäten einen Mehrwert für den Einzelnen und die Gruppe bieten. Ein häufig genutzter Begriff für diese Entwicklung ist Web 2.0. Typische Beispiele für solche Anwendungen und Plattformen sind Wikis, Weblogs oder Bild- und Videoportale.

Angesichts der allgemeinen Akzeptanz der Architektur Web 2.0 sowie dem vermehrten Aufkommen globaler Produktentwicklungsprojekte halten auch PLM-Anbieter die Zeit reif für eine Umstellung der Produktentwicklungsmethoden. Eckpunkt dieser Umstellung ist die Verknüpfung von Web 2.0-Technologien, dem sogenannten Social Computing, mit der Produktentwicklung, dem Social Product Development[7].

Die heutigen Arbeitsbedingungen werfen die Frage auf, inwieweit Unternehmen für die Produktentwicklung Informationen und Wissen in einer sicheren, IT-orientierten Umgebung allen Mitarbeitern zugänglich zu machen können. Produktentwickler sind dabei immer mehr daran interessiert, auf Web 2.0 basierende Werkzeuge verstärkt einzusetzen, um das unternehmensweite Wissen zu erfassen und wiederzuverwenden. Je mehr die Unternehmen soziale Netzwerke einbinden, desto mehr erkennen sie die strategische Rolle bei der Fähigkeit eines Unternehmens, die Technologien des Social Computings für ihre Produktentwicklung zu nutzen.

In einer aktuellen Studie von Forrester Consulting wurden kürzlich 7.000 PTC-Anwender zu diesem Thema befragt. Von den Befragten gaben 89 Prozent an, wenigstens einmal pro Monat Web 2.0-Technologien zu nutzen, 70 Prozent nutzen die Web 2.0-Technologien für berufliche Zwecke. Folglich sind gute Voraussetzungen gegeben, dass diese Zielgruppe gut aufgestellt ist, um die Web 2.0-Technologien für die Produktentwicklung anzunehmen.

Microsoft und PTC entwickeln bereits gemeinsam eine community-basierte Produktentwicklungsplattform, die Kommunikation, Zusammenarbeit und Innovation in einer Web-2.0-Umgebung fördert.

Auch Daimler setzt auf Social Networking[8]. Wurden Innovationen in der Vergangenheit im Rahmen kleiner, geschlossener Teams entwickelt, so möchte Daimler in Zukunft über das neue Open Innovation Network (OIN) jedem Mitarbeiter die Möglichkeit geben, eigene innovative Ideen einzubringen.

2.1.3 Das Internet der Dinge und Dienste

Das Internet erweitert die Art, den Umfang und Nutzung von Informationen im wirtschaftlichen und sozialen Umfeld um ein Vielfaches. So arbeiten die Wirtschaft und Wissenschaft n Konzepten zwischen der physischen und der digitalen Welt. Informationen über Identität, Ort und Zustand von beliebigen Gegenständen werden dadurch

---

7 Digital Engineering Magazin http://www.digital-engineering-magazin.de, Abruf am 6.2009

8 http://www.computerwoche.de/cebit/1931123/?r=856639211437347&lid=69214, Abruf am 04.03.2010

von überall her abfragbar. Die Objekte sollen so lernen sich mitzuteilen und werden zu aktiven Teilnehmern an Geschäftsprozessen. Man spricht vom „**Internet der Dinge**".

Das Internet der Dinge soll physische Objekte nahtlos in die Welt der Informationssysteme integrieren und sie zum aktiven Bestandteil von Geschäftsprozessen machen. Ziel ist es alltägliche Gegenstände und Maschinen über eingebaute Sensoren „über sich" und miteinander kommunizieren zu lassen. Dabei soll das Internet der Dinge weit über bekannte Smart Devices hinausgehen, die mit RFID-Etiketten versehen sind. Vermehrt werden physikalische Objekte über das Internet verbunden und die gesamten Muster von Nutzung und Mobilität innerhalb der physikalischen Welt neu geordnet, die Struktur von Unternehmenssoftware eingeschlossen[9].

Vom Internet der Dinge wird erwartet, dass es alle Bereiche der webbasierten Dienstleistungsgesellschaft tief greifend beeinflussen wird. Allein der Weltmarkt für Technologien, Produkte und Anwendungen, die mit dem Internet der Dinge in Bezug stehen, wird bis zum Jahr 2012 auf mehr als 11,5 Milliarden US-Dollar ansteigen (Quelle: Forester Research, Global Extended Internet Forecast, 2006-2012, September 2006). Gewagtere Marktprognosen sagen ein Marktvolumen von mehr als 27 Milliarden US-Dollar bereits im Jahr 2011 vorher (Quelle: ABI Research, RFID Market Update, 2006).

Zahlreiche aktuelle Projekte wie z.B.: CoBIs, PABADIS'PROMISE, SENSEI, SOCRADES, SToP, BRIDGE forschen bereits in diesem Themengebiet „Internet der Dinge".

Auch die Bundesregierung investierte mit den drei Verbundprojekten SemProM, Aletheia und ADiWa rund 45 Millionen Euro in das Thema „Internet der Dinge". Beispielsweise ist das Ziel des Forschungsprojektes ADiWa, Technologien für Unternehmensanwendungen zu erforschen, die komplexe und dynamische Geschäftsprozesse über das Internet der Dinge planen, steuern und ausführen. ADiWa selbst ergänzt den Forschungsverbund „Digitales Produktgedächtnis", bislang bestehend aus den Projekten Aletheia (Semantische Föderation von Produktinformationen) und SemProM (Semantisches Produktgedächtnis) des Bundesministeriums für Bildung und Forschung (BMBF).

ADiWa baut auf diesen beiden Vorläuferprojekten auf bzw. integriert diese. Während SeMProm und Aletheia vor allem auf Fragen im Produktkontext ausgerichtet waren („Produkte führen Tagebuch; ganzheitliche Sicht auf produktbezogenes Wissen"), werden diese Ergebnisse mit ADiWa jetzt herangezogen, um ihr Potential für die Optimierung von Geschäftsprozessen zu erforschen. Insgesamt investiert die Bundesregierung mit den drei Verbundprojekten SemProM, Aletheia und ADiWa rund 45 Millionen Euro in das Thema „Internet der Dinge".

---

9 http://de.sap.info/tag-der-forschung/12009, Abruf am 19.10.2010

Auf der anderen Seite werden die vorhandenen Daten um zusätzliche Informationen (Metadaten) ergänzt. Mit Hilfe solcher „semantischer Technologien" können die Daten einfacher gefunden und zugeordnet werden. Über standardisierte Schnittstellen und service-orientierte Architekturen (SOA) können Daten und Informationen zwischen Geschäftsprozessen automatisiert ausgetauscht werden. So sollen sich Informationen und Dienste zu hochwertigen Dienstleistungen zusammenfassen lassen. Der Schlüsselbegriff in diesem Kontext ist das „**Internet der Dienste**".

Beim „Internet der Dienste" geht es darum, Dienstleistungen und Informationen im World Wide Web zu finden und so zu kombinieren, dass sie individuelle Bedürfnisse bestmöglich erfüllen. So beschäftigt sich das Forschungsprojekt SoKNOS mit Service-orientierten Architekturen zur Unterstützung von Netzwerken im Rahmen öffentlicher Sicherheit. Ziel von SoKNOS ist es, ein neues, webbasiertes System aufzubauen, das den medizinischen Notfalldienst und das Krisenteam koordiniert.

TEXO, ein anderes innerhalb des THESEUS-Programms entwickeltes Projekt, bietet eine Plattform, mit der Dienste im Internet sowohl als Güter gehandelt als auch als Mehrtwertdienste zusammengesetzt werden können. Das ermöglicht die Integration kundenspezifischer Dienste in ein Verbraucherumfeld.

Kombiniert man die neuen Technologien und das Gemeinschaftswissen des Web 2.0 mit semantischen Konzepten zur inhaltlichen Deutung sowie der Real-World-Awareness von Dingen, nähert man sich dem Web 3.0.

2.1.4 SOA und PLM

Der kürzlich veröffentlichten Studie "The Evolution of SOA in Western European Vertical Markets" des US-Marktforschungsunternehmens IDC[10] zufolge ist SOA in Westeuropa vor allem ein Thema für Banken, Telekommunikationsunternehmen und Behörden. Doch auch andere Industriezweige - darunter neben industrieller Fertigung und Prozessindustrie auch Gesundheitswesen und Handel - arbeiten demnach an service-orientierten Architekturen. Befragt wurden 2.077 Unternehmen mit mehr als 20 Angestellten in fünf westeuropäischen Ländern.

Wie die IDC-Studie zeigt, dringt das Thema SOA auch in Entwicklungs- und Fertigungsunternehmen vor. In der Tat gibt es einige Aktivitäten, die SOA in die Engineering-Unternehmen hineinbringen sollen. So arbeitet der ProSTEP-iViP-Verein an einer "SOA4PLM"-Initiative.

Die Entscheidungsprozesse im typischen Berufsalltag verlangen in immer stärkerem Maße das frühzeitige Einbeziehen benachbarter Teams und das rechtzeitige Informieren prozesstechnisch nachgelagerter Bereiche. In diesem Zusammenhang spielt das interdisziplinäre, kooperative Lösen konkreter Aufgabenstellungen im Bereich der

---

[10] http://www.idc.com

Produktentwicklung und Konstruktion eine immer wichtigere Rolle, denn Entscheidungen in dieser frühen PLM-Phase haben meist weitreichende Auswirkungen auf
nachgelagerte Prozesse. Diesem Umstand tragen die in prozesstechnisch weitgehend
eigenständigen Datensilos residierenden Produktdaten vieler PDM-Systeme bisher nur
unzureichend Rechnung. Denn in der Regel gibt es neben der meist sehr tiefen Integration datengenerierender Systeme wie CAx-Anwendungen, Berechnungsverfahren und
Office-Applikationen nur starre, eindimensionale Punkt-zu-Punkt-Schnittstellen zu
den anderen zentralen Anwendungen im Unternehmen wie z.B. ERP, CRM und SCM.
Aber genau in diesen Verfahren wird bekanntlich der Großteil aller Arbeitsschritte
typischer Kerngeschäftsprozesse abgewickelt. Mit SOA4PLM® will der ProSTEP
iViP Verein eine solche Service-Schicht für das PLM-Umfeld bereitstellen.

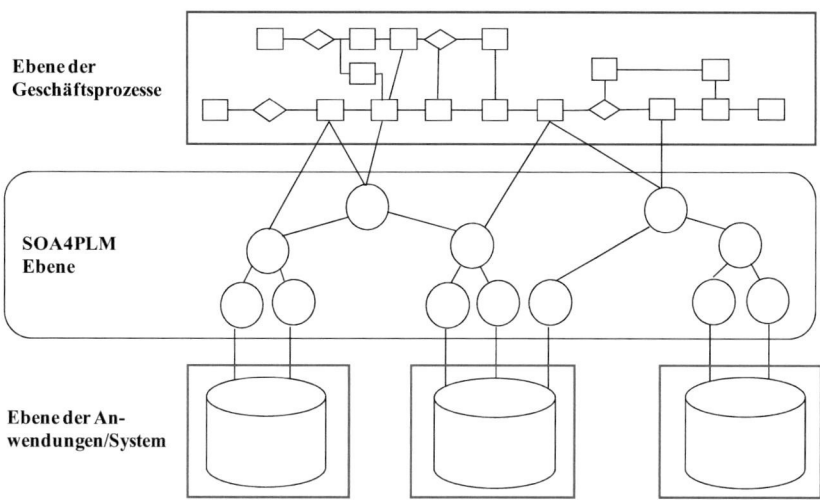

Bild 2-5:   SOA4PLM-Ansatz [SOPL-08]

Derzeit hat man es in Fertigungsindustrie mit einer Vielzahl von Autoren-Systemen
zur Produktmodellierung (CAD-, ECAD-Systeme, usw.) zu tun. Jedes dieser Systeme
erfüllt die von den jeweiligen Ingenieuren geforderten Aufgaben, sie leiden aber sehr
daran, dass sie sich nur schwer Aufgaben-übergreifend einsetzen lassen [Wedl-07].
Auch das Produktdatenmanagement und die Integration mit Abläufen in umgebenden
Bereichen, etwa der kommerziellen Auftragsabwicklung, werden von dieser Heterogenität stark beeinträchtigt. Typische Geschäftsprozesse, zum Beispiel Engineering-
Change-Aufgaben, werden durch Datenredundanz, Medienbrüche und schwere Nachvollziehbarkeit vorgenommener Einzelschritte behindert. Durch die sukzessive Umstellung der Einzelanwendungen in Richtung einer Service-orientierten Architektur
erhöht sich die Flexibilität, bereichsübergreifende Prozesse zu implementieren und
verändern, sowie die Wiederverwendbarkeit von IT-Komponenten.

Schon Ende 2006 hat IBM mit PDIF (Product Development Integration Framework) ein Konzept vorgestellt, mit dem "die Anwendungsentwicklung für PLM-Prozesse auf die solide Basis einer unternehmensweiten SOA gestellt wird[11]. Acht Unternehmen im IT- und PLM-Umfeld (Agile Software, Centric Software, Engineous Software, Geometric Software Solutions, MSC Software, PTC, PROSTEP und Siemens PLM Solutions) haben erklärt, dass sie sich mit Lösungen am PDIF beteiligen werden.

In vielen Unternehmen wird über einen Umstieg auf integrierte PLM-Lösungen nachgedacht, mit dem prinzipiell viele dieser integrativen Herausforderungen besser gelöst werden könnten. In Unternehmen mit einem großen Anteil an Produktentwicklung, Konstruktion und Fertigung kann die Umsetzung service-orientierter Architekturen rund um das Product Lifecycle Management sinnvoll sein. Über die Bereitstellung von Geschäftsprozessen als "Dienst" lassen sich diese besser miteinander verbinden. Das ist sinnvoll, wenn Abteilungen fachübergreifend miteinander verzahnt oder die Schnittstellen zu Partnern und Lieferanten verbessert werden sollen.

Bei so einem service-orientiertem PLM muss jedoch die digitale Produktentwicklung in die anderen Geschäftsprozesse wie CRM, ERP und SCM eingebunden werden. In PLM-Lösungen können dazu Web-Services eingeführt werden, die die Integration in weitere Unternehmenssysteme unter Verwendung von Services im Rahmen eines SOA-Ansatzes vereinfachen können.

Um die bereits vor Jahren eingeführten, externen PDM-Systeme anderer Anbieter guten Gewissens weiter betreiben oder in Planung befindliche Neueinführungen solcher Lösungen ernsthaft weiterverfolgen zu können, ohne dabei den eingangs beschriebenen Anspruch zur bestmöglichen Prozessintegration in die Geschäftswelt des Unternehmens aufgeben zu müssen, sind zeitgemäße Integrationskonzepte gefragt. Diese müssen sowohl konzeptionell als auch strategisch den aktuellen und künftigen Anforderungen an integrierte Geschäftsprozesse im Unternehmen im Sinne des durchgängigen PLM-Ansatzes gerecht werden und dabei eine flexible und rasche Anpassung an veränderte Rahmenbedingungen zulassen. Mithin müssen die Anwendungen prozesstechnisch enger zusammenwachsen, ohne dabei an Flexibilität (Systeme, Integrationen) zu verlieren.

SOA ist eine konsequente Weiterentwicklung des Enterprise Application Integration (EAI)-Konzeptes der späten 90-er Jahre. Bereits damals hatte man auf Basis Middleware-Technologien den Anspruch erhoben, verschiedene Anwendungen im Unternehmen nach zuvor konfigurierten Regeln miteinander zu verbinden und somit die Vielzahl pflegeintensiver Direktschnittstellen zu eliminieren. Man bediente sich dabei systemspezifischer oder bereits standardisierter Datenschnittstellen (Adapter) zu den Endanwendungen (den so genannten Backend-Systemen). Der erforderliche Datenaustauschprozess wird jeweils durch entsprechende Ereignisse (Events) in den Backend-Systemen und/oder konkrete Anfragen (Requests) angestoßen und über die Middlewa-

---

[11] Dienst am Kunden, Holm Landrock, http://www.digital-engineering-solutions.eu, Abruf am 9.2009

re in wohl definierten, meist strukturierten Nachrichten (so genannten Messages) kana-
lisiert (so genanntes Routing). Über entsprechende Konfiguration der Middleware-
Komponenten wurde es somit möglich, je eingehenden Messagetyp festzulegen, welcher konkrete Austauschprozess mit welchen beteiligten Systemen vollzogen werden
soll. Um die meist unterschiedlich definierten Objekttypen der Backend-Systeme (z.
B. PDM-Artikel zu SAP-Material) mit ihren Attributen und Datenstrukturen im Zuge
des Datenflusses aufeinander abbilden zu können, bediente man sich einer systemneut-
ralen, internen Objektdefinition (im Object Repository), auf die bzw. von der die anwendungsspezifische Objektbeschreibung abgebildet (Mapping) wurde [Möll-06].

Im Zuge des weiterentwickelten SOA-Konzeptes ist nun der normierte Service-
Gedanke in den Vordergrund gerückt, gemäß dem jedes Backend-System als Lieferant
sogenannter „atomarer" Services verstanden wird, über die sich jede gewünschte De-
tail-Information zu einem Business-Objekt oder einem Vorgang beschaffen, verarbeiten und aktualisieren lässt, ohne dabei die jeweilige Anwendungslogik zu verletzen.
Durch gezielte Kombination mehrerer solcher Services entsteht in der Middleware der
gewünschte Prozessschritt im Anwendungskontext, der durch Einbeziehung weiterer
Service-Pakete aus anderen Backend-Systemen zu einem systemübergreifenden Szenario „orchestriert" werden kann. Das erlaubt mit den Werkzeugen des Business Process Managements (BPM) das Modellieren und Betreiben Unternehmensprozesse über
Systemgrenzen hinweg, die nun jederzeit flexibel an die jeweilige Geschäftssituation
angepasst werden können, ohne in die jeweilige Applikationslogik der Backendsysteme eingreifen zu müssen.

2.2   Integrationsarchitektur von SOA

In zahlreichen Industrie-, Forschungsprojekten, Büchern und Veröffentlichungen wird
die Integration prozessrelevanter Anwendungen als eines der wichtigsten IT-Themen
gesehen und so behandelt. In dieser Arbeit wird sie auch in den Fokus gerückt, da sie
zunehmend entscheidend für den Erfolg von Unternehmen wird. Denn häufig sind es
gerade Integrationsansätze, die Geschäftsanwendungen langfristig erfolgreich machen.
Dieses Kapitel soll daher eine Einführung in das Thema geben. Es stellt Begriffe und
Konzepte der Integration vor und beschreibt die Sichtweisen.

Das Thema Integration wird in der Literatur häufig unter dem Stichwort „Enterprise
Application Integration (EAI)" behandelt und betrachtet die Integration von Informationssystemen. Dabei lässt sich die Integration auf verschiedenen Ebenen und aus unterschiedlichen Perspektiven betrachten.

2.2.1 Die Sichtweisen der Integration

Integrationsprojekte können aus vier Sichten betrachtet werden. Die Geschäftssicht
untersucht, wie die Wertschöpfung (Produkte und Dienstleistungen) zwischen den Beteiligten zu Stande kommt. Die Prozesssicht beleuchtet die betrieblichen Abläufe. Die
Anwendungssicht beschreibt, wie diese Prozesse durch das Informationssystem unter-

stützt werden. Die technische Sicht betrachtet die zugrunde liegende technische Architektur und ihre Komponenten [SWDe-03].

In der Geschäftssicht wird eine Leistung wird in einer verteilten Wertschöpfung mit Hilfe von Integration effizienter erzeugt. Dabei wird in der Prozesssicht mindestens ein Prozess entweder zwischen zwei oder mehreren Unternehmen oder mit einem oder mehr Geschäftspartnern integriert. In der Anwendungssicht werden Funktionen oder Daten eines Informationssystems von einem anderen Informationssystem oder Benutzer aufgerufen bzw. benutzt.

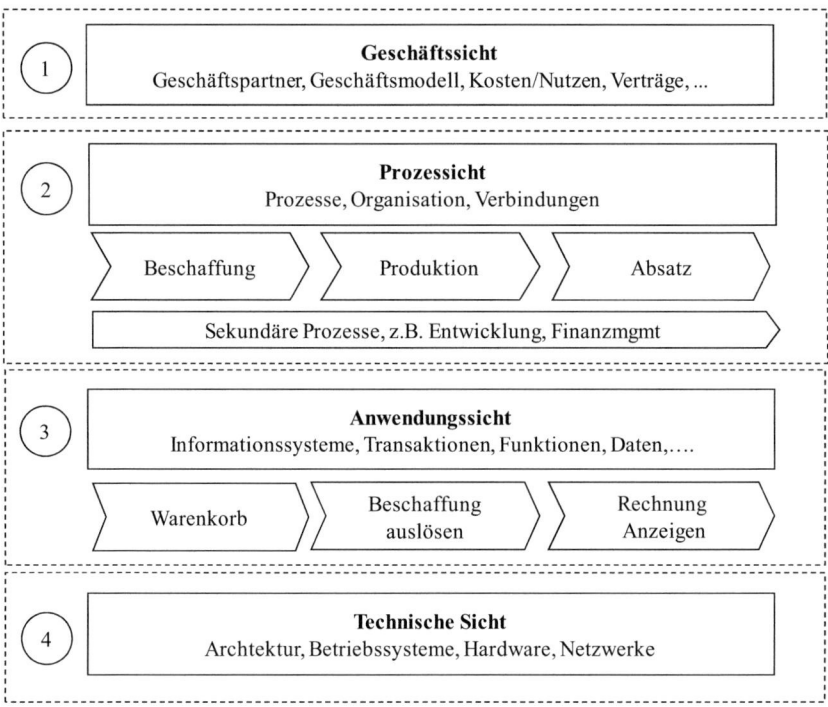

Bild 2-6:   Verschiedene Sichten der Integration nach [SWDe-03]

Die technische Sicht findet eine Integration zwischen zwei oder mehr IT-Systemen (intern oder mit Partnern) statt. Die Verbindung kann dabei sowohl synchron (Real-Time-Zugriffe) als auch asynchron (Batch-Prozess) erfolgen.

2.2.2 Die Ebenen der Service-orientierten Architektur

Service-orientierte Architektur sieht eine logische Teilung zwischen Applikationen, Integrationsmechanismen, Diensten und der Orchestrierung vor [Lieb-07]. Die Applikationen beinhalten bestehende oder auch neue Systeme und logische Datenspeicher während die Dienste Schnittstellen zu den einzelnen Anwendungen oder funktionalen Bereichen darstellen. Zur Steuerung von Abläufen unter Einbeziehung mehrerer Dienste dient die Kopplung oder die sog. Orchestrierung. Die Kommunikation zwischen verschiedenen Diensten und die Kommunikation zwischen Diensten und deren Implementierung (Applikation und Daten) erfolgt über eine logische Integrationsarchitektur.

Das SOA-Architekturmodell ist nicht als hierarchisch geschichtetes Modell zu verstehen. So ist die Integrationsarchitektur sowohl zwischen Services und Anwendung als auch zwischen Services und der Orchestrierung auch zwischen der Präsentationsebene und allen anderen Ebenen denkbar.

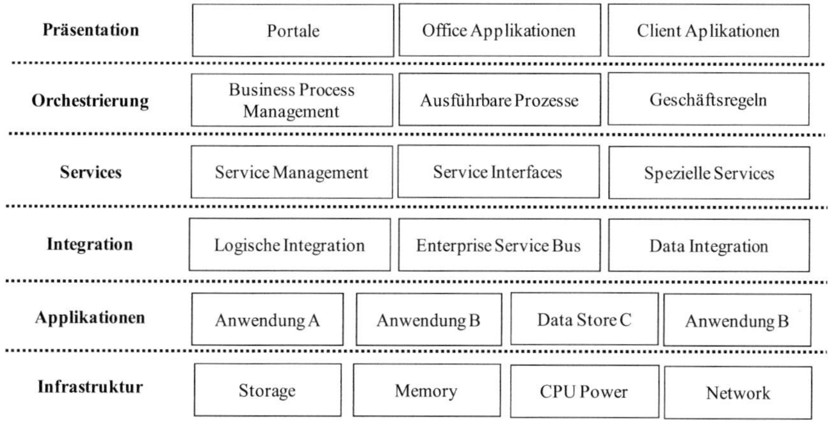

Präsentation	Portale	Office Applikationen	Client Applikationen
Orchestrierung	Business Process Management	Ausführbare Prozesse	Geschäftsregeln
Services	Service Management	Service Interfaces	Spezielle Services
Integration	Logische Integration	Enterprise Service Bus	Data Integration
Applikationen	Anwendung A	Anwendung B / Data Store C	Anwendung B
Infrastruktur	Storage	Memory / CPU Power	Network

Bild 2-7:   *Wichtigste Komponenten einer Service-orientierten Architektur nach [Lieb-07]*

Auch können Services direkt andere Services aufrufen, und Workflows, falls sie als ausführbare Prozesse in BPEL realisiert wurden, sind selbst wiederum Services. Dies bedeutet, dass sie sowohl andere Workflows als auch direkt Services aufrufen können. Ebenso ist denkbar, dass Anwendungen Services aufrufen und Datenbanken über Triggerfunktionen Workflows aufrufen.

2.2.3 Die Rolle von Web-Services im SOA

Betriebswirtschaftliche Prozesse unterteilen sich in der Regel in umfangreiche Prozessschritte. Jedem dieser Schritte lassen sich eine oder mehrere Funktionen und jeder Funktion eine ausführende Software-Komponente zuordnen. Betrachtet man die typischerweise heterogene Systemlandschaft in Unternehmen, so ist leicht nachvollziehbar, dass die benötigten Funktionen in einem Gesamtprozess nicht alle mit derselben Technologie und auf derselben Komponente realisiert sind. Insbesondere die Einbindung einer immer größer werdenden Anzahl von Geschäftspartnern verschärft diese Problematik. Eine moderne Software-Infrastruktur muss also in der Lage sein, Funktionen, die auf den unterschiedlichsten Software-Komponenten implementiert sind, zu einem effektiven und effizienten Gesamtprozess zu integrieren [Webs-02].

Als Basis für den Aufruf und die Kommunikation von verteilten Diensten hat sich bereits heute Internet-Technologie etabliert. Aufsetzend auf diesen einfachen und weltweit akzeptierten Kommunikations-Standards bietet XML die Grundlage, um weitere notwendige Standards zu definieren. Denn erst die Abkehr von proprietären Definitionen hin zu allgemein anerkannten Standards bietet die Gewähr zur nahtlosen Integration aller beteiligten Funktionen und Partner in den Gesamtprozess. Das Ergebnis sind die so genannten Web-Services. Bei Web-Services handelt es sich um unabhängige, modularisierte Funktionen. Sie können basierend auf XML-Standards beschrieben, angeboten, gefunden, transformiert und aufgerufen werden [Beim-02, Bett-01, EbFi-03, W3C-05, Pico-02]. Technisch möglich wird dies durch die Verwendung von Standards wie z.B.: SOAP, WSDL und UDDI.

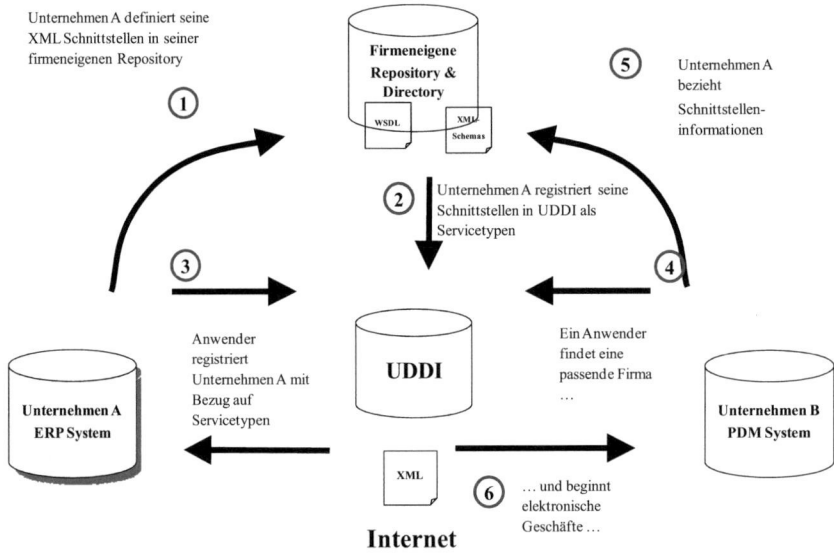

Bild 2-8:   Typisches Szenario beim Einsatz von Web-Services [Rieg-01]

Um die Funktionsweise von Web-Services zu verstehen, sollte man die dahinter stehende Architektur begriffen haben. Web-Services-Architektur unterscheidet sich vom Client/Server-Ansatz. Dort greift der Client auf die Daten und Funktionalität des Servers zu und stellt die Inhalte, die er vom Server geliefert bekommt, im Browser dar. Der Web-Services-Ansatz dagegen beinhaltet den Austausch von Daten und Funktionalität zwischen Anwendungen. Um diese besondere Web-Services-Architektur darzustellen, hat sich mittlerweile die **service-orientierte Architektur** (Service-oriented Architecture; kurz SOA) durchgesetzt. Unter technischen Aspekten ist SOA auch ein System-Architektur-Konzept, das die Bereitstellung fachlicher Dienste und Funktionalitäten in Form von Services vorsieht. Ein Service ist in diesem Zusammenhang eine Funktionalität, die über eine standardisierte Schnittstelle aufgerufen werden kann. SOA wird u.a. gern mit Web-Services in Verbindung gebracht, diese Kombination ist aber nicht zwingend. Denn SOA lässt sich auch mit anderen Technologien umsetzen, beispielsweise mit CORBA oder EJB (Enterprise Java Beans) [Stua-05]. Bild 2-8 zeigt das Prinzip der service-orientierten Architektur. Ein Service-Anbieter stellt dabei einen Service zur Verfügung. Um den Service bekannt zu machen, publiziert er ihn in einem Service-Verzeichnis. Der Service-Konsument sucht und findet den Service im Verzeichnis. Mit der Adresse (URL = Uniform Resource Locator) kann der Konsument den Service anfragen und erhält eine Antwort. Die weitere Kommunikation erfolgt ebenfalls auf Basis von Anfrage und Antwort.

Während sich die Unternehmen früher zunächst auf ihre interne IT konzentrierten, funktionale Systeme wie ERP, PDM oder CRM-Systeme einführten, lässt sich in den letzten Jahren ein deutlicher Trend hin zu IT-Lösungen feststellen, die auf die unternehmensübergreifende Zusammenarbeit zwischen den Geschäftspartnern und die Integration der Systeme von Lieferanten, Kunden und angeschlossenen Dienstleistern abzielen [Schm-03]. Web-Services stellen hierzu die Möglichkeit dar, mit der unternehmensübergreifend allen beteiligten Partnern in einem produzierenden Netzwerk Geschäftslogik in Form von Diensten zur Verfügung gestellt werden kann [NaGo-02].

Sichten auf die Web-Services-Technologie

Nach [Silb-03, Rohd-03] werden Web-Services die Kommunikationsstrukturen zwischen Unternehmen auf Dauer massiv beeinflussen. Wie sich die Web-Services Technologie auf IT-Umgebungen auswirkt, wird deutlich, wenn man die Veränderungen der Geschäftsmodelle von Unternehmen betrachtet. In der Vergangenheit waren sie auf zentral organisierte Geschäftsprozesse ausgerichtet. Mit der Dezentralisierung von Unternehmensfunktionen Anfang der neunziger Jahre aber wurden die Verantwortung und die Kontrolle der betriebswirtschaftlichen Effizienz auf die jeweiligen Unternehmensbereiche übertragen, von denen jeder bestimmte Softwarelösungen einsetzte, etwa für das Personalwesen, das Finanzwesen oder die Produktion. Dem Generationswechsel bei den betriebswirtschaftlichen Modellen begegnet die IT mit technischen Neuentwicklungen, die das Unternehmenswachstum mittels sorgfältig entwickelter, integrierter Softwarelösungen fördern sollen [Matt-03]. Zum besseren Verständnis wird im Folgenden auf diese betriebswirtschaftliche und technologische Sichtweise von Web-Services kurz eingegangen.

Die **betriebswirtschaftliche Sicht** betrachtet Web-Services als externe Dienstleister, die klar abgrenzbare, standardisierte Aufgaben aus Prozessen übernehmen. Im Mittelpunkt stehen die durch Web-Services erbrachte Leistung und deren Auswirkung auf

Geschäftsprozesse sowie das Geschäftsmodell von Web-Services. Die damit verbundenen Einsatzfelder sind die Erhöhung des Kundennutzens durch die Erweiterung der Unternehmensleistungen mit externen Leistungen und die Möglichkeit zum Outtasking, d.h. der Fremdvergabe modularer Aufgaben in Geschäftsprozessen [HeLA02].

Die **technologische Sicht** betrachtet Web-Services als eine bestimmte Systemarchitektur. Web-Services sind danach selbstbeschreibende Softwarekomponenten die Funktionalitäten kapseln, die von anderen Web-Services oder Applikationen plattformunabhängig über standardisierte Schnittstellen genutzt werden können (vgl. [SlRo-01, UDDI-01]). Die technologische Sicht konzentriert sich damit auf Mechanismen zur Applikationsintegration und hat als Einsatzfeld die vereinfachte Systemintegration.

2.2.4 Web-Services-Standards

Eines der Hauptargumente für die Service orientierten Architekturen ist die umfassende Einbindung von offenen Standards für Web-Services [Matt-03]. Sie gewährleisten die Interoperabilität mit anderen Web-Services-Schnittstellen.

Im Folgenden wird auf die wichtigsten Standards eingegangen, worauf Web-Services Technologie aufbaut. Auf Extensible Markup Language (XML) [EhBu-02, XML-98, WoSc-03] und XML-Schema [Daum-03, XSc0-98], [XSc1-98, XSc2-98] wird hier nicht näher eingegangen, sondern nur noch auf die einschlägige Literatur hingewiesen.

Web-Services Description Language (WSDL)

Mit WSDL lassen sich Web-Services im XML-Datenformat definieren. WSDL-Dokumente bestehen im Einzelnen aus den Namen der Dienste, Nachrichten, die zu deren Verwendung ausgetauscht werden, Bindungen an bestimmte Transportprotokolle und Adressen, an denen ein Web-Service zur Verfügung steht [Lanf-04].

Sie werden entweder im UDDI, mit Hilfe einer URL/HTTP-Destination oder in einer lokalen Datei gefunden. Über einen weiteren Standard, die Web-Service Inspection Language (WSIL), wird angestrebt, Web-Services ohne den Weg über zentrale UDDI-Register direkt auf beliebigen Web-Servern verfügbar zu machen [Stier-03]. Damit entfällt die teils aufwändige Verwaltung und Pflege der UDDI-Verzeichnisse. Voraussetzung für die Implementierung von Web-Services in Anwendungen ist die Generierung eines Client-Proxies. Aus den WSDL-Dokumenten lassen sich mit Hilfe von geeigneten Werkzeugen solche Proxies für verschiedene Umgebungen wie z.B.: Java oder Microsoft .Net generieren. Eine ausführliche Beschreibung Funktionen der WSDL und WSDL-Spezifikation findet sich in [W3C-04a, W3C-04b, W3C-04c].

Universal Description Discovery and Integration (UDDI)

UDDI bietet mit dem so genannten UDDI Business Registry und der UDDI-Spezifikation die notwendigen Hilfsmittel an, Web-Services zu registrieren und zu suchen. Die Informationen, die eine Firma im UDDI Business Registry publizieren kann, verteilen sich auf so genannte Weiße, Gelbe und Grüne Seiten [Rieg-01]. Die Weißen Seiten umfassen neben dem Firmennamen und textuellen Beschreibungen Informationen über Kontaktpersonen inklusive Telefon- und Faxnummern, E-Mail Adressen und Webseiten. Die Gelben Seiten kategorisieren die Firma genauer hinsichtlich ihrer geschäftlichen Ausrichtung. Die Grünen Seiten ergänzen die Weißen und Gelben Seiten um Informationen über technische Zugriffsmöglichkeiten auf die angebotenen Services. Der Zugriff auf das UDDI Business Registry erfolgt dabei entweder manuell über Internet-Seiten oder über XML-basierte Nachrichten, die in der UDDI-Spezifikation beschrieben sind. Die technischen Aktivitäten vom UDDI Spezifikation werden von OASIS Technical Committee [UDDI-05a] gesteuert. Für die Verbreitung und Akzeptanz der Technologie werden sowohl Best Practices [UDDI-05b] als auch Technical Notes veröffentlicht [UDDI-05c]. Kürzlich hat OASIS Release 3.0.2 von UDDI freigegeben [Comp-05]. Mit dieser Version erreicht UDDI jetzt eine Standardisierung, durch die das Verzeichnis erstmals auch Informationen mit anderen Registries austauschen kann. Zudem lassen sich erstmals Digitale Signaturen verwenden und es wurden technische Informationen beispielsweise zum Einsatz von UDDI mit der Web-Services Business Process Execution Language (WSBPEL) und der Java-Web-Services-Schnittstelle "Jax RPC" zusammengestellt.

Simple Object Access Protocol (SOAP)

Die meisten Web-Services-Technologien und Protokolle basieren auf den W3C-Standards wie z.B.: XML, XML Schema, XSLT und HTTP, HTTPS [Ehrl-04]. SOAP erlaubt dabei den Aufruf von Web-Services in dezentralisierten, verteilten IT-Landschaften und definiert einen Umschlag um die eigentliche XML-Nachricht, der beschreibt wie die Nachricht aussieht und wie sie prozessiert werden soll. Ein wesentlicher Vorteil von SOAP gegenüber anderen Kommunikationsstandards wie CORBA ist, dass SOAP ohne Middleware auskommt. Diese zusätzlichen, technologiespezifischen Infrastrukturkomponenten werden bei SOAP durch Internet-Protokolle ersetzt. Eine ausführliche Beschreibung unterschiedlicher Aspekte der Web-Services und SOAP-Technologie sowie die W3C Spezifikationen finden sich in [Snel-02, Berq-02, Cera-02, Engl-02] und [W3C-03a, W3C-03b, W3C-03c].

Web-Services Business Process Execution Language (WSBPEL)

Die oben genannten Standards legen einen Grundstein für die Kommunikation von einzelnen Web-Services miteinander. Sie erlauben aber noch keine Abhandlung von (meist komplexen) Geschäftsprozessen [Laut-05]. Um mehrere Services zu einer neuen Anwendung (z.B. einem neuen Geschäftsprozess) zusammenzufügen, müssen diese gekoppelt (Komposition) werden. Dadurch wird die Wiederverwendbarkeit der Services gesteigert, da ein Service in mehreren Anwendungsfällen benutzt werden kann [Jans-03]. Bei der Kopplung von Web-Services können die Kopplungsmechanismen *Orchestrierung* und *Choreographie* unterschieden werden. In der Tabelle 2-1 werden die beiden Kopplungsarten kombiniert, und das jeweilige Systemverhalten kurz dargestellt.

Bereits in frühen Zeiten der Web-Service-Technologie wurden einige inzwischen nicht mehr weiterentwickelte Beschreibungssprachen entworfen, die zum Teil grundlegende Ideen für spätere Standards enthielten. Der bekannteste unter ihnen ist WSBPEL, die Web-Service Business Process Execution Language (vormals BPEL4WS), deren Normierung OASIS vorantreibt.

WSBPEL folgt dem Ansatz, die Zusammenarbeit von Web-Services für komplexe übergreifende Aufgaben in einer Art Workflow-Sprache auf Basis von XML abzubilden [Stap-05]. Ein Prozesstemplate ist ein XML-Dokument, das Elemente enthält, die dem WSBPEL-Standard genügen.

	Statische Kopplung	Dynamische Kopplung
Orchestrierung	Die aufzurufenden Services, ihre Aufrufparameter und ihre Reihenfolge sind einer zentralen Planungsinstanz bereits zur Design-Zeit bekannt.	Eine zentrale Planungsinstanz ermittelt zur Laufzeit die Services, verhandelt ggf. mit ihnen und ruft sie auf.
Choreographie	Die aufzurufenden Services, ihre Aufrufparameter und ihre Reihenfolge sind den bereits zur Design-Zeit bekannt. Es existiert keine zentrale Planungsinstanz, sondern jeder Service stößt die jeweils nachfolgende Funktionalität über Nachrichten an.	Zur Laufzeit wird der jeweils nächste Prozess-Schritt vom Ausführenden des jeweils vorherigen Prozess-Schrittes dynamisch ermittelt.

Tabelle 2-1 Kombination der Kopplungsarten nach [Jans-03]

Jedes WSBPEL-Dokument besteht aus einem Definitionsteil und einem Teil, der den Prozessverlauf beschreibt. Der Definitionsteil enthält die Variablen <variables> und die Endpunkte, sogenannte „partnerLinks". Variablen dienen dem Austausch von Nachrichten zwischen den Aktivitäten und Diensten. Der Typ einer Variablen ist immer ein WSDL-Nachrichtentyp. <partnerLinks> sind Dienste mit denen der Prozess interagiert. Der Ablaufteil beschreibt die Abfolge der Aktivitäten (Activities) also quasi die Prozesslogik. Es sind verschiedene aufeinanderfolgende oder parallele Aktivitäten, die einen Prozessfluss bzw. die Ablaufsequenz abbilden. Es lassen sich auch Fehlerbehandlungen und Kompensationen für einen Prozess definieren.

Standards für die Sicherheit von Web-Services

Bislang wird die Verbreitung von Web-Services durch Sicherheitsbedenken behindert [BuMa-03]. Die neuartige, offene Architektur auf der Grundlage von Web-Services erfordert im Hinblick auf die Sicherheit eine neue Herangehensweise. Denn bisher waren Geschäftsvorgänge meist auf ein einzelnes System oder eine Gruppe von Systemen beschränkt, die auf der Infrastrukturebene geschützt waren. Wenn vorhandene Anwendungen um Webfunktionen erweitert werden, wird die Verwaltung der entsprechenden Sicherheitsaspekte komplexer. Daher ist die Realisierung des Sicherheitsaspektes für die Verbreitung der Web-Services-Technologie ein entscheidender Faktor [Miha-04]. Eine Studie von Forrester im Jahr 2002 [MMAc-02] ergab, dass Anwender die fehlende Sicherheit als ein schwerwiegendes Manko der Web-Services ansehen. Die Konsortien wie Web-Services Interoperability Organization (WS-I) und die Organization for the Advancement of Structured Information Standards (OASIS) arbeiten an Standards, die die Sicherheit der neuen Technologie garantieren sollen. In Bezug auf Sicherheit können für Web-Services-Technologien drei Standardisierungsbereiche unterschieden werden:

- allgemeine Sicherheitsstandards für das Internet wie SSL, HTTPs

- XML-basierte Sicherheitsstandards wie XML-Encryption oder XML-Signature

- spezielle Web-Services-Standards wie WS-Security, WS-Trust, WS-Policy.

Da Web-Services auf Internettechnologien basieren, können die allgemeinen Sicherheitsstandards, wie SSL [Arms-03, FKKo-96] und HTTPs [ReSc-99] eingesetzt werden. Diese Standards können jedoch nur Sicherheit auf Transportebene und nicht auf Nachrichtenebene gewährleisten.

Die XML-basierten Sicherheitsstandards ermöglichen zum einen Sicherheit auf Nachrichtenebene und überprüfen zusätzlich auch Integrität und Authentizität von Web-Services. XML-Encryption [EaRe-02, Reag-02] liefert z.B. eine Syntax für die selektive Verschlüsselung und Dekodierung von XML-Dokumenten oder – Dokumentblöcken. Der Empfänger der Daten erkennt mit Hilfe der Technologie, welche Teile des Codes verschlüsselt sind und kann das Quelldokument wiederherstellen. XML-Signature [ERSo-02] ist dagegen eine Norm zur digitalen Signatur von XML-Dokumenten. Mit diesem Verfahren wird sichergestellt, dass ein XML-Dokument unverändert beim Empfänger eintrifft, genau so, wie der Absender es versendet hat.

Die WS-Security Spezifikation definiert einen Standard zum sicheren Austausch SOAP-basierter Nachrichten [Atki-02]. Die Grundidee besteht darin, alle sicherheitsrelevanten Informationen in den SOAP-Header zu platzieren. Ausgehend von WS-Security existieren noch weitere Sicherheitsstandards, wie z.B. WS-Policy, WS-Trust, WS-Secure-Conversation, XML Key Management Specification (XKMS), Security Assertion Markup Language (SAML), und SOAP Digital Signature (SOAP-DSIG). Für die ausführlichen Erläuterungen dieser Standards sei an dieser Stelle auf die Literatur verwiesen [Box-03, And-04, Boh-04], [http://webservices.iwv.ch].

2.2.5 Die Rolle von Business Process Management in SOA

Business Process Management (BPM) ist ein betriebswirtschaftlicher Ansatz, der darauf abzielt, alle Aspekte einer Organisation auf Effizienz und Effektivität bei gleichzeitigem Streben nach Flexibilität, Innovation und enger Integration der Prozesse in

Technologie auszurichten[12]. BPM strebt nach einer kontinuierlichen Verbesserung der Prozesse und kann mit dieser Perspektive als der Prozess zur Optimierung der Prozesse beschrieben werden.

Das Zusammenspiel von BPM, SOA und verwandten Techniken wird heute häufig unter dem Begriff "Enterprise SOA" zusammengefasst. Eine Kombination aus SOA und BPM bietet viele Vorteile. Aus technischer Sicht ermöglicht sie die Wiederverwendung von Services. Dadurch lassen sich etwa Redundanzen und die Komplexität verringern. Aus fachlicher Perspektive liegt der größte Mehrwert der Enterprise SOA mit BPM darin, dass fachliche Prozesse und Regeln explizit, das heißt sichtbar gemacht werden und dadurch besser analysiert und optimiert werden können. Mit SOA verstärkt sich der Trend zur IT-getriebenen Prozessautomatisierung etwa mit der Business Process Executive Language (BPEL) oder der XML Process Definition Language (XPDL).

In der Regel dienen heute noch die fachlichen Modelle nur als Vorlage, um auf ihrer Basis in einem technischen BPM-System - meist manuell - ein neues Modell zu erstellen [Über-10]. Denn die Ursprungsmodelle beschreiben organisatorisch-betriebswirtschaftliche Abläufe und beinhalten damit zwangsläufig viele Aspekte, die für die technischen Modelle zur Prozessautomatisierung völlig irrelevant sind. Gleiches gilt umgekehrt, wenn die IT mit ihren Werkzeugen Prozesse automatisiert und meint, die dabei entstehenden Modelle mit ihren systemseitigen Ausführungsinformationen seien auch im Fachbereich zu gebrauchen.

Dem organisatorischen Prozess-Management obliegt die Modellierung betrieblicher Abläufe, die technische Umsetzung von Prozessen in Softwaresystemen übernimmt die IT. Dabei bietet sich die bevorstehende Version 2.0 des OMG-Standards BPMN als Brückenschlag an. BPMN ist eine grafische Spezifikationssprache und stellt Symbole zur Verfügung, mit denen Geschäftsprozesse modelliert werden können. Mit der Version 2.0 kommen einige Erweiterungen in den Bereichen Choreographien und Konversationen sowie ein standardisiertes Austauschformat, dass sich künftig Modelle zwischen den Tools austauschen lässt. Basierend auf JBoss jBPM gibt es bereits erste Prototypen von Prozessausführungsumgebungen für die Version 2.0 des OMG-Standards "Business Process Modeling Notation" (BPMN). Die Notation soll beiden Welten dienen. Die Erweiterungen von Version 1.1 zu Release 2.0 zielen im Wesentlichen darauf ab, die Sprache für Aufgaben der Automatisierung zu verbessern. Die Regeln der im BPMN-Metamodell beschriebenen Sprachsyntax wurden dahingehend erweitert, wie eine in XML konkretisierte Instanz des Modells auszusehen hat, um sie in einer Process Engine auszuführen. Obwohl mit diesem Ansatz der Modellaustausch zwischen den verschiedenen BPM-Werkzeugen der IT möglich wäre, praktisch funktioniert er aber nur rudimentär. Denn die erfassten Daten sind sehr proprietär in den jeweiligen Ausführungsmaschinen eingebunden.

---

12 BPM Know-how > Definition BPM, http://soa-know-how.de/index.php?id=2, Abruf am 22.10.2010

In der Praxis liegt das wesentliche Problem aber nicht auf der Seite technischer Machbarkeit, sondern in der unterschiedlichen Semantik, die die an einer Modellierung beteiligten Personen benutzen. Fachbereiche verfolgen in der Regel andere Ausdrucksziele mit einer Modellierung als Automatisierer.

Anbieter von BPMNS

BPMS ist die Abkürzung für Business-Process-Management-System. Hier geht es um die Umsetzung von Prozessen in Softwaresystemen [Freu-10]. Das Ergebnis einer solchen Umsetzung ist ein technisches Prozessmodell, das von einer so genannten Process Engine abgearbeitet wird.

Kategorie	Kurzbeschreibung	Exemplarische Produkte
Pure Play BPMS	Systeme werden beim Anwender installiert mit bereits vorhandenen Anwendungen gekoppelt. Die Einführung von Pure Play BPMS geht häufig mit der Entwicklung einer SOA einher, kann aber auch für ein reines Human-Workflow-Management erfolgen.	IBM Websphere, Oracle Fusion Middleware 11g, SAP Netweaver, Soreco Xpert.ivy.
Embedded BPMS	Embedded BPMS sind in der Regel keine eigenständigen Produkte, sondern Komponenten innerhalb funktionaler Softwaresysteme, die der Workflow-Steuerung oder dem Customizing dienen.	Saperion ECM, Alfresco ECM, Veda HR-Manager, Cursor-CRM.
SaaS BPMS	Die Nutzung von BPMS als Software as a Service steht noch relativ am Anfang. Hierbei kann es sich um relativ einfache und dadurch schlanke Workflow-Lösungen handeln oder um umfangreiche SOA-Suites mit Prozessausrichtung.	Cordys Process Factory, Sungard IPP, Henrichsen T!M.
Open-Source-BPMS	Quelloffene BPMS werden in der Praxis sowohl als Alternative zu kommerziellen Pure-Play-Lösungen gesehen als auch von Softwareherstellern für Embedded-BPM-Lösungen herangezogen.	Activiti BPM-Suite, Apache ODE, JBoss jBPM.

Tabelle 2-2 BPMS-Kategorien und ihre Hersteller nach [Freu-10]

Die konkreten Lösungen drehen sich dann entweder um die Zuweisung von Aufgaben an Anwender (Human-Workflow-Management) oder um die prozessorientierte Integration von internen oder externen Systemen, die über Schnittstellen aufgerufen werden (Service-Orchestrierung). Immer häufiger werden auch beide Ausprägungen in einer konkreten Prozesslösung miteinander kombiniert.

Bei den BPMS-Angeboten wird zwischen den so genannten Pure-Play-, Embedded- und den neuen SaaS-Lösungen (Software as a Service) unterschieden. Die obere Tabelle gibt ein Überblick über die BPMS-Kategorien und ihre Hersteller nach [Freu-10].

2.3 SOA-Eignung von Standardsoftwaresysteme

Für den Begriff Standardsoftwaresystem existieren in der Literatur und Praxis verschiedene weitere gleichbedeutende Begriffe wie z. B. Betriebliche Informationssysteme, Handelsübliche Standardsoftware. In der Vergangenheit wurden solche Lösungen entweder individuell für ein Unternehmen entwickelt (Individualsoftware) oder es wurden standardisierte Lösungen eines Anbieters (Standardsoftware) beschafft. Die Antwort auf steigende Kosten und lange Entwicklungszeiten bei Individualsoftware waren integrierte Standardsoftwaresysteme [Schi-96], die standardisierte Lösungen für bestimmte Anwendungsbereiche lieferten. Die neueste Generation von Standardsoftwaresystemen zeichnet sich hingegen durch einen hohen Abdeckungsgrad von unternehmensneutralen Standardfunktionen.

Standardsoftwaresysteme wie PDM und ERP bilden insbesondere für mittelständische und große Unternehmen das Rückgrat ihrer IT-Infrastruktur. In der Praxis bedeutet das, dass die Anbieter dem Kunden nach wie vor weitgehend monolithische Systeme präsentieren, auf dessen Basis er alle Geschäfsprozesse abwickeln kann [Fran-09]. Branchengrößen wie SAP oder Oracle haben sich hier spezialisiert. Das funktioniert jedoch nur bedingt: Wer eine bestimmte Funktion nicht in der eigenen Software-Suite findet, prüft eventuell den Einsatz einer zusätzlichen Applikation. So entstehen über IT-Generationen hinweg auf Basis eines zentralen IT-Systems unübersichtliche IT-Landschaften. Spätestens dann ist es kaum noch möglich, die Software-Suite oder andere Komponenten auszutauschen. Damit scheint der Anspruch moderner IT-Landschaften, verschiedene Dienste unter einer einheitlichen Struktur zu integrieren, verbaut zu sein.

Bei der Entwicklung von Standardsoftwaresystemen besteht ein klarer Trend zur stärkeren Zerlegung der monolithischen Anwendungssoftware in Komponenten (engl. *Componentware*) [ReIP-01, ABDH-97, Sche-97]. Der Grundgedanke hinter komponentenbasierter Software besteht in der Schaffung von standardisierten Schnittstellen für Softwarebausteine, die dann möglichst freizügig zu komplexen Anwendungen verbunden werden können. Komponentensoftware verlangt nicht zwingend nach einem Prozessmodell. Stattdessen wird das Prozessmodell durch die Auswahl und die Anordnung der Komponenten erst geschaffen [Jaco-99]. Das Komponentenparadigma verspricht nach [Grif-98] eine schnelle und dennoch qualitativ hochwertige Komposition kompletter Anwendungen aus vorgefertigten, überschaubaren und gut getesteten Komponenten unter Erfüllung der Forderungen nach Autonomie und Wiederverwendung.

Doch genau dies ist die Forderung von SOA. Denn Service-orientierte Architekturen beschreiben ein Konzept für den Aufbau von IT-Infrastrukturen, die sich konsequent an den Prozessen im Unternehmen ausrichten. Diese sind nicht nur von der eingesetzten Software abhängig, sondern richten sich unter anderem nach dem realen Geschäftsmodell. Dabei ist die wichtigste Eigenschaft von Service-orientierten Systeme, dass die Funktionen in eigenständige Module gekapselt werden. Ähnlich wie bei der

Objektorientierung hat sich hier die Denkweise etabliert, dass nur über eine einheitliche und zentrale Schnittstelle SOA-Features angesprochen werden sollen, um eine einfache Wiederverwendung zu erlauben. Ein Zugriff auf die definierten Funktionen muss möglich sein, sofern man nur die Schnittstelle kennt - das Wissen über deren Implementierung hingegen ist nicht nötig.

Damit lassen sich die gekapselten Module auch über das Netz bereitstellen. SOA bedeutet nach idealtypischer Definition, dass alle Dienste möglichst verteilt zur Verfügung stehen sollten - im Gegensatz zum zentralen Software-Ansatz, der häufig mit zentralen Server-Instanzen arbeitet. Die SOA-Module spannen also ein Netz, über das die eigenen IT-Prozesse bedarfsgerecht gelegt werden können. Dabei hilft auch die Unabhängigkeit von spezifischen Plattformen. Denn jedes SOA-Modul kann in einer beliebigen Programmiersprache umgesetzt werden und auf beliebigen Systemen laufen. Die Kapselung und Bereitstellung über standardisierte Netze ermöglicht den problemlosen Zugriff auf die Funktionen.

Die wichtigste Eigenschaft von SOA ist, dass sich Dienste dynamisch binden lassen. In zentralen Software-Systemen ist jedes Modul, das eine bestimmte Funktion bereitstellt, bereits ab dem Start des Programms verfügbar. In Software, die nach dem SOA-Paradigma gebaut ist, wird ein bestimmtes Modul immer nur dann geladen, wenn auf das Feature zugegriffen wird.

Produkt

Jedes Produkt hat einen Lebenszyklus. Jedes Unternehmen, das Produkte herstellt, muss diesen Lebenszyklus managen. Wenn von Produkten gesprochen wird, werden hier alle Arten von Produkt gemeint. Die Maschine, das Transportmittel, die Produktionsanlage und das Gebrauchsgut ebenso wie Beratung, Versicherung und Dienstleistung. Interessanterweise sind gerade Unternehmen aus Branchen wie der Lebensmittel-, Chemie- und Pharmaindustrie und Energieversorger, die in letzter Zeit PLM mit enormen Vorteilen entdecken. Obwohl bei der Entwicklung entsprechender Konzepte ursprünglich kaum jemand an diese Bereiche gedacht hat. Der Fokus lag eindeutig auf der Industrie der sogenannten diskreten Fertigung von Investitions- und Gebrauchsgütern sowie Automotive und Flugzeugbau.

Dass die Diskussion rund um PLM jetzt so intensiv geführt wird, liegt zum einen daran, dass Entwicklung, Produktion, Vertrieb, Produkteinsatz, Wartung und selbst das Recycling so komplizierte und komplexe Prozesse geworden sind, dass nicht selten die Übersicht verloren geht.

Zum anderen liegt es an dem Tempo, das unser Leben und das der Produkte, die wir dabei nutzen, bestimmt. Die Geschwindigkeit verkürzt zwar nicht unser Leben, aber sie beruht unter anderem und nicht zuletzt auf einer dramatischen Verkürzung der Lebenszeit beinahe aller Produkte [Send-09].

Produktleben

Wie man das Produktleben definiert hängt teilweise auch vom Betrachter ab. Der End-
kunde, der Verbraucher oder Benutzer eines Produktes, versteht darunter den Zeitraum, den es für ihn existiert.

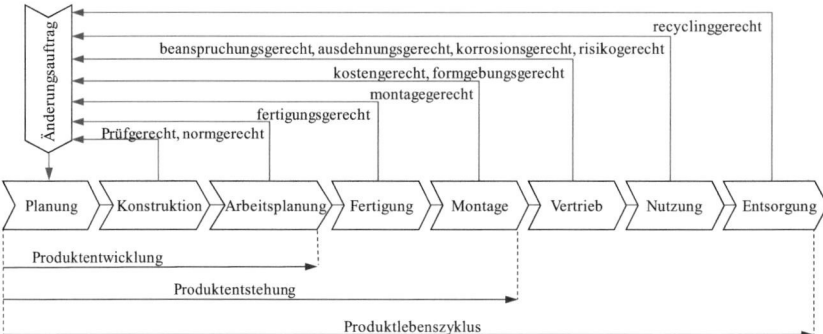

Bild 2-9:   *Produktlebenszyklus*

Für den Produzenten aber und alle, mit denen er rund um das Produkt Geschäftsbezie-
hungen unterhält, stellt sich dessen Leben völlig anders dar, und das eben beschriebene
ist nur ein kleiner Ausschnitt davon. Es beginnt mit der Idee eines Produktes, mit dem
ein Geschäftsmodell verknüpft wird. Es kann sich um ein völlig neues Produkt handeln, um etwas, das es noch nie gegeben hat, für das es keinen Vergleich gibt. Es kann
sich aber auch – und das ist weitaus häufiger der Fall – um eine Weiterentwicklung
handeln, um ein Nachfolgeprodukt, um eine neue Generation einer bereits bekannten
und etablierten Ware [Send-09].

Produktlebenszyklus

Produkt- und projektbezogene Daten in der Fertigungsindustrie kennen keine Abtei-
lungs-, Unternehmens- oder Systemgrenzen. Sie entstehen über alle Phasen des Produktlebenszyklus (eng. product lifecycle) hinweg von der Aufnahme der Anforderungen und Erstellung einer ersten Spezifikation bis zur Änderung des fertiggestellten
Produkts nach einer Servicemaßnahme. Während der Konstruktion werden zwar die
bekannten Merkmale eines Produktes festgelegt, aber die Produktgestaltung wird
durch vielfältige Anforderungen aus den einzelnen Produktlebensphasen beeinflusst
[OvEn-05].

In diesem Zusammenhang beschreibt der Produktlebenszyklus den Ablauf, in dem
aufeinanderfolgende Produktlebensphasen definiert sind. Geschlossen wird der Kreis-
lauf, wenn es gelingt, die Komponenten eines Produktes (Baugruppen, Einzelteile,
Werkstoffe und Betriebsstoffe) nach deren Nutzungszeit wieder einer neuen Produkt-

herstellung zuzuführen [Enge-04]. Die Phasen stellen Prozesse dar, die einen Einfluss auf ein Produkt ausüben, wie z.B. die Konstruktion eines Produktes, die Festlegung der Arbeitsabläufe oder die Steuerung und Ausführung der Produktherstellung. Eine besondere Bedeutung besitzt dabei die Konstruktion, weil während der Konstruktion wesentliche Merkmale eines Produktes (wie z.B. Kosten, Gewicht, Lebensdauer, etc.) durch die Produktgestaltung festgelegt werden.

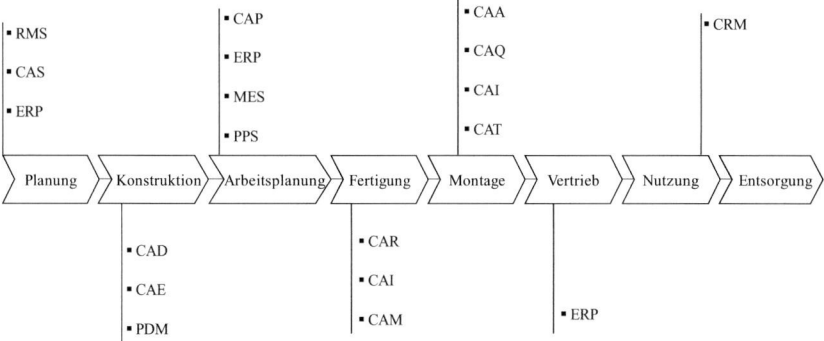

Bild 2-10:   *Beispiele für IT-Lösungen in verschiedenen Produktlebenszyklusphasen*

Dabei wird die Produktgestaltung durch vielfältige Anforderungen aus den einzelnen Produktlebensphasen beeinflusst, z.B. fertigungsgerecht, kostengerecht, recyclinggerecht, etc. [GrEE-04].

Produktdatenmanagement

Produktdatenmanagement (PDM)-Systeme ermöglichen dabei eine ganzheitliche Verwaltung aller produktrelevanten Informationen und Daten. Eine wichtige Eigenschaft von PDM-Systemen ist die Integration von informationserzeugenden Systemen (z. B. CAD-Systeme). Typische in einem PDM-System integrierte Funktionen umfassen z. B. Stücklisten- und Dokumentenverwaltung. PDM-Systeme waren zunächst auf die Verwaltung von Daten fokussiert, die in Entwicklung und Konstruktion erzeugt wurden. Die konsequente Fortführung der Integration aller im Produktlebenszyklus entstehenden Daten führte zum Begriff Product-Lifecycle-Management (Abk.: PLM). Über die traditionellen PDM-Funktionen hinaus bietet der PLM-Ansatz insbesondere Funktionen, die Informationen aus allen Lebensphasen eines Produktes zu verwalten.

Produktlebenszyklusmanagement

Für die Unternehmen der Fertigungsindustrie ist es weiterhin eine große Herausforderung, mit der hiesigen Kostenstruktur international zu bestehen. Billiganbieter mit günstigen ökonomischen Rahmenbedingungen drücken die Preise im globalen Markt. Obwohl seit Jahren enorme Summen in die Fertigungsautomation fließen, lassen sich die Kosten für die heimische Produktion kaum noch in dem Maße reduzieren, wie der erzielbare Verkaufserlös sinkt.

Bild 2-11: Produktlebenszyklus und Produktdaten

Andererseits existieren im Umgang mit dem Produktionsfaktor »Information« in nicht wenigen Betrieben eklatante Defizite. Zwar wird an Informationstechnik fast alles gekauft, was gut und teuer ist, doch erfolgen Beschaffung und Einsatz meist ohne Gesamtkonzept. Jede Abteilung, die in den Wertschöpfungsprozess involviert ist, führt ihre eigene IT-Lösung ein. Mit der Folge: kein konsistentes Datenmanagement, kein durchgängiger Informationsfluss, keine beschleunigten Prozesse. In dieser Konstellation löst die IT keine Probleme, sondern schafft welche.

Vor diesem Hintergrund scheint PLM der logische Schritt zur Überwindung dieser Situation zu sein; eine Unternehmensstrategie, die den IT-Einsatz konsequent auf maximale Wirtschaftlichkeit im Wertschöpfungsprozess ausrichtet. Ihr Fokus liegt auf der Schaffung einer »Virtuellen IT-Arbeitsplattform«, die ihren Nutzern mittels aufgabenbezogener Lösungen Funktionalität und Daten von PDM, ERP, SCM, CRM und weiteren Systemen offeriert. In diesem Umfeld sind die prozessorientierte Bearbeitung und Nutzung von digitalen Produktinformationen der wichtigste Punkt für eine hohe Unternehmensleistung.

ERP-, PDM-, TDM-, CAD- und DMU-Lieferanten sehen PLM als eine Erweiterung von PDM mit spezifischen Funktionen und bezeichnen ihre Systeme zumeist aus Marketing-Gründen als „PLM-Systeme. In der Literatur trifft man verschiedene Definitionen für PLM [Star-04, IBM-05, Send-04, AbSc-05, CIMD-05].

In dieser Arbeit wird PLM als ein Konzept zum informationstechnisch gestützten Management aller Informationen über Produkte und deren Entstehungsprozesse über den gesamten Produktlebenszyklus hinweg, so dass die Informationen immer aktuell an den relevanten Stellen im Unternehmen zur Verfügung stehen.

Der jeweilige Anwenderkreis (z.B. Produktdesign, Konstruktion, Produktionsplanung) kann über eine einheitliche Benutzeroberfläche, je nach individueller Zugriffsberechtigung, auf seine spezielle Anwendung zugreifen. Um gegebenenfalls auch Feedback vom Vertrieb oder den Kunden in den Produktentwicklungsprozess mit einfließen zu lassen, können auch nachgelagerte Bereiche wie z.b. Vertrieb, Controlling, Support und Service in den Prozess mit einbezogen werden.

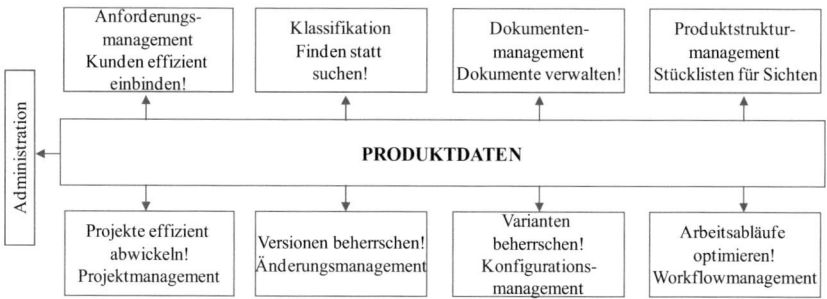

Bild 2-12:   Typische Funktionen eines PDM-Systems

Gleichzeitig sollen PLM-Lösungen auch eine standort- bzw. unternehmensübergreifende virtuelle Zusammenarbeit ermöglichen, um – idealerweise in Echtzeit – funktionelle und physikalische Produkteigenschaften gemeinsam zu erarbeiten.

Im Maschinen- und Anlagenbau spielt PLM darüber hinaus auch insofern eine Rolle, als dass die Unternehmen hier einen Großteil Ihrer Margen im After-Sales Service verdienen. Die Herausforderung liegt für Unternehmen nun darin, diese Service Angebote so optimal und innovativ wie möglich zu gestalten (wie z.B. Remote Services), und so gilt es, bereits bei der Produktentwicklung alle Prozesse transparent zu gestalten und die entsprechenden Systeme (CRM/Support) zu integrieren.

Prozessintegrierender PLM-Ansatz

Jede Tätigkeit, die Ressourcen verwendet um Eingaben in Ergebnisse umzuwandeln, kann als Prozess angesehen werden. Damit sich Organisationen bei der Einführung von PLM wirksam betätigen können, müssen sie zahlreiche miteinander verknüpfte und in Wechselwirkung zueinander stehende Prozesse erkennen und handhaben. Das systematische Erkennen sowie Handhaben dieser verschiedenen Prozesse innerhalb einer Organisation, vor allem aber der Wechselwirkungen zwischen solchen Prozessen, wird als prozessintegrierender Ansatz bezeichnet [EiOv–07].

Die Notwendigkeit methodischer und informationstechnologischer Unterstützung steht in engem Zusammenhang mit der erhöhten Produkt- und Prozesskomplexität infolge der globalen Trends. Auf Prozessseite sind vernetzte Arbeitsabläufe in unternehmensübergreifenden, multikulturellen Kollaborationen zu realisieren, in denen die Entwicklung sich gegenseitig beeinflussender Komponenten räumlich verteilt und zeitlich parallel erfolgt. Auf Produktseite resultiert die geforderte Flexibilität und Vielseitigkeit in einer Vielfalt von Modellen und Optionen.

Eine **lebenszyklusorientierte Betrachtung** von Produkten und zugehörigen Dienstleistungen steht zunehmend im Vordergrund.

Die Beherrschung der Produkt- und Prozesskomplexität ist zu einer der wesentlichen Herausforderungen für Industrieunternehmen geworden. Eine Verknüpfung der Methoden, Organisation/Prozesse und IT-Lösungen kann vor diesem Hintergrund zweckmäßig durch eine Abbildung und Integration der Prozesse unterstützt werden. Hierunter sind eine auf die Unternehmensziele abgestimmte Definition der relevanten Prozesse und deren Implementierung sowie eine Bereitstellung von an diese Prozesse angepasster informationstechnischer Unterstützung zu verstehen.

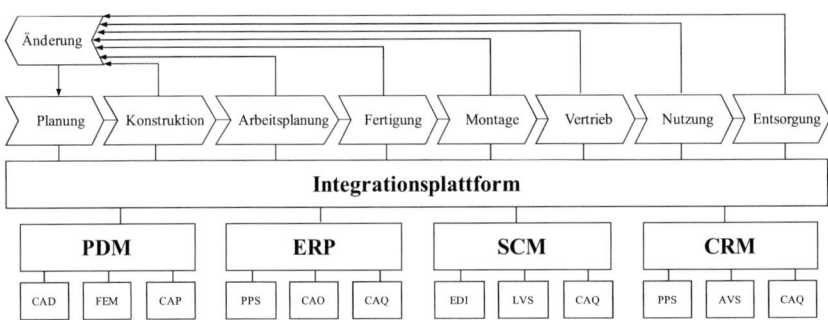

Bild 2-13:   Integration von prozessrelevanten Anwendungen im PLM-Konzept

Die Umsetzung der Prozessintegration im Unternehmen erfordert die Schaffung von systemübergreifenden methodischen Ebenen in den Unternehmen, die mit organisatorischen und kulturellen Veränderungen verbunden ist. Primäre Aufgabe dieser Ebenen ist eine Übersetzung von strategischen Unternehmenszielen in Prozessanforderungen, denen entsprechend Arbeitsmethoden in Form von für die Umsetzung geeigneten Prozessmodellen (Sollprozesse) definiert werden können. Ausgehend von diesen Sollprozessen und gegebenen Nutzeranforderungen können Konzepte für eine IT-Unterstützung entworfen werden.

Nach [EiOv–07] wird es auf Basis eines solchen Prozessmodells möglich, notwendige Änderungen auf der operativen Ebene nachvollziehbar darzustellen. Damit gelingt es, das volle Potenzial des Gesamtlösungsansatzes künftig in realen Produktentwicklungsprojekten effizient nutzbar zu machen.

Aufgabe der Prozessintegrationsebene ist darüber hinaus, die operativen Ergebnisse zum Zweck des Abgleichs mit den vorgegebenen Unternehmenszielen zu verfolgen.

Der Kern von SOA bilden Funktionen in Form von Web-Services

Für die reale IT-Welt bedeutet dies, dass eine Software die eigenen Funktionen nicht mehr über proprietäre Protokolle anbietet, sondern direkt als Web-Services bereitstellt. Damit halten bekannte Techniken wie UDDI, WSDL und SOAP Einzug in konkrete Lösungen. Die Kapselung von SOA-Modulen ist über Soap vergleichsweise einfach und konform zum SOA-Standard der OASIS.

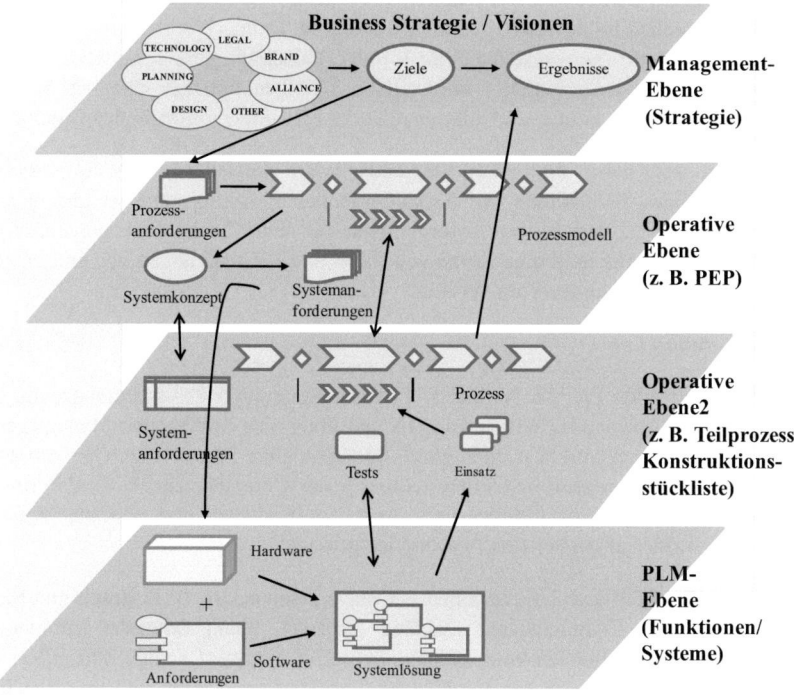

Bild 2-14:   Abbildung von Management Strategien auf operative Prozesse [EiOv–07]

Auf Basis von TCP/IP tauscht man über eine XML-Protokollschicht auf Soap die relevanten Daten aus. Das Ganze ist eine Form der Remote Procedure Calls. Fast jede moderne Programmiersprache bietet im Rahmen einer Standardbibliothek Tools für den Umgang mit SOAP an. Wer an dem relativ komplexen Soap keine Freude findet, kann auch auf das ältere XML-RPC setzen.

Eine zentrale Forderung des SOA-Konzepts ist, dass die Schnittstelle zu einer Funktion über alle Plattformen einheitlich verfügbar sein muss. Dafür sorgt WSDL, die Web Services Description Language. Mit dieser Sprache definiert man die über das Netz angebotene Funktion, deren Argumente sowie Datentypen, Rückgabewerte und Protokolle. Nicht enthalten ist in WSDL leider die Information, ob ein Dienst zum Beispiel nur zeitlich beschränkt verfügbar ist – das muss man über einen einfachen Testzugriff herausfinden. In der SOA-Welt ist UDDI als dritte technische Säule am stärksten verbreitet. Der Dienst hat sich als universelles Verzeichnis etabliert, in dem Anwendungen und deren Module nach Features suchen können beziehungsweise die Adresse einer bestimmten Funktion herausfinden.

Derzeit folgen zu wenige Features dem SOA-Konzept, weil die Anwendung der Web-Services-Techniken in der Praxis recht aufwändig ist. Dennoch arbeiten die Anbieter zentraler Standardsoftwaresysteme aktuell mit Hochdruck daran, Funktionen mit SOA-Schnittstellen auszustatten – aber alleine SAP benötigt hier mehr als 30.000 Web-Services, um die komplette Funktionalität der ERP-Suite nachzubilden [Fran-09].

Nichts desto trotz haben die großen Standardsoftware-Hersteller bereits die Vorteile der Web-Services Technologie und Service-orientierten Ansatz entdeckt und bauen ihre Produkte so auf, dass sie den Anforderungen der neuen Technologie gerecht werden. Dieser Abschnitt stellt eine Reihe von PDM und ERP-Lösungen vor und untersucht ihre Unterstützung für Web-Services.

SOA Innovation Lab

Das SOA Innovation Lab[13] e. V. bietet Unternehmen ein exklusives Praxisforum, in dem anwendungsbezogenes Wissen zu SOA und Enterprise Architecture Management auf Augenhöhe ausgetauscht werden kann. Im Sinne einer "Knowledge Community" stehen dabei die Interessen und Fragestellungen der Unternehmen im Vordergrund. Unabhängiges Wissen, Erfahrungen aus konkreten Projekten und erprobte Vorgehensweisen werden aus erster Hand zugänglich gemacht.

Heute zählt das SOA-Lab Unternehmen wie Bayer, Beiersdorf, BSH Bosch und Siemens Hausgeräte, Commerzbank, Daimler, Deutsche Bahn, Deutsche Lufthansa, Deutsche Post, Deutsche Telekom, Fiducia, ITERGO, Wacker Chemie, Zürich Versicherungs-Gesellschaft zu seinen Mitgliedern. Das SOA Innovation Lab ist offen für die Beteiligung weiterer Anwenderunternehmen.

Auch der Workstream SOA und Standardsoftware im SOA Innovation Lab untersucht die SOA-Fähigkeit der Standardsoftware-Produkte zu beurteilen und zwar auch im Hinblick auf die Integration in bestehende IT-Landschaften[14]. Insgesamt will die Arbeitsgruppe folgende Fragen beantworten:

- Wo liegt der Mehrwert des SOA-Ansatzes innerhalb einer Standardsoftware-Plattform?

---

13 SOA Innovation Lab, http://www.soa-lab.de, Abruf am 3.5.2010

14 http://www.computerwoche.de/management/it-strategie/1928082/index3.html, Abruf am 9.12.2009

- Wie lässt sich durch den SOA-Ansatz innerhalb einer heterogenen IT-Landschaft mehr Agilität gewinnen, die aus verschiedenen Standardplattformen und individuell entwickelter Infrastruktur besteht?

- Wie ausgeprägt ist die SOA-Fähigkeit der Standardsoftware-Produkte der verschiedenen Hersteller?

- Wie lässt sich Standardsoftware in eine existierende, auf SOA-Prinzipien basierende Landschaft integrieren?

- Wie lässt sich die Anforderung der Unternehmen nach modularen Services mit Standardsoftware realisieren?

- Welche Szenarios lassen sich mit Hilfe von Anwenderfällen entwickeln?

- Welche Probleme gilt es noch zu überwinden?

So wünscht sich die Arbeitsgruppe SOA und Standardsoftware beispielsweise von den Herstellern, dass sie

- „schmalere" Funktionalitäten als Services anbieten,

- orchestrierbare Bausteine offerieren,

- Funktionalität für hochdynamische Prozesse als Service bereitstellen,

Die Arbeitsgruppe strebt eine enge Zusammenarbeit mit den Herstellern an, um auch über die Strategien für künftige Produkte informiert zu bleiben.

Produktdatenmanagement-Systeme

Der Begriff PDM steht für Produktdatenmanagement, wofür es in der Literatur einige synonyme Begriffe wie Engineering *Data Management (EDM)* oder *Engineering Database (EDB)* gibt.

Die Ursprünge des Produktdatenmanagements liegen ca. 25 Jahre zurück: Sog. Ingenieurdatenbanken boten informationstechnische Unterstützung bei der Verwaltung von Informationen und Daten, die im Bereich der Konstruktion entstanden. Der Schwerpunkt dieser Lösungen lag zu Beginn auf der Datenhaltung und der Integration von Systemen. Im Laufe der Zeit verstand man aber, dass hierbei nicht nur eine informationstechnische Aufgabe zu bewältigen war [MaMH-97, Kais-00].

Das Thema PDM erweiterte den ursprünglichen Gedanken der Datenhaltung und Systemintegration zu einer Disziplin bzw. Technologie, die die Unterstützung der Prozesse zum Ziel hatte. Das Product Lifecycle Management weitete die informationstechnische Unterstützung der Prozesse auf vor- und nachgelagerte Phasen des Produktlebenszyklus wie z.B.: auf Erfassen und Management von Anforderungen, Service und Maintenance sowie Produktkonfiguration und Angebotserstellung. PDM-Systeme stellen eine Integrationsplattform dar, die alle über den Produktentwicklungsprozess benötigten Applikationssysteme (z. B. CAx-Systeme, Office-Programme, NC-Tools) über Schnittstellen zu einem Gesamtsystem verbindet [BuHM-96, Abra-99, AnAr-99,

Schö-99]. Nach [VDI-99] sind PDM-Systeme technische Datenbank- und Kommunikationssysteme, die dazu dienen, Informationen über Produkte und deren Entstehungsprozesse bzw. Lebenszyklen konsistent zu speichern, zu verwalten und allen relevanten Bereichen eines Unternehmens bereitzustellen.

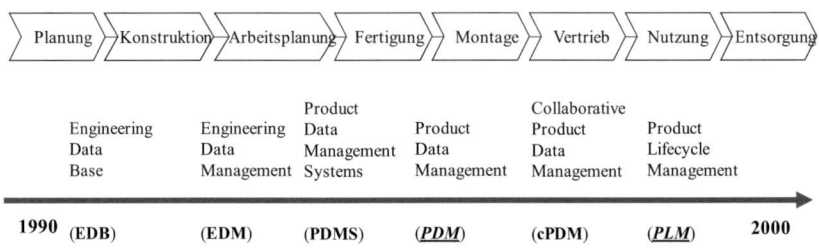

Bild 2-15: Ursprünge des Produktdatenmanagements [MaMH-97, Kais-00].

Die Funktionalität der PDM-Systeme hat sich in den letzten Jahren von der CAD-Zeichnungs- bzw. Dokumentenverwaltung über die Lifecycle-Produktdatenverwaltung in Richtung eines integrierten Daten- und Prozessmanagements entwickelt. Das Ziel der heute angebotenen PDM-Systeme ist die Integration aller Produktdaten und Dokumente sowie eine durchgehende Unterstützung der Produkterstellungsprozesse. Dazu verbinden PDM-Systeme spezielle IT-Lösungen wie digitale Archive, Workflow-Systeme, Stücklistenverwaltungssysteme, E-Mail etc. konzeptionell und systemtechnisch zu einem abgestimmten Gesamtsystem. Sie bieten eine umfassende Grundfunktionalität für die Verwaltung von Produktdaten und Prozessen und integrieren die CAE-Systeme in eine Umgebung [Horn-04, Ploe-98, Jenn-01, Hayk-03].

ERP-Systeme

Während das PDM-System alle Versionen und Änderungen eines Produktes im Produktstruktur transparent mitführt, realisiert das ERP-System die Fertigung einer ganz bestimmten Version dieser Produktstruktur, in dem die dazu notwendigen Termin- und Kapazitätsplanungen im Rahmen der Auftragsbearbeitung durchgeführt und die Aufträge in die Fertigung eingesteuert werden.

Enterprise Resource Planning (ERP) löst in vielen Fertigungsunternehmen den Begriff PPS (Produktionsplanung und Steuerung) ab. Der Begriff verdeutlicht die Erweiterung der Funktionalität von der Produktionsplanung und -steuerung zu einem übergreifenden innerbetrieblichen Informationssystem [Kais-00]. ERP-Systeme werden in Produktionsunternehmen vornehmlich zur Unterstützung prozessorientierter Vorgänge (Logistik) eingesetzt, aber auch in weiteren Aufgabenbereichen wie Finanzwesen, Controlling oder Personalwirtschaft genutzt [Schö-00]. Es gibt keine einheitliche Definition des ERP Begriffes, sondern eine Vielzahl von Definitionen, die sich jedoch nur marginal voneinander unterscheiden [CFM-98, Erp-02, Kla-99, Krum-05].

Mit Beginn der e-Business-Zeit wurde die traditionelle ERP-zentrische Anwendungs-landschaft um Front-End-Applikationen für die unternehmensübergreifende Zusammenarbeit mit Kunden, Lieferanten oder Partnern erweitert. Damit wurden auch neue Anforderungen an die ERP-Systeme gestellt. Durch das ERP-System werden neben den klassischen Sekundärprozessen (Finanz- und Rechnungswesen sowie Personalwirtschaft) die Kernprozesse in den Bereichen Vertrieb, Materialwirtschaft, Produktion und Disposition abgedeckt. Daneben ist die Unternehmenslandschaft durch weitere branchenspezifische "Best-of-Breed-Anwendungen" (B-o-B) oder eigenentwickelte Lösungen (Legacy) für die Abdeckung der Kernprozesse geprägt [DETE-03].

Vorteile der PDM und ERP Integration

Das Zusammenspiel mit ERP kann auf verschiedene Weise die Arbeit des Konstrukteurs vereinfachen, in dem beispielsweise eine Artikelnummer vom ERP-System angefordert und mit dieser den neuen Teilestammsatz im PDM-System angelegt wird.

Ein wesentliches Ziel der PDM und ERP Integration in der Fertigungsindustrie ist die Speicherung des Unternehmenswissens und die Etablierung durchgängiger Prozesse zwischen Entwicklung/Konstruktion und den logistischen und kaufmännischen Abteilungen des Unternehmens. Hinzu kommt, dass die Senkung der Entwicklungs- und Herstellkosten für Unternehmen ein strategisches Ziel mit höchster Priorität ist. Dieses Ziel setzt voraus, dass die Ingenieure Zugriff auf Unternehmenswissen haben, das ihnen hilft, in schwierigen Situationen die richtigen Entscheidungen zu treffen. Daher benötigen Konstrukteure den Zugriff auf die betriebswirtschaftlichen Daten des ERP-Systems [Asca-04]. Ein kostenbewusstes Konstruieren verlangt Informationen über die Preiskalkulation, die Kosten diverser Leistungsarten und die Preise verschiedener Kaufteile. Darüber hinaus ist es für den Konstrukteur hilfreich, den Lagerbestand oder die Lieferzeit für ein bestimmtes Katalogteil abfragen zu können. Dabei darf der Konstrukteur für gelegentliche Abfragen der ERP-Daten nicht ein weiteres IT-System bedienen müssen, sondern er sollte Zugriff auf diese Daten durch ein auf die Anforderungen der Entwicklung optimiertes PDM-System haben.

Nach [Schö-00] braucht die Konstruktion im Falle eines Unikat- oder seriennahen Auftragfertigers besonders schnellen Zugriff auf den Auftragseingang. Nachdem im Verkauf ein Kundenauftrag angelegt worden ist, muss die Konstruktion die für sie relevanten Informationen erhalten. Denn Auftragsnummer, Kundenname, Terminierung, Kostenkalkulation, Auftragsbeschreibung, technische Randbedingungen etc. sind unter anderem die Eingangsdaten für den PDM-seitigen "Auftragskonstruktion". Erst wenn dieser gestartet ist, beginnt die eigentliche Wertschöpfung. Für das Erzeugnis selbst sowie für alle Teile und Baugruppen, die für den Kundenauftrag neu zu erstellen sind, müssen neue Teilestämme angelegt werden.

PDM-Systeme sind meist über Adapter mit betriebswirtschaftlicher Software gekoppelt. Bei der Verbindung zu Systemen wie etwa ERP und SCM zeigen sich jedoch oft Lücken [Chri-05]. Transaktionssysteme, etwa für die Logistik bauen auf Artikelstammdaten auf und müssen sich auf deren Qualität sowie Aktualität verlassen können. Der Schnittstelle zwischen dem PDM und betriebswirtschaftlicher Software (ERP) kommt daher in Fertigungsbetrieben enorme Bedeutung zu [Zage-05].

Im Folgend werden eine Reihe von Standardsoftwaresysteme aus dem PDM und ERP-Bereich vorgestellt und auf ihre Unterstützung für Web-Services untersucht.

2.3.1 Teamcenter 8 von Siemens PLM Solutions

Teamcenter 8 baut auf eine flexible 4-Tier service-orientierte Architektur (SOA). Um diese Flexibilität zu ermöglichen, unterstützt Teamcenter eine breite Auswahl an IT-Umgebungen. Mit dem Release 8 gehören dazu zum ersten Mal auch die Middleware-Lösungen von IBM. So wird Teamcenter 8 nun auf dem IBM Technologie verfügbar [Hutc-07].

Die Service-orientierte Architektur (SOA) von Teamcenter soll dabei eine Standard-Plattform bieten, durch die Teamcenter gegebenenfalls mithilfe von Spezialanwendungen angepasst werden kann. So wird der Zugriff auf Daten und Funktionen von Teamcenter mit zahlreichen SOA-Diensten in allen wichtigen Funktionsbereichen optimiert.

Teamcenter SOA-Framework ermöglicht die automatische Erstellung neuer SOA-Dienste, und zwar mithilfe von Assistenten für die integrierte Entwicklungsumgebung von Teamcenter.

2.3.2 Agile 9 von Oracle

Die Agile 9-PLM-Plattform baut auf die service-orientierte Architektur und nutzt Web-Services, J2EE, XML [www-04]. Agile 9 beinhaltet eine Reihe von Werkzeugen zur Integration von Agile in andere Anwendungen. Diese basieren auf den Standards XML, JMS, PDX/Rosetta Net und auf Web-Service-Standards, die SOAP/WSDL verwenden. Neue Funktionen umfassen Standard-XML-basiertes Publishing und Informationsbezug, bidirektionale Unterstützung für Web-Services sowie Prozesserweiterungen. Durch den standardisierten Ansatz ermöglicht Agile die schnelle Bereitstellung von Geschäftsprozessen und die Integration von im Agile-PDM-System verwalteten Produktdatensätzen in andere Geschäftsanwendungen wie ERP, SCM und CRM. Für diesen Zweck werden Industriestandards wie SOAP und WSDL angewandt, um im Agile-PLM-Grundsystem vorhandene Geschäftsprozesse und Produktdaten für externe Anwendungen zur Verfügung zu stellen. Es kann durch Importdienst (Veröffentlichen von Produktdaten), Exportdienst (Anfordern von Produktdaten) und Bauteilsuche/Suchdienst (Suchen nach Bauteilen) vorkonfigurierte Web-Services sofort eine Wertschöpfung erzielen.

2.3.3 OneSpace.NET von PTC

Für die Zusammenarbeiten mit Partnern in der Wertschöpfungskette bietet OneSpace.net 2005 den Unternehmen ein Team-Collaboration-Werkzeug. Integrations-Technologien wie XML Web-Services und Microsoft InfoPath können die Unternehmen den Workspace von OneSpace.net 2005 für die Verknüpfung projektrelevanter Daten aus Quellen beliebiger Unternehmensapplikationen nutzen [Alpi-04]. Web-Services ermöglichen dabei den Zugriff auf die Daten ohne diese zu kopieren und stellen gleichzeitig die zugehörigen Metadaten über XML zur Verfügung. Dies wird dadurch erreicht, dass die Daten aus Sicht der Mitglieder des Kollaborationsteams zwar im Project Workspace von OneSpace.net erscheinen, in Wirklichkeit aber beim "Öffnen" der Daten eine Abfrage via Web-Service abgesetzt wird und die Daten dann in Echtzeit aus der Datenquelle abgerufen werden. Für die Automatisierung von Abläufen besteht die Möglichkeit, einen Web-Service mit einem Werkzeug wie Microsoft® BizTalk zu verbinden, was sowohl allgemeine als auch projektspezifische Automatisierung erlaubt.

2.3.4 Aras Innovator

Aras Innovator Suite bietet Anwendungen für unternehmensweites Product Lifecycle Management (PLM) auf Basis einer service-orientierten Architektur (SOA). Mit Version 9 kommt erstmals eine modell-basierende SOA-Lösung für PLM zum Einsatz, die mehrere Sprachen in nur einer Programminstanz unterstützt. Gleichzeitig arbeitet das System mit den neuesten Microsoft-Plattformen zusammen, wie Microsoft SQL Server 2008, Microsoft Windows Server 2008 und Microsoft Visual Studio 2008.

Die service-orientierte Architektur soll dabei einen wesentlichen Fortschritt bei der Entwicklung einer Enterprise-PLM-Lösung darstellen, da sich die Komplexität der Anwendung reduziert und die Flexibilität steigt. Laut Aras sollen Unternehmen mit Hilfe einer SOA bestehende Systeme auf Basis von Web Services ergänzen und erweitern. Komplizierte Geschäftsprozesse lassen sich so deutlich leichter und schneller als bisher automatisieren. Basierend auf Microsoft-Plattformen erhalten Unternehmen von Aras eine modell-basierte SOA als Enterprise Open Source-Lösung.

Aras Innovator Version 9 bietet eine modell-basierende Umgebung für die service-orientierte Architektur einer Product Lifecycle Management-Lösung. Diese unterstützt durch konsequente Umsetzung einer modell-basierten SOA komplexe Objektmodelle, Datenschemata und Geschäftsregeln sowie das Durchführen von Änderungen (z.B. an einem Workflow) in Echtzeit ohne Programmieraufwand und ohne Ausfallzeiten. Damit sollen sich kundenindividuelle Lösungen schnell und einfach implementieren lassen.

Die modell-basierende SOA soll die bestehenden unternehmensspezifischen Applikationen und die geplanten Software-Änderungen von der zugrunde liegenden SOA trennen. Dadurch soll ein Upgrade auch hochgradig individualisierter Unternehmens-anwendungen innerhalb kurzer Zeit möglich sein.

2.3.5 P2plus von AP

Die Karlsruher AP AG zeichnet sich mit einer Vielzahl neuer Funktionen ihrer durch-gängig .NET-basierenden ERP-Lösung P2plus. Technologien wie XML und Web-Services ermöglichen den P2plus-Betrieb über einen zentralen Server ohne zusätzliche Installationen auf den Clients. Im Folgenden werden zwei Anwendungsmöglichkeiten, Absatzplanung und CAD/PDM-Integration, für die von P2plus bereitgestellte Lösung beschrieben [P2pl-02].

Für Planung und Controlling wird in vielen Betrieben Microsoft Excel in hohem Maße genutzt. In der P2plus Absatzplanung nutzt Excel direkt aus einem VBA (Visual Basic Application) Script heraus die Web-Services von P2plus. So sind historische Daten beliebig selektierbar. Planungsergebnisse werden direkt über die Dispositionsfunktio-nen von P2plus in produkt- und zeitpunktgerechte Planbedarfe oder gar direkt in Pro-duktionsaufträge umgesetzt - ohne dass der Planer hierzu Excel verlassen muss. Die Integration von PDM-Systemen wurde in der Vergangenheit meist mit File-Transfers gelöst, die zyklisch in beide Richtungen durchgeführt wurden. Für P2plus wurden die-se Schnittstellen zwischenzeitlich auf der Basis von Web-Services und XML neu reali-siert. So kann erstmals eine echte Online-Zusammenarbeit zwischen beiden Systemen eingerichtet werden.

Parallel zu dieser Vertiefung der erweiterten und durchgängig in die einheitliche Sys-temarchitektur auf Basis von Microsoft .NET integrierten Funktionalität von P2plus stellt die AP AG weitere Integrationsmodule für Informationsmanagement in den Be-reich CAD/PDM bereit.

2.3.6 MySAP PLM von SAP

Auch SAP hat inzwischen die Stärken der Web-Services-Technologie entdeckt und stellt die SAP-Software heutiger Prägung vom Client-Server-Konzept auf diese Tech-nologie um. Aus eher monolithischen und in der Wartung aufwändigen Programmen soll eine service orientierte Architektur (SOA) erwachsen, ohne dabei die vorhandene Software komplett wegzuwerfen.

SAP bietet beispielsweise mit seiner Software-Lösung „NetWeaver" eine Integrations- und Anwendungsplattform, die auch ablauffähige Prozesskomponenten bereitstellt und Funktionen als Web-Services anbietet. Ein kompletter Prozess würde als "Composite Application" gestaltet werden und einzelne Bausteine wie zum Beispiel die Rech-nungsprüfung nutzen.

Hierzu soll die Enterprise Services Architecture (ESA) die Erfahrung von SAP in be-triebswirtschaftlichen Lösungen mit der Flexibilität von Web-Services und offenen

Technologien kombinieren [Salo-04]. ESA soll einerseits eine Alternative für die Kombination von Services zu neue, funktionsübergreifenden Geschäftsprozessen bieten und andererseits Funktionalität vorhandener Anwendungen über Services verfügbar machen. Die Basis für Lösungen, die gemäß ESA konzipiert werden, ist die Plattform SAP NetWeaver. Die konkrete Umsetzung von Web-Services wird durch die Integrations- und Applikationsplattform SAP NetWeaver gewährleistet. Zur Entwicklung von Web-Services im SAP-Umfeld sind im Wesentlichen die SAP NetWeaver-Komponenten „Exchange Infrastructure" (XI) und „Web Application Server" (WAS) von Bedeutung [SAPx-04].

Die Kompatibilität zu Web-Service-Standards ist hier integriert. So sind etwa Schnittstellen wie BAPI's, IDoc's oder RFC's im „Interface Repository" als XML-Schemata abgelegt.

Daher lassen sich sämtliche SAP-Schnittstellenprogramme grundsätzlich als Web-Services publizieren. Umgekehrt können mittels SAP NetWeaver aus SAP-Welt externe Web-Services aufgerufen und verarbeitet werden.

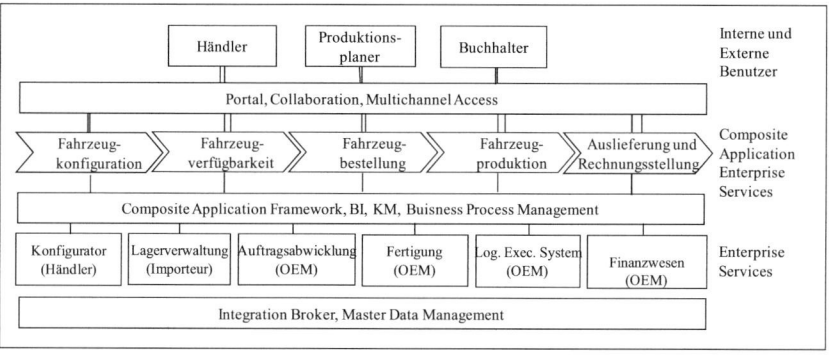

Bild 2-16:   SAP Enterprise Services Architecture an einem Praxisbeispiel, [Salo-04]

Die aktuelle Version von mySAP ERP umfasst bereits Services für viele allgemeine Anforderungen. Beispielsweise sind im Finanz und Rechnungswesen Services zur Verwaltung von Reklamationen und Inkasso, zur Einhaltung von Vorschriften und zur finanziellen Konsolidierung verfügbar. In der Personalwirtschaft stehen Services zur Verwaltung der Personalakten und zur Personalbeschaffung bereit. Services dienen auch zur Erstellung neuer Funktionen in mySAP ERP. Beispielsweise machen die Funktionen zur Kooperation mit Lieferanten und für das Kreditmanagement umfassenden Gebrauch von einer service-orientierten Architektur.

2.3.7 Bewertung der SOA-Unterstützung von Standardsoftwaresystemen

Während die Web-Service Technologien insbesondere in den kaufmännischen und logistischen Bereichen bereits fest etabliert, steckt ihr Einsatz im Bereich des Product Lifecycle Managements noch nicht verbreitet. Dabei eignet sich gerade diese neue Technologie dank des objektorientierten Ansatzes hervorragend für PDM-Systeme. Wenn PDM-Objekte und Funktionen als Web-Services bereitgestellt werden, lassen sich die technischen Informationen in Geschäftsprozesse auf Basis service-orientierter Architekturen beliebig einbetten. Damit ist eine flexible Bereitstellung für andere Anwendungen innerhalb der SOA genauso möglich wie eine gezielte Rückmeldung von Informationen aus den Prozessen selbst oder den nachgelagerten Backend-Systemen.

Für die Nutzung der Web-Services-Technologie müssen die Standardsoftwaresysteme wie PDM, die zentralen Web-Service-Standards wie XML, XML Schema, HTTP, SOAP, WSDL, UDDI und WS-Security sowie SAML unterstützen und die Komformität zur Web-Service-Interoperabilität (WS-I) gewährleisten. Gleichzeitig müssen Unternehmen bereit sein, ihre IT-Infrastruktur für die Einbindung von Web-Services zu öffnen.

Standardsoftware-Branche steht mit der Nutzung von Web-Services-Technologie vor einem Umbruch, und der Lebenszyklus der Client-Server-Architektur als technische Basis für Unternehmenssoftware neigt sich seinem Ende zu. Bei zunehmendem Daten- und Informationsaustausch mit Geschäftspartnern im Internet weisen die neue Technologie aufgrund ihrer durchgängigen XML-Nutzung gegenüber Client-Server-Architekturen deutliche Vorteile auf.

Die meisten Unternehmen stehen noch am Anfang bei dem Versuch, den Zugang zu ihren Anwendungen über Web-Service-Schnittstellen zu optimieren. Sie implementieren schrittweise Web-Services. Die ersten Generationen dieser Implementierungen zielen primär auf manuelle Schritte in größeren Prozessen, die sich bislang nur schwer in eine übergreifende, zusammengesetzte Lösung integrieren ließen. Bei diesen frühen Services lag das Augenmerk mehr auf dem Datenzugang als auf den funktionalen Prozessen. Der neue Ansatz ersetzt dabei die Einsetzung spezifischer Softwareanwendungen für die Abwicklung von Unternehmensabläufen durch die Abwicklung von Geschäftsprozessen mit sachgerechter Kombination verschiedener Web-Services.

Um aus technischer Sicht Erfahrungen mit Web-Services zu sammeln und die Koordination vieler Web-Services zu erlernen, können Unternehmen zuerst interne isolierte Web-Services an ihre bestehenden eBusiness-Lösungen anbinden. Web-Services automatisieren einzelne, hochstandardisierte manuelle Tätigkeiten wie etwa die Erstellung von Transportpapieren. Mit solchen einfachen Schritten können Unternehmen erste Erfahrungen mit Web-Service Standards und –Plattformen sammeln.

Zur Verbreitung der erprobten Web-Services in weiteren Unternehmensbereichen kann ein internes Web-Service-Repository aufgebaut werden. Danach können mehrere

Web-Services zur Unterstützung von (Teil-) Prozessen zu neuen Anwendungen zu-sammengeführt werden. Nach einer Definition von einer gemeinsamen unternehmens-übergreifenden Terminologie und Sicherheitsarchitektur kann auch ausgewählten Partnern des Geschäftsnetzwerkes über das private Repository Zugriff auf vereinzelte interne Services gegeben werden. Und Schließlich können komplexere Softwaresys-teme auf Web-Service-Technologie migriert werden, nach dem die Gewährleistungs-aspekte, Koordination von Transaktionen über Anwendungen rechtlich geklärt wur-den.

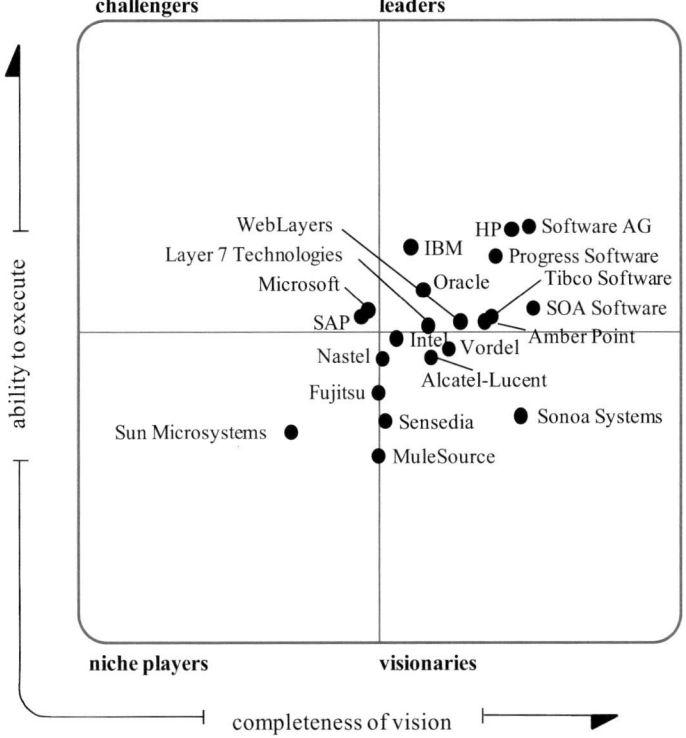

Bild 2-17:   Magic Quadrant für SOA Governance Technologie Sets, Quelle Gartner

Durch die Verwendung von Web Services können vorhandene IT-Lösungen durch neue Funktionen erweitert und vorhandene durch alternative Dienste ersetzt werden. Dies ist vor allem dann sinnvoll, wenn bestimmte Funktionen nur selten verwendet werden oder diese speziellen Anforderungen genügen müssen. Eine weitere Möglich-keit für den Einsatz von Web Services in Software-Systemen ist in der Bereitstellung von Diensten für andere Anwendungen bzw. Kunden, Partnern und andere Organisati-onen zu sehen. So können verschiedene Anwendungen und Informationsquellen im

Unternehmen miteinander integriert werden. Auch können Dienste und Informationen etwa über das Internet angeboten und Kunden, Partnern und andere Organisationen zur Verfügung gestellt werden.

Der Einsatz von Web-Services konzentriert sich vorerst auf den unternehmensinternen Bereich oder auf existierende Partnerschaften zwischen Unternehmen. Analysten (vgl. [Neel-02], [Hail-02]) rechnen jedoch mit einem wachsenden überbetrieblichen Einsatz innerhalb der nächsten zwei bis drei Jahre. Softwarehersteller wie SAP, Oracle oder Microsoft zerlegen ihre monolithischen Systeme in Module, die über Web-Service-Technologien verbunden werden [Whit-02]. Für Unternehmen macht es Sinn, bereits heute darüber nachzudenken, welche Funktionalitäten in verschiedenen Systemen mehrmals vorkommen und wie sich diese durch zentrale Dienste ersetzen lassen.

Nach SOA-Innovation Lab haben Hersteller wie SAP und Oracle das Thema SOA fest in ihren Strategien verankert. Es sind gute Ansätze in aktuellen Software-Paketen wie der Business Suite zu finden, doch es gibt noch zahlreiche Probleme. Die monolithischen Strukturen der Standard Pakete sind noch nicht aufgebrochen. In der SOA-Terminologie spricht man von einzelnen Silos, die nicht auf eine offene Interoperabilität ausgelegt sind. Durch den monolithischen Charakter gebe es zudem Abhängigkeiten zwischen einzelnen Services. Auch fehle es noch an erfolgreichen Implementierungen von Standard Software nach dem SOA-Prinzip in Großunternehmen.

2.4   SOA bei kommerziellen Integrationsplattformen

Gartner zufolge verzeichnete der Markt für SOA-Governance 2009 trotz weltweit schwacher Wirtschaft insgesamt ein kräftiges Wachstum um 17,5 Prozent [Biscotti et al-10]. Das Ranking bezieht sich auf den Gesamtumsatz mit Software im Jahr 2009. Der Magic Quadrant ist eine grafische Darstellung der aktuellen Situation in einem bestimmten Marktsegment und Zeitraum. Er veranschaulicht die Ergebnisse der von Gartner vorgenommenen Analyse bestimmter Anbieter, der die von Gartner definierten Kriterien für das betreffende Marktsegment zugrunde gelegt werden. Gartner spricht damit keine Empfehlung für die in dem Magic Quadrant positionierten Anbieter, Produkte oder Dienstleistungen aus und empfiehlt IT-Anwendern auch nicht, nur solche Anbieter auszuwählen, die als „Leader" (Marktführer) des Quadranten genannt werden. Der Magic Quadrant ist ausschließlich als Forschungsinstrument gedacht und ist nicht als Handlungsanweisung zu verstehen.

Über ihre Middleware-Angebote gehen die großen Softwareanbieter wie Microsoft, IBM, Oracle und SAP das Thema SOA auf unterschiedlichen Wegen an. In diesem Kapitel werden einige der führenden Anbieter mit ihren SOA-Plattformen kurz beschrieben.

2.4.1 Software AG

Die Software AG hält ihre Position als führender Anbieter von Governance-Technologien für service-orientierte Architekturen (SOA).

Das renommierte Marktforschungsinstitut Gartner bescheinigte der Software AG in seinem jüngsten Ranking den weltweit größten Marktanteil im Bereich SOA-Governance. Im Jahr 2009 wurde die Software AG von Gartner auch als Leader im Quadranten für integrierte SOA-Governance-Technologien eingestuft [Gart-09].

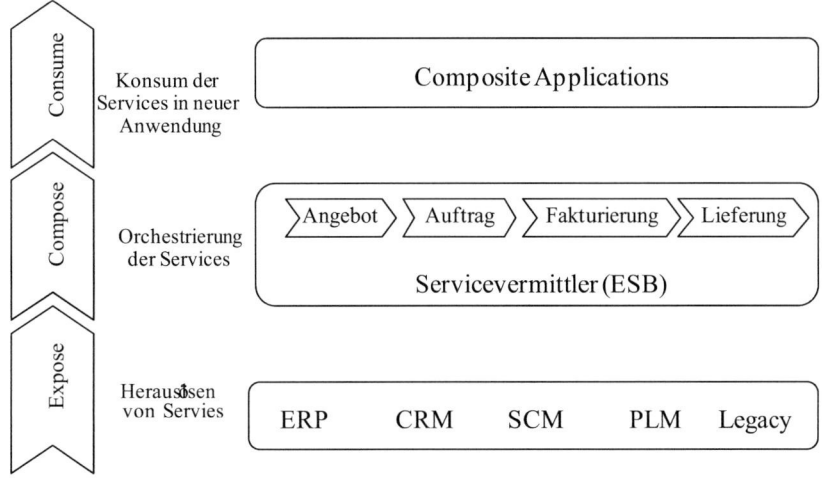

Bild 2-18:   Microsoft SOA-Ansatz [Herr-08]

Die Software AG bietet eine komplette Technologieplattform für SOA-Governance, die vom Lifecycle Management in der Entwicklungsphase bis zur Mediation, zum Monitoring und zum Management des Servicezugriffs zur Laufzeit reicht.

CentraSite fungiert als Business Service Repository für SOA- und Business Process Management (BPM)-Programme, mit denen IT-Services, Prozesse oder Daten über den gesamten Lebenszyklus hinweg verwaltet werden. Ergänzt wird CentraSite durch die weltweit größte Partner-Community für SOA-Governance, in der mehr als 60 CentraSite-Partner vernetzt sind.

2.4.2 Microsoft definiert SOA mit OSLO

Grundsätzlich definiert Microsoft drei Schichten in seinem SOA-Ansatz. In der untersten Schicht "Expose" geht es um das Herauslösen von Software-Services aus bestehenden Programmen. Dazu gehören klassische Anwendungen wie ERP, CRM oder

SCM, aber auch die zahlreichen Legacy-Systeme [Herr-08]. In der darüber liegenden "Compose"-Schicht siedelt der Hersteller das Orchestrieren von Services entlang definierter Geschäftsprozesse an. Als Servicevermittler, der die SOA-typische lose Kopplung von Komponenten erst ermöglicht, dient der Enterprise Service Bus (ESB).Für unternehmensinterne Zwecke übernimmt Microsofts BizTalk Server diese Aufgabe. Die oberste Schicht, in der Microsoft-Diktion "Consume" genannt, repräsentieren die Benutzer-Frontends, die am Ende die Services der SOA "konsumieren".

2.4.3 Oracle SOA-Suite

SOA-Suite bietet vor allem einen hohen Integrationsgrad aller Komponenten, verbunden mit einer konsequenten Unterstützung des Geschäftsprozesslebenszyklus.

Auf der technischen Ebene nutzt Oracle bewährte J2EE-Produkte und offene Standards. Hinsichtlich der eingebundenen Komponenten biete der amerikanische Hersteller Kunden einige Flexibilität. Neben den obligatorischen Komponenten könnten sie eine große Zahl optionaler Module einbinden und damit selbst entscheiden, welches Produkt im Einzelfall das beste Kosten-Nutzen-Verhältnis offeriert. Die Autoren verweisen zudem auf Oracles Mitgliedschaft in diversen Standardisierungsgremien, die es dem Hersteller erlaube, direkten Einfluss auf die Entwicklung von technischen Defacto-Standards zu nehmen.

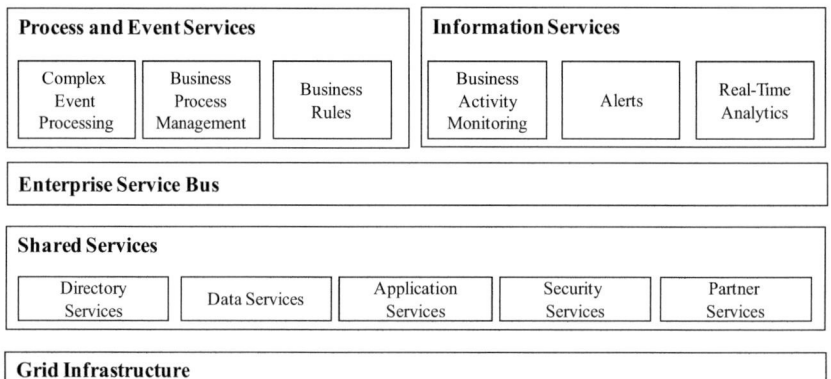

Bild 2-19:   SOA-Suite von Oracle

Geht es um Geschäftsprozesse, lasse die Oracle SOA Suite keine Wünsche offen, kommentieren die Tester. Insbesondere die enge Verzahnung von fachlicher und technischer Ebene komme Anwendern zugute. Ähnlich wie die Inubit-Suite bietet auch das Oracle-Angebot die Möglichkeit, laufende Prozesse in Echtzeit zu überwachen.

Für die Servicedefinition verwendet Oracle ein Domänenmodell. Zusammen mit einer praxiserprobten Methode zur SOA-Einführung können Unternehmen damit nach Ein-

schätzung von Barc die Suite rasch und projektbezogen implementieren. Weitere Vor-
züge sehen die Prüfer in der Durchgängigkeit der Lösung und im hohen Abdeckungsgrad der unterschiedlichen Fragen im Rahmen von SOA-Initiativen[15].

2.4.4 IBM SOA-Plattform

Im Vergleich zu den anderen Branchenschwergewichten offeriert IBM den differen-
ziertesten SOA-Suite. Als einziger Hersteller bezieht IBM Komponenten ein, die den
Betrieb von Diensten unterstützen: Die Schicht "Service Level Automation and
Orchestration" beispielsweise beschreibt die ITIL-Tätigkeiten Problem Management
und Configuration Management als spezielle Dienstgruppe. Die Verwaltung der Services und die Darstellung ihrer Qualitätsmerkmale werden durch weitere Elemente in
der Schicht "Utility Business Services" unterstützt. Der Billing-Service, eine wichtige
Grundlage zur internen und externen Verrechnung der Dienstnutzung, fehlt in SOA-
Suite der anderen Hersteller.

IBM hat als Hersteller die längste Erfahrung im Bereich Enterprise Service Bus (ESB)
und mit "MQSeries" das am weitesten verbreitete Produkt im Portfolio. Eine Stärke
des IBM-Systems ist das Reliable Messaging, das eine garantierte Meldungsübermitt-
lung erlaubt. In einem lose gekoppelten Umfeld ist diese Art von Kommunikation in-
des nicht immer die beste Lösung, vor allem dann, wenn Dienste nicht sehr oft und
nicht zeitkritisch verwendet werden sollen.

Im Gegensatz zu den anderen Herstellern bietet der Konzern aber vor allem die Infrastruktur an, wenn auch in einer besonders ausgereiften Form. Das konkrete System im
Unternehmen muss auf dieser Basis gebaut werden. Damit bleibt den Kunden die
schwierige Aufgabe, eine heterogene Systemlandschaft zu einem flexiblen und funktionierenden Ganzen zusammenzufügen.

Product Development Integration Framework (PDIF) von IBM

IBM bietet Unternehmen ein Online-Katalog[16] für SOA-Komponenten, womit der
Aufbau einer Service-orientierten Architektur erleichtert werden soll [CoWo-06]. Unternehmen finden darin zunächst 500 bis 600 wieder verwendbare SOA-Elemente, die
jeweils bestimmte Business-Probleme adressieren. Dazu gehört beispielsweise ein
Framework für Banken und Finanzdienstleister, das die Prozessoptimierung vereinfachen soll. Eine Reihe branchenspezifischer Prozessbeispiele dient ebenfalls der schnellen Erstellung von Software-Services. Der Online-Katalog enthält ferner auch Adapter,
mit deren Hilfe sich Legacy-Anwendungen mit Web-Services verbinden lassen. Teile
der Online-Ressourcen stellt IBM als Open-Source-Software bereit, andere Komponenten sind kostenpflichtig [IBMs-08].

---

15 SOA-Plattf., http://www.computerwoche.de/software/soa-bpm/573363/index6.html, Abruf am 22.2.2009

16 SOA Business Katalog von IBM, http://ibm.com/soa/soabusinesscatalog, Abruf 7.2007

56

Neuerdings bietet IBM mit dem Product Development Integration Framework eine modulare Middlewareplattform für Entwicklungs- und Betriebsumgebungen von SOA-basierten Lösungen. Mit dem Product Development Integration Framework (PDIF) verknüpft IBM zukünftig Produkt-Design und –Entwicklung mit zentralen Geschäftsprozessen. Das Framework integriert Anwendungen von Business-Partnern, Business Services und SOA-Anwendungen für die digitale Produktentwicklung und die damit verbundenen Geschäftsprozesse.

Bereits acht führende Unternehmen im IT- und PLM-Umfeld Agile Software, Centric Software, Engineous Software, Geometric Software Solutions, MSC Software, Parametric Technology, PROSTEP AG und UGS haben erklärt, dass sie entsprechende Lösungen für das auf offenen Standards basierende Framework IBM PDIF entwickeln werden.

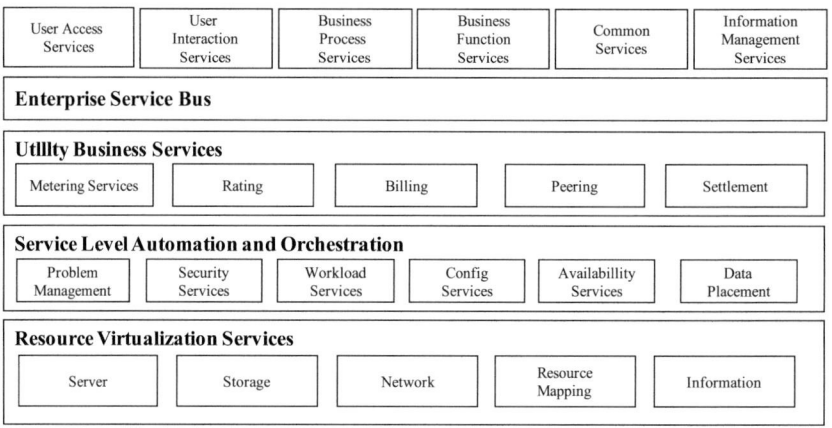

Bild 2-20:   Vereinfachte Darstellung der SOA-Plattform von IBM

Beispielsweise ist Teamcenter von Siemens PLM Software derzeit die branchenweit erste PDIF-bereite Plattform, die eng mit den Middleware-Lösungen von IBM integriert ist. Dabei hilft die Kombination von PLM und SOA Unternehmen, ihre bestehenden Infrastrukturen im Laufe der Zeit inkrementell aufzubauen, zu erweitern und zu verändern, indem viele verschiedene Systeme Services wiederverwenden dürfen und neue Technologien wie etwa web-basierte Kollaboration über die Produkt-Supply Chain hinweg integriert werden.

Da PDIF auf einer SOA basiert, macht diese Plattform jede einmal gespeicherte Information allen Unternehmensebenen inklusive der Geschäftsführung verfügbar. Dadurch können Entscheidungen schneller gefällt werden können. PDIF bietet eine IT-Infrastruktur, auf der alle Unternehmensanwendungen gleichzeitig laufen können, um Prozesse und Informationen einfacher auszutauschen und wiederzuverwenden.

2.4.5 ECS Plattform

Der SAP-Softwarepartner ECS GmbH[17] hat es sich zur Aufgabe gemacht, marktübliche PDM-Systeme der SOA-Welt des NetWeavers zugänglich zu machen. Über entsprechende, von SAP zertifizierte XI-Adapter, die sich unter dem Produktnamen PLM Integrator 2.0 nahtlos in das Adapter-Framework der XI einfügen, werden die entsprechenden Services und Business-Objekte der PDM/PLM-Systeme für systemübergreifende Geschäftsprozesse bereitgestellt. Dabei wird prinzipiell ein generisches Adapter-Konzept verfolgt, das die schnelle Anpassbarkeit an kundenspezifische Systemerweiterungen erlaubt.

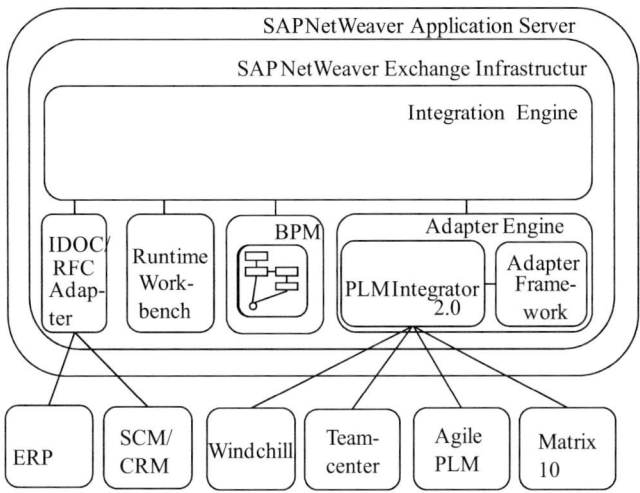

Bild 2-21:   PLM Integrator 2.0 von ecs GmbH

Mit dem darauf abgestimmten, ebenfalls zertifizierten XI-Content ERPxPDM stellt ECS eine Vielzahl von Standard-Szenarien zur Verfügung, wie sie zur nahtlosen Integration von PDM-Systemen mit ERP-Anwendungen typischerweise benötigt werden. Auf Basis dieser bidirektionalen Austauschprozesse lassen sich über NetWeaver XI leicht weitere Anwendungen in den Datenverbund integrieren und kundenspezifische System-Erweiterungen sowie spezifische Businessregeln schnell in die Praxis umsetzen.

Ein reger Informationsaustausch wird möglich, bei dem umfassende Datenstrukturen mit Herkunft aus unterschiedlichen Anwendungen gebildet werden können, um dem Anwender ein umfassendes Bild zu einem Geschäftsobjekt oder Vorgang zu verschaf-

---

[17] ECS GmbH, http://www.ecs-international.de, Abruf am 9.2009

fen. Entsprechende Abgleichregeln und die hinterlegte Business-Logik stellen bei der
Pflege sicher, dass verteilte Datenbestände konsistent bleiben. Aus isolierten PDM-
Systemen werden somit voll integrierte PLM-Landschaften.

2.4.6 Eclipse mit neuer SOA-Funktionalität

Im Rahmen des am 06.2010 freigegebenen "Eclipse Helios Release"[18] kommen wichtige Funktionen für die service-orientierte Software-Entwicklung.

Die Arbeitsgruppe Eclipse SOA Industry Working Group[19] hat im Zusammenhang mit
dem veröffentlichten Helios-Release ein Update seiner Eclipse SOA Plattform einge-
bracht. Sie integriert Werkzeuge, mit deren Hilfe Entwickler anwendungsspezifische
Softwareservices bauen und verteilen können. Als Laufzeitumgebung bietet die Plattform ein Enterprise-fähiges SOA-Framework mit umfassender Funktionalität.

Auch die mit Helios selbst eingeführten neuen Features werden von der SOA Plattform unterstützt. Allen voran ist hier Equinox zu nennen, die Eclipse-
Referenzimplementierung des Komponentenmodells OSGI. Entwickler sollen sich
damit viel Arbeit bei der Produktivschaltung ihrer Servicekomponenten sparen und
sich mehr auf die Business-Aspekte konzentrieren können.

Das Equinox-Framework der Eclipse Foundation implementiert den OSGi-Standard,
der ein hardwareunabhängiges Komponentenmodell spezifiziert, auf dessen Basis sich
SOA-Systeme modellieren lassen [Fran-09]. Die OSGi spezifiziert Standards für die
Entwicklung modularer SOA-Software. Das bedeutet:

- Konforme Anwendungen sind unabhängig von Plattformen und komplett gekapselt.

- Die Verfügbarkeit der gekapselten Anwendungsmodule über das Netz ist eine
  zentrale Anforderung im System.

- Als Basis für den OSGi-Standard dient die Java Virtual Machine und die Sprache
  Java.

- Als offizielles Komponentenmodell ist OSGi auch über den Java Community Process standardisiert.

Viele kleinere ERP-Anbieter setzen in ihren Systemen SOA-Features um, so dass man
neue Tools und Funktionen schneller anbinden kann. Auch große Hersteller wie SAP
und Oracle treiben den Trend in Richtung SOA weiter voran: Immer mehr Features
werden über Web-Services zugänglich. Für solche in Java geschriebenen Anwendungen eignet sich u.a.: Eclipse Equinox als Framework für plattformübergreifende OSGi-

---

[18] http://www.eclipse.org/helios, Abruf am 06.2010

[19] http://www.eclipse.org/eclipsesoa, Abruf am 06.2010

Applikationen. UDDI, WSDL und SOAP beziehungsweise XML-RPC sind die zentralen Protokolle und Dienste, auf die sich viele Sprachen bereits verstehen.

Um die Attraktivität des Frameworks zu steigern, hat Eclipse eine voll funktionsfähige Service-Registry integriert. Das Verzeichnis dient dazu, die Services für komplexere SOA-Szenarien besser verwalten zu können, außerdem erhalten verteilte Teams damit eine bessere Übersicht, um den Service-Entwicklungsprozess zu koordinieren.

SOA Eclipse Foundation

Da SOA von der Interoperabilität einzelner Services über offene Web-Standards lebt, bietet sich Open-Source-Software als Alternative geradezu an. Beim Open-Source-Gedanken geht es ja um den offenen Austausch und das gemeinsame Erarbeiten von Know How, welches dann in den eignen Produkten für Mehrwert sorgt. Eine der größten Open-Source-Communties, gerade im Bereich SOA, ist die Eclipse Foundation. Im Gegensatz zur Mozilla Foundation, die unter anderem den Firefox-Browser veröffentlicht, liest sich die Mitgliederliste wie das Who is Who der IT-Welt. Zu den derzeit 169 Mitgliedern zählen zum Beispiel IBM, SAP, BlackBerry, Nokia, Oracle und Cisco.

Die Eclipse Foundation hat am 21. April 2010 die Gründung der SOA Industry Working Group bekannt gegeben. Das Ziel: Eine Equinox-basierte SOA-Plattform inklusive Tools und Runtime-Komponenten, die von Herstellern genutzt werden kann, um eigene SOA-Entwicklungen auf den Markt zu bringen. Die einheitliche Basis soll die Interoperabilität zwischen Lösungen unterschiedlicher Anbieter erhöhen und den technologischen Grundstock legen für zukünftige SOA-Entwicklungen. Eine erste Version des SOA Plattform Package steht auf der Eclipse-Homepage zum freien Download bereit[20]. Ein weiteres Release ist für Juni 2010 geplant.

2.4.7 Bewertung der SOA-Plattformen

SOA und die entsprechenden Standards sind seit Jahren definiert. Die großen Firmen wie IBM, SAP, Microsoft und Oracle unterstützen das Konzept mit einer Reihe von Produkten, die in den jeweiligen SOA-Suite aufgelistet sind. Die meisten anderen Hersteller von Standardsoftware stellen bereits Funktionen als Services zur Verfügung oder planen entsprechende Updates ihrer Produkte.

Verfügbar sind auch gute Mechanismen zur Entwicklung von Services in den wichtigsten Programmierumgebungen und -sprachen. Weil alle maßgeblichen Hersteller in ihren SOA-Plattformen dasselbe Grundmodell umsetzen, ist die Interoperabilität als eine Grundvoraussetzung weitgehend garantiert. Aufgrund ihrer Vergangenheit setzen die Anbieter unterschiedliche Schwerpunkte in ihren SOA-Portfolios. Dennoch können Anwender davon ausgehen, dass die diversen Produkte künftig zusammenpassen.

---

20 Eclipse SOA Plattform, http://www.eclipse.org/eclipsesoa/download.php, Abruf am 3.5.2010

Zumindest aus Herstellersicht steht der Kombination verschiedener Dienste und Infrastrukturkomponenten nichts mehr im Wege.

Was jedoch diesen Service-orientierten Integrationsplattformen fehlt, ist die Unterstützung der Agententechnologie bei der Kopplung von Services zu ausführbaren Geschäftsprozessen.

2.5 Einsatz von SOA in der Automobilindustrie

Verbunden mit SOA ist die Hoffnung, die Zusammenarbeit bzw. Integration in der Wertschöpfungskette der Automobilindustrie noch flexibler, schneller und mit geringerem Aufwand zu bewerkstelligen[21]. Zwar existiert mit EDI schon ein weitgehend akzeptierter Standard zur Zusammenarbeit, doch ein Umschwenken auf XML macht SOA erforderlich. Eine effektive Verwendung der IT-Landschaften einzelner Unternehmen in den Wertschöpfungsketten setzt entsprechende Architekturen voraus. Gerade OEMs äußern aktuell ein großes Interesse daran, noch tiefergehender als bislang in die Prozesse ihrer Lieferanten eingebunden zu sein.

In der Zulieferindustrie befindet man sich hingegen vielfach in der Pilotphase, auf lange Sicht aber wird erwartet, dass sich SOA auch hier zunehmend durchsetzt. So lassen sich durchaus schon heute Nutzenpotentiale aufzeigen z.b. im Aftermarket, der Kommunikation in internationalen Handelsorganisationen und in speziellen Bereichen wie dem Änderungsmanagement.

SOA definiert allerdings einen unter Umständen jahrelang andauernden Prozess, in dessen Zusammenhang auch entsprechende Voraussetzungen geschaffen werden müssen, die nicht nur technischer Natur sind. So gehören z.B. Datenstandardisierung, Serviceverständnis und Prozessanalysen mit zum Aufgabenfeld. In diesem Abschnitt werden Anhand einiger OEMs, auf den SOA-Einsatz in der Automobilindustrie eingegangen.

2.5.1 Daimler AG

Im Zusammenspiel zwischen der Zentrale und den einzelnen Marktgesellschaften verbarg sich für Daimler AG eine Herausforderung. Als global agierendes Unternehmen kann Daimler nicht alle Services für die Marktgesellschaften mit den einzelnen Beteiligten konzipieren [MaGe-08]. Wie aber können Schnittstellen gestaltet werden, damit nicht übermäßig viele Versionen der Schnittstellen entstehen und unterstützt werden müssen? In diesem Fall half SOA-Ansatz weiter. Es verwendete im PKW-Vertrieb von Daimler grobgranulare Schnittstellen und definierte vorab klare Verantwortlichkeiten innerhalb der Prozessverantwortung "Kundenauftragsprozess".

---

[21] http://www.experton-group.de/home/archive/news/article/soa-in-der-automobilindustrie.html, Abruf am 22.10.2010

Die Verantwortlichkeiten wurden unterteilt nach Auftragsmanagement, Vertriebspla-
nung und Fahrzeugdistribution - heute sind das Domänen. Die Services der neu entwickelten Komponenten innerhalb dieser Domänen wurden gemeinsam mit wenigen
Marktgesellschaften konzipiert und in Form einer versionierten Programmierschnitt-
stelle (API) oder alternativ als Dialog (GUI) implementiert.

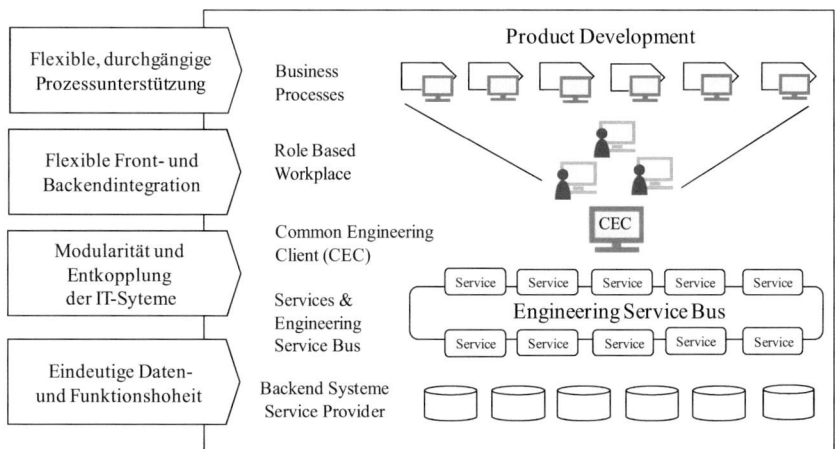

Bild 2-22:   Daimler Engineering Service Bus [Katz-10]

Diese Vorgehensweise kam einem Richtungswechsel im Denken gleich, weil das Pro-
jektteam ausgehend von einem klar strukturierten Komponentenschnitt von Anfang an
vollständige, grobgranulare und geschäftsbezogene Services angeboten hat anstatt zuerst eine minimale Schnittstelle zu definieren und diese dann sukzessive für weitere
Märkte zu erweitern. Von dieser Schnittstellengestaltung soll bei Daimler die Zentrale
ebenso wie 150 Länder mit vielen unterschiedlichen und historisch gewachsenen IT-
Systemen profitieren.

Inzwischen baut Daimler ein Engineering Service Bus und Service Repository auf mit
einer zentraler Lösung für Identity Management und zur Bereitstellung technischer
Service Guidelines sowie zum Support für Design und Implementierung von Services
[Katz-10]

2.5.2 Audi AG

Auch Audi AG arbeitet an einer Service-orientierten Architektur (SOA), die in wesentlichen Teilen auf Software von IBM und SAP aufsetzt[22].

---

22 Audi baut seine SOA, http://www.computerwoche.de/nachrichtenarchiv/590162, Abruf am 22.4.2009

Im Rahmen der Strategie 2015 will der Automobilkonzern die Produktion von derzeit rund 900 000 Fahrzeugen jährlich auf mehr als 1,4 Millionen steigern. Laut Audi ist die über viele Jahre gewachsene heterogene IT-Landschaft darauf nur unzureichend vorbereitet. Das Unternehmen plant deshalb, die diversen Applikationen mit Hilfe einer SOA zusammenzuführen. Für die Service-orientierte Architektur wird unter anderem einen Enterprise Service Bus (ESB) auf Basis von IBMs "Websphere"-Integrationsprodukten genutzt.

Auf dem Weg zur SOA plant der Audi AG, die gegenwärtig noch überwiegend eigen entwickelten Applikationen schrittweise durch Standardsoftware zu ersetzen. Im Jahr 2012 soll deren Anteil erstmals den der Altanwendungen übersteigen.

Im Bereich der Standardsoftware nutzt der Automobilkonzern eine ganze Reihe heterogener Systeme, darunter von Microsoft, SAP, IBM und IDS Scheer. Aus der Perspektive der Softwarehersteller sei eine durchgängige Lösung mit den eigenen Produkten die Ideallösung.

Die neue Audi-Infrastruktur soll auch für die IT-Architektur des gesamten VW-Konzerns maßgebend sein.

2.5.3 Volkswagen AG

Die wesentlichen Treiber für Service-orientierte Architektur (SOA) bei Volkswagen sind das Business und die Notwendigkeit, schnell und flexibel auf Änderungen der Marktsituation und somit der Geschäftsprozesse reagieren zu können. Wie in jedem Großunternehmen auch, hat sich aufgrund der extremen Arbeitsteilung über viele Wertschöpfungsstufen eine technisch heterogene und funktional zergliederte IT-Landschaft etabliert. Dies drückt sich durch viele siloartig gewachsene Systemlösungen mit komplexen Schnittstellenbeziehungen aus [Mühl-08].

Die wachsende Wettbewerbsintensität im Autohandel führt zu einer rapiden Zunahme der weltweiten Integration der Wertschöpfungsprozesse. Um die zunehmende Komplexität zu beherrschen und prozessorientiert und effizient zu gestalten, ist eine leistungsfähige IT ein ganz wesentlicher strategischer Hebel. Dabei wird SOA bei Volkswagen aus zwei Ansätzen heraus getrieben:

Top-Down wurde als Dokumentation der IT-Bebauungsplanung der Master Construction Plan (MCP) etabliert, der die konzernweiten Systemfamilien den Kernprozessen zuordnet und deren Roll-out terminiert. Die Bebauungsplanung führt zur technischen Architektur und zur physischen Infrastruktur, die in dem konzernweit gültigen Book of Standards (BoS) festgeschrieben sind. Den Bebauungsplanung entwickeln und ergänzen wir ständig. Aus den Systemfamilien und den Prozessen werden Domänen abgeleitet, die durch Services und zugeordnete Geschäftsobjekte repräsentiert werden.

Bottom-Up werden komplexe System- und Schnittstellenstrukturen Zug um Zug vereinfacht und Entkopplungen umgesetzt. Der Fokus liegt hierbei auf Vorhaben mit hoher Bedeutung für das Business und der Chance einer grundlegenden Architekturerneuerung. Im engen Dialog mit der strategischen Top-Down-Planung sind für die SOA-Initiative die richtigen und lohnenden Systemfamilien zu finden und auszugestalten.

Seit 2000 hat die VW-IT das Data Management Backbone (DMS-BB) als Kommunikationsschnittstelle in der Handelsorganisation etabliert. Der DMS-BB verbindet die unterschiedlichen Vertriebsebenen miteinander und ermöglicht so, dass die Prozesse auf der Herstellerebene durch die nötigen Daten aus den Importeurs- und Händlersystemen (wie etwa Auftragsdaten aus dem Dealer-Management-System) unterstützt werden können. Durch die immer stärkere Bereitstellung von zentralen Informationen und den Zugriff über das Internet musste sich das DMS-BB als Bestandteil einer Integrationsarchitektur weiterentwickeln und wird nun unter SOA-Gesichtspunkten ausgebaut. Die Integrationsarchitektur stellt statt individueller Punkt-zu-Punkt-Schnittstellen mittels SOA universell nutzbare und leicht adaptierbare Services bereit.

Bis heute sind etwa 8.000 Händler auf fünf Kontinenten angeschlossen. Nahezu alle neuen Modelle sind mit einer elektronischen Wegfahrsperre ausgestattet, die nur von einem zentralen Service beim Hersteller freigeschaltet werden kann. Daher ist die Online-Verfügbarkeit zentraler Services integraler Bestandteil zeitgemäßer Werkstattprozesse und heute unverzichtbar. Aktuell werden über den Handel 26 zentrale Services über eine Million Mal pro Tag aufgerufen. Der DMS-BB hat sich inzwischen zu einem tragfähigen Enterprise Service Bus (ESB) im Handel entwickelt.

2.6   Austauschformate für die gemeinsame Produktentwicklung

Nach einer Umfrage unter Nutzern von PLM-Lösungen liegt das Hauptproblem vor allem in der Konvertierung von Produktdaten, [BuKM-02]. Die aktuelle Entwicklung im Bereich PLM ist daher stark von der Schaffung eines Standards zur gemeinsamen Online-Bearbeitung von gemeinsamen Datenbeständen geprägt [Horn-04]. Im Folgenden wird auf die aktuelle Entwicklungen und Standards sowie Standardsbestrebungen eingegangen. Dabei werden JtOpen, PLM XML, PDX als anbieterspezifisch und STEP, PLM Services sowie andere Standards zum Geschäftsdatenaustausch als anbieterneutrale Lösungen betrachtet.

STEP

STEP, offiziell bekannt als ISO-10303, ist ein internationaler Standard, der mit der Zielsetzung entwickelt wurde, Produktdaten unabhängig von bestimmten Anwendungen bzw. Hardware-Plattformen zu machen [GrAP-94a], [GrAP-94b], [GrAP-94c].

STEP wurde für die rechnerunterstützende Repräsentation und den Austausch von Produktdaten entwickelt. Das Hauptziel dieses Standards ist es, Methoden zur Verfügung zu stellen, mit denen die Beschreibung von Produktdaten über den gesamten Produktlebenszyklus möglich ist. Hierbei ist besonders wichtig, dass die Beschreibung unabhängig von bestimmten Teilsystemen ist [ISO-93a, GrAP-93].

Innerhalb dieser Normenreihe werden Informationsmodelle für unterschiedliche Anwendungsgebiete (Automobilbau AP214, Schiffbau AP226, Elektrotechnik AP212 etc.) in so genannten Anwendungsprotokollen definiert. Die verschiedenen STEP-Anwendungsprotokolle bieten, für die jeweiligen Anwendungsgebiete, eine umfangreiche Abbildung von PDM-Funktionalitäten. Konzepte der Versionierung, Änderung, Klassifikation und Konfiguration von Produkten werden unterstützt. Das STEP-PDM-Schema entstand aus einer Harmonisierung über verschiedene Anwendungsprotokolle und stellt somit die Schnittmenge der PDM-relevanten Informationen innerhalb der Normenreihe ISO 10303 dar.

Die meisten Produktmodell-Ansätze aus dem Bereich Collaborative Engineering lassen sich mehr oder weniger aus dem STEP-Ansatz ableiten [Horn-04]. Hierzu gehören u.a. der von der OMG entwickelte und im Rahmen des Projektes *iViP* eingesetzte *PDMEnablers-Standard* [OMG-00] sowie das im Rahmen eines Forschungsprojektes entwickelte *PDTnet Schema*[23].

PDTnet-Schema

Das PDTnet Projekt wurde am 1. Mai 2000 als Konsortialprojekt gestartet. Unter anderem wurde während des Projekts das PDTnet-Schema[24] entwickelt, welches ein Austauschformat in XML definiert und vom Anwendungsprotokoll 214 der STEP Norm abgeleitet wurde. Daraus ergibt sich eine Ausrichtung an der Automobilindustrie. Zentrales Szenario des PDTnet Projektes war die neutrale, systemunabhängige Produktdatenkommunikation zwischen Automobilherstellern und Zulieferern basierend auf dem Standard STEP ISO 10303 AP214 und verfügbarer Internettechnologien (XML).

PLMXML

PLMXML ist ein Format von UGS, das die Interoperabilität innerhalb des gesamten Produktlebenszyklus, durch den Einsatz von XML, erleichtert [UGSb-05]. PLMXML basiert auf den W3C XML Standards. Mit der Möglichkeit, Produktdaten sowohl direkt als auch über einen Referenzierungsmechanismus abzubilden, stellt PLM XML ein flexibles Transportmedium für Produktdaten dar. PLMXML ist über das Internet austauschbar, verbindet die datenerzeugenden und datenverwaltenden Produkte innerhalb des UGS-Portfolios und stellt die Schnittstelle für die Integration von Fremdanwendungen dar.

PDX

PDX (**Product Data eXchange**) ist ein Standardformat auf Basis von XML und ein von Mitgliedern der E-Versorgungskette benutzter Standard für die Beschreibung von

---

[23] http://www.pdtnet.org, Abruf am 08.2007

[24] http://www.prostep.org, Abruf am 9.2008

Produktinhalten (Materialrechnungen, geprüfte Herstellerlisten, Veränderungen im Engineering, Preisnachfragen, etc.). PDX besitzt im Gegensatz zu den anderen bisher vorgestellten Formaten keine Verbindung zu STEP.

Mit Hilfe von Agile eXpress™, was ein web-basierter eService von MyAgile.com™ ist, kann man von jedem Computer aus PDX-Pakete (http://www.pdxstandard.org) anzeigen und erstellen [Agil-05]. Jede PDX-fähige Anwendung kann PDX-Dateien direkt importieren bzw. lesen und bietet so die Voraussetzungen für Transparenz und einen Datenaustausch zwischen allen Beteiligten einer Lieferkette. Mit Agile eXpress können Agile-Anwender PDX-Pakete Daten erstellen, die von anderen Benutzern einsehbar sind, auch wenn diese keinen Zugriff auf ein Agile-System haben. Ein Unternehmen muss nur noch festlegen, welche Dokumente von Partnerunternehmen benötigt werden, und kann diese dann in Echtzeit über das Internet bereitstellen. Partner mit eigenem Agile-System extrahieren Informationen aus ihrem System und versenden diese Daten als XML-Paket z.B. mittels E-Mail, FTP oder auf anderem Wege an die anderen Beteiligten in der Lieferkette. Die Empfängerseite nutzt Agile eXpress, um die Produktdaten anzuzeigen oder die Informationen in ein ERP (Enterprise Resource Planning)- oder Angebotserstellungssystem zu übernehmen.

JT

JT ist ein Format zum Austausch von Produktdaten. Im Gegensatz zu den anderen bisher vorgestellten Formaten enthalten JT-Dateien viele geometrische Informationen. JT ist Eigentum der Firma UGS.

Zur JT-Open-Initiative haben sich Unternehmen wie GM, Ford, Mazda, UGS PLM Solutions, PTC, Intel, Microsoft, HP und SAP aus diesem Handlungsbedarf heraus zusammengeschlossen. Basis für einen erleichterten Austausch von Informationen ist demnach das von UGS PLM Solutions entwickelte JT-Datenformat [CAD-04]. JT wurde ursprünglich für die gemeinsame Online-Bearbeitung komplexer Bauteile mit Hilfe von Viewing-Technologien entwickelt. Der Anwender kann mit Hilfe eines Viewers eine 3D-Ansicht von Bauteilen erhalten und Teile interaktiv bearbeiten und ändern. Es ist mittlerweile auch möglich, Produktstrukturen und Metadaten zu übertragen, z.B. in ein ERP-System. "JT2Go Viewer" auf Basis des JT-Formats fördert dabei die weltweite Zusammenarbeit und erhöht den Nutzen von 3D-Produktdaten [UGSa-05]. Mit dem JT2Go Viewer können Produktentwickler und alle Partner einer Lieferkette Zeichnungen begutachten, 3D-Produktmodelle anschauen, darin eingebettete Informationen lesen. JT2Go wird kostenlos im Internet zum Download angeboten.

2.6.1 OMG PLM Services

PLM Services (Product Lifecycle Management Services) Spezifikation bezeichnet den ersten plattformübergreifenden Model Driven Architecture Standard für die Automobilindustrie.

Der im April 2004 durch die Object Management Group (OMG) akzeptierte Standard macht den STEP-Standard für den Produktdatenaustausch in der weltweit führenden Modellierungssprache UML verfügbar [ProS-05]. Er ermöglicht den Aufbau realer Kollaborationsszenarien im verteilten Engineering auf XML-Basis. Die OMG-Spezifikation ist das Resultat des Projektes XPDI (Extended Product Data Integration) innerhalb des ProSTEP iViP Vereins. Der OMG-Standard „PLM Services Version 1.0" ist unter [OMG-05] verfügbar.

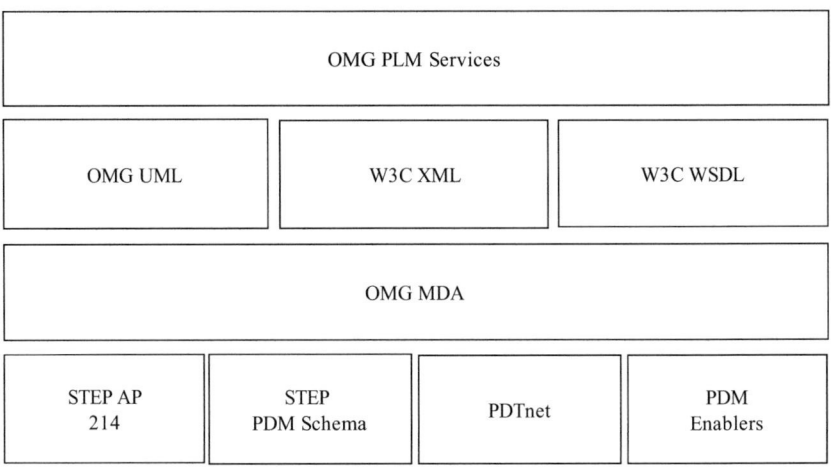

Bild 2-23:   OMG PLM Services Architektur [IBMs-08]

Der Standard definiert ein Referenzmodell für den synchronen und asynchronen Zugriff auf PLM-relevante Daten basierend auf dem Informationsmodell von ISO 10303 STEP AP214 „Core Data for Automotive Mechanical Design Processes". Aufbauend auf Anwendungsszenarien aus dem Produktentstehungsprozess der Automobilindustrie wurde ein umfassender Satz an Funktionen festgelegt.

Die konkrete Implementierung dieser Funktionen wurde für Web-Services mit der dazugehörigen XML-Schemasprache in der OMG standardisiert. „PLM Services Version 1.0" definiert Services für die Produktstruktur- und Dokumentenverwaltung unter Einbeziehung der Lageinformationen für geometrische Modelle, für die Klassifikation und Beschreibung des Konfigurations- und Änderungsmanagements und für die Prozessplanung. Die Vorarbeiten für diese Spezifikation wurden in den erfolgreichen Projekten PDTnet und PDM-Collaborator geleistet.

2.6.2 Standards für Geschäftsdatenaustausch

Durch die Integration der Informationssysteme können Unternehmen erhebliche Wettbewerbsvorteile erzielen. Diese Vorteile können jedoch nur erzielt werden, wenn beim zwischenbetrieblichen elektronischen Datenaustausch standardisierte Verfahren und Formate eingesetzt werden [OBKM-03].

Derzeit ist die Situation allerdings dadurch geprägt, dass Unternehmen und Industrieverbände eine Vielzahl von proprietären Formaten entwickeln und benutzen, die untereinander nicht kompatibel sind. So existierten im Februar 2000 124 verschiedene XML-Vokabulare, während sich die Anzahl im August 2000 bereits auf über 250 verdoppelt hatte [Koto-00]. Da die Anforderungen an die Standards je nach Branche, Kooperationsform oder Land verschieden sind, entwickelte sich eine Vielzahl unterschiedlicher Standards. Beispielsweise existieren über 160 Katalogstandards im Internet [eBSC-02].

Generell können bei der Standardisierung im kollaborativen Business die vier Bereiche; Produktklassifizierung, Katalogdatenaustausch, Austausch von Geschäftsdokumenten und Geschäftsprozessintegration unterschieden werden. Für die Beschreibung der wichtigsten Standards in diesen vier Bereichen wird an dieser Stelle auf die Literatur verwiesen [OBKM-03, Palm-02, eBSC-02a, Berl-04, eBSC-02b, oTRA-05].

Um zwischenbetriebliche Prozesse effizient zu gestalten, ist es erforderlich, sie aufeinander abzustimmen bzw. zu integrieren [Otto-01].

Als bedeutende fachliche Standards im Bereich der Geschäftsprozesse lassen sich u.a. RosettaNet (http://www.rosettanet.org) und ebXML (http://www.ebxml.org) bezeichnen [Berl-04]. RosettaNet wurde im Februar 1998 von 40 IT-Firmen gegründet. Inzwischen gehören dem RosettaNet-Konsortium mehr als 400 Firmen aus der Branche Informationstechnologie, elektronische Bauteile, Halbleiterproduktion und Softwarelösungen.

ebXML wurde von UN/CEFACT und OASIS mit der Aufgabe gegründet (1999), Standards für einen globalen elektronischen Marktplatz zu schaffen, auf dem sich alle Unternehmen der Welt zu geschäftlichen Transaktionen im Internet treffen können [ebXML-01]. Dazu werden in ebXML geschäftsorientierte Prozesse, Dokumente, Profile und Vereinbarungen harmonisiert und eine technisch notwendige Infrastruktur definiert [Stuh-02].

OAGIS (Open Applications Group Integration Specifications) und UBL (Universal Business Language) sind weitere Standards. OAGIS ist wie RosettaNet ein XML-basierter Transaktionsstandard für den Austausch von Geschäftsdokumenten. OAGIS wird von der OAG (Open Applications Group, http://www.openapplications.org) entwickelt, einem Konsortium aus knapp 50 Firmen. UBL (Universal Business Language) ist eine relativ neue Standardisierungsinitiative von OASIS und setzt auf dem XML-Standard xCBL (XML Common Business Library, http://www.xcbl.org) von CommerceOne auf, der Katalogdatenaustausch und Transaktionen unterstützt.

2.6.3 Bewertung der aktuellen Entwicklungen und Standards

Standards sind nur dann interessant, wenn sie möglichst weit verbreitet sind. Das von Oasis und UN/Cefact entwickelte ebXML wartet immer noch auf die breite Umsetzung und kämpft dabei gegen Wettbewerber aus den eigenen Reihen, beispielsweise in Form des XML-basierten Standards UBL (Universal Business Language). Mit der Zeit ändern sich die Geschäftsprozesse und die damit verbundenen elektronischen Dokumente. Standards müssen diese Änderungen abbilden. Dazu bedarf es einer kontinuierlichen Pflege und Anpassung der Standards. Ebenfalls von Bedeutung ist, dass etablierte Gremien hinter Standards stehen und die Internationalität gewährleistet wird. Für den Konverter, der die Nachrichten verarbeitet, ist es jedenfalls vollkommen unerheblich, ob sich xCBL, UBL oder ebXML zukünftig zum universellen Standard wird. Solange ein entsprechendes Schema zur Beschreibung der Nachricht existiert, funktioniert die Verarbeitung unabhängig vom eingesetzten Standard.

Standardmodelle für den Datenaustausch sind aufgrund leichterer Interpretationsmöglichkeit, umfassenderer Verwendbarkeit, Flexibilität sowie der Unabhängigkeit von Anwendungen generell sehr abstrakt gehalten. Im Gegensatz hierzu sind Produktmodelle für Anwendungssysteme eher konkret gehalten, da sie in Bezug auf Kompaktheit und Performance optimiert sind. Da in STEP allgemeine Modellabstraktionen nicht durch konkrete Subtypen verfeinert werden können, sondern ein Applikationsprotokoll aus einem großen, umfassenden Gesamtmodell besteht, müssen anwendungsspezifische Eigenschaften durch geeignete Instanziierungen simuliert werden. Hierdurch steigt auch die Komplexität der auf den entsprechenden Datenmodellen basierenden IT-Lösungen. Nebeneffekt dieser Methodik ist, dass derselbe Sachverhalt durch eine Vielzahl miteinander vernetzter Objektinstanzen abgebildet werden muss (z.B. STEP AP 214 [ISO-98]). Bezogen auf die Interoperabilität von Informationsmodellen hat der STEP-Ansatz den Nachteil, dass es komplexe, unhandliche Modelle entstehen, die nicht kompatibel zueinander sind. [Ehrl-04].

Der OMG-Standard „PLM Services" definiert dagegen ein Referenzmodell für den synchronen und asynchronen Zugriff auf PLM-relevante Daten und nutzt dabei moderne Technologien wie XML-Schema und Web-Services. Durch die Nutzung von UML ist das Referenzmodell plattformneutral und die Datenkompatibilität zum ISO-STEP-Standard ist ebenfalls gewährleistet. Auch die wesentlichen Anwendungsszenarien im Produktentstehungsprozess der Automobilindustrie werden durch PLM Services abgedeckt. Damit wird der Datenaustausch zwischen Automobilherstellern und Zulieferern kostengünstiger, weil kostenintensive Einzellösungen zur Integration von unterschiedlichen PDM Systemen entfallen.

2.7 Integrationsansätze aus der Forschung

Um die unternehmensübergreifende Zusammenarbeit in Produktentwicklungsprojekten zu unterstützen, sind bereits zahlreiche Konzepte und Lösungen entwickelt worden. Neben den bereits als Softwareprodukte verfügbaren klassischen Lösungsansätzen wie beispielsweise MySAP PLM [SPLM-05], Windchill [PTCW-05] und eMatrix [Matx-05]), wurden in jüngster Zeit Forschungsprojekte durchgeführt, die sich mit dem Themengebiet Engineering Collaboration befassten. Ausgehend von aktuellen Entwicklungen und Standards für Geschäftsdatenaustausch werden in diesem Anschnitt die wichtigsten Ansätze der allgemeinen Informatik, der Forschung und der Systemanbieter beschrieben und anschließend auf ihre Anwendbarkeit für Web-Service basierte Integration untersucht.

Die Integration vorhandener und neuartiger Anwendungssysteme auf einer hohen Ebene ist für viele Unternehmen ein kritischer Faktor zur effizienten Gestaltung ihrer Geschäftsprozesse. Indem Medienbrüche, Informationsredundanz und Mehrfacherfassung eliminiert werden, entsteht der Freiraum für Prozessverbesserungen.

Um neue Produkte mit derartigen Lösungen schnell zur Verfügung stellen zu können, ist ein abgestimmter Einsatz geeigneter Architekturen, Technologien und Vorgehensweisen erfolgsentscheidend [Schl-99].

Bei Replikation (Duplizieren) wird eine ganze Anwendung kopiert, so dass von einer Anwendung zwei Exemplare existieren (z.B.: Manuelles Kopieren oder automatisierte Software Verteilung). Dagegen sorgt die Methode Datenintegration dafür, dass Daten durch Kopieren in verschiedenen Systemen konsistent sind. Replikation und Datenintegration erfordern einen hohen Aufwand sowohl bei der Pflege von Redundanz als auch bei der Verwaltung übergreifender Beziehungen. Bei der Integration durch Funktionsaufrufe wird die Anwendungslogik eines Systems durch einen Aufruf eines anderen Systems ergänzt (z.B.: angepasste APIs RPC, CORBA, RMI, „Erste Generation von Web-Services). Die Integration durch Application Programming Interface (API) erfolgt, in dem eine Anwendung durch definierte API mit einer anderen integriert wird (z.B.: OLE für Enterprise Applikationen „Nächste Generation von Web-Services).

Die Softwarearchitekturen bilden dabei die Grundlage für Unternehmens-IT. Sie werden verwendet, um den internen Aufbau komplexer IT-Systeme zu modellieren, und sie beschreiben die einzelnen Komponenten des Systems und ihr Zusammenspiel. Im Folgenden werden auf zwei der für diese Arbeit relevanten Architekturkonzepten eingegangen.

Enterprise Application Integration (EAI)

Ende der 90er Jahre entstanden erste, in der Praxis einsetzbare EAI-Lösungen. EAI stellt eine Infrastruktur-Architektur bereit, um Geschäftsprozesse über verschiedene Systemgrenzen hinweg zu integrieren [Mart-01]. Bild 2-24 zeigt typische Funktionen von EAI.

EAI besteht im Wesentlichen aus Daten-, Objekt- und Prozessebene [Parü-02]. Auf der Datenebene werden die anfallenden Datenobjekte wie etwa Dateien, Botschaften oder Programme von der Datenquelle zur Datensenke transportiert. Aufgabe der Objektebene ist, die in einem bestimmten Format mit einer für die Anwendung spezifischen Semantik vorhandenen Daten in ein anderes, für das Zielsystem notwendiges Format unter Beibehaltung der Semantik zu konvertieren. In der Ebene der Prozessplanung und -steuerung ist die Logik der Geschäftsprozesse abgebildet. Dort laufen alle oben genannten Anforderungen an eine prozessorientierte Integrationsplattform zusammen.

Bei EAI wird situativ bestimmt, welche Anwendung welche Schnittstelle benötigt und mit welcher Technologie auf Funktionen einer anderen Anwendung zugegriffen werden kann. Dagegen werden bei Web-Service basierten Integration die Schnittstellen von vornherein so gestaltet, dass sie von möglichst vielen Konsumenten genutzt werden können. Aus technischer Sicht bilden Web-Services eine Alternative zur konventionellen Applikationsintegration über EAI.

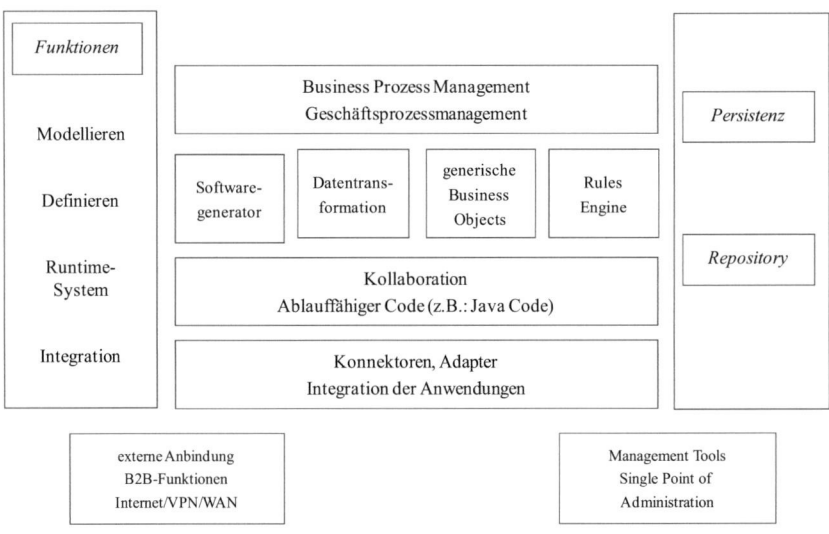

Bild 2-24:   Typische Funktionen von EAI nach [Born-02]

Web-Services ermöglichen die Kapselung von Anwendungsfunktionen, die Verwendung eines zentralen Repository von Applikationen (ähnlich CORBA oder DCOM2) und den konsequenten Einsatz von Internet-Standards bzw. -Protokollen. In zunehmendem Masse setzen EAI-Lösungsanbieter diese Merkmale ein, so dass sich die idealtypische Abgrenzung verwischt.

Ansätze aus der Forschung

Um die unternehmensübergreifende Zusammenarbeit in Entwicklungsprojekten zu unterstützen, sind zahlreiche Konzepte entwickelt worden. In diesem Kapitel sollen einige Lösungsansätze aus der Forschung vorgestellt und bewertet werden. Die Ansätze decken in erster Linie den informationstechnischen Aspekt verteilter Zusammenarbeit ab.

2.7.1 iViP Projekt

Ziel des vom BMBF geförderten Projektes *Innovative Technologien und Systeme für die integrierte, virtuelle Produktentstehung* (iViP, Projektlaufzeit 1998-2002) war die Entwicklung und industrielle Einführung innovativer Softwarewerkzeuge für die neuartige Produktentstehung auf Basis virtueller Produkte [iViP-01, iViP-02]. Insbesondere sollte der Zugang von kleinen und mittleren Unternehmen (KMU) zu Hochtechnologien wie *Digital Mock-Up* (DMU), *Virtual Reality* (VR) und *Engineering Data Management / Product Data Management* (EDM/PDM) durch skalierbare Konzepte verbessert werden. Das Projekt beschäftigte sich mit der durchgehenden Digitalisierung des Produktentstehungsprozesses, die als Schlüssel zur Steigerung der Wettbewerbsfähigkeit angesehen wird [Horn-04].

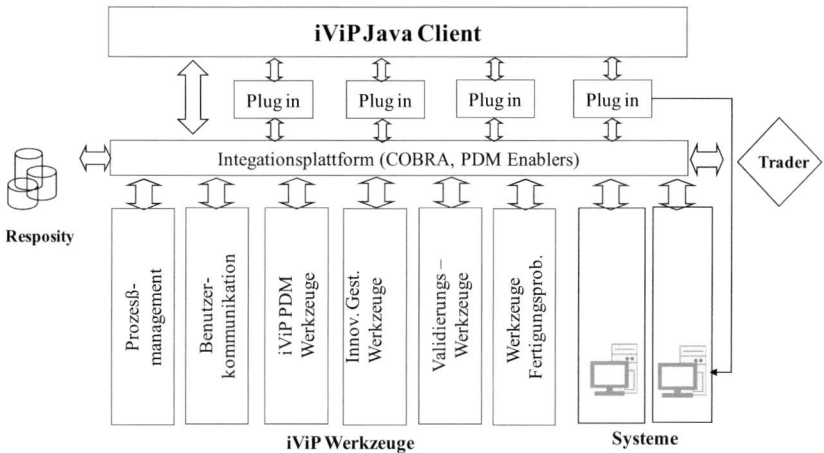

Bild 2-25:   iViP Plattform – Architektur [iViP-02a]

Die Grundvoraussetzung für die Virtualisierung der Produktentstehung stellt die digitale Verfügbarkeit von Produktinformation für alle am Prozessfluss der Produktentstehung Beteiligten dar. Diese digitale Verfügbarkeit kann nur auf Grundlage eines gemeinsamen Produktdatenmodells realisiert werden, welches die Basis für die Kommunikation zwischen den verschiedenen, am Produktentstehungsprozess beteiligten Applikationen darstellt.

Im Rahmen des Projektes wurde eine *PDMEnablers-basierte Middleware* (Integrationsplattform) geschaffen, die den transparenten Zugriff auf gemeinsame Produktdaten sowie ein Session-Management ermöglicht. Die PDMEnablers [OMG-00] enthalten eine in Funktionseinheiten gegliederte Sammlung von an STEP AP-214 [ISO-98] angelehnten CORBA-Schnittstellenbeschreibungen.

Im Rahmen der Validierung ergab sich ein hoher Aufwand bei der Anbindung der Systeme. Dies lag vor allem an der Tatsache, dass für die Abbildung vom proprietären Informationsmodell eines spezifischen PDM-Systems auf die PDMEnablers-Spezifikation ein aufwendiges Mapping stattfinden muss. Grundsätzliche Problemstellungen werden in [EhKM-99] behandelt. Im Bereich der Attributierung wurden zwar Lösungen erzielt, allerdings wiederum mit hohem initialen Konfigurationsaufwand. Ein Konzept ist in [BEHV-02] beschrieben.

2.7.2 Verbundprojekt PDTnet

Im Rahmen des Verbundprojekts PDTnet (1999-2003) entwickelte die Automobilindustrie gemeinsam brancheneinheitliche Lösungen für die Hersteller-Zulieferer-Integration im Bereich der Produktdaten unter Nutzung verfügbarer Kommunikationstechnologien und der Anwendung von Standards wie STEP und XML. Die Ergebnisse des PDTnet-Projektes sind Lösungen für die Produktdaten-Integration und -Kommunikation im gemeinsamen Produktentwicklungsprozess von Hersteller und Zulieferer [PDTn-02, PDTn-03].

Die Entwicklungsarbeiten wurden durch Anwendungsprojekte der Industriepartner gesteuert. Zur Sicherstellung der Übertragbarkeit der Ergebnisse wurden die Anwendungsprojekte in zwei themenspezifische Integrationsszenarien eingeordnet:

Szenario 1 - PDM Datenaustausch: Produktdatenaustausch zwischen Partnern mit unterschiedlichen PDM Systemen

Szenario 2 - PDM Web Integration: Zugriff auf das PDM-System des Entwicklungspartners über das Internet auf Basis standardisierter Protokolle, Integration des Client-Zugriffs auf das Partner-PDM-System mit einer konsistenten Datenverwaltung im eigenen PDM-System. Dies beinhaltet die Integration unterschiedlicher PDM-Systeme firmenintern und extern.

Im Projekt behandelte Szenarien beschäftigen sich mit dateibasierten PDM-Datenaustausch, PDM Web Integration und Integration von Teilezulieferern. Während dateibasierter PDM-Datenaustausch auf eine breite Anwendung von STEP für die PDM-Integration zwischen unterschiedlichen Prozess- und Systemumgebungen zielt, wird im Rahmen des Szenarios „PDM Web Integration" eine gemeinsame Infrastruktur für den Zugriff auf externe PDM-Systeme von Kunden und Zulieferern sowie für das Data Sharing in heterogenen Prozess- und Systemumgebungen entwickelt.

Die Integration von Teilezulieferern realisiert *Electronic Business* in der Produktentwicklung durch den direkten Zugriff vom PDM-System auf Kataloge von Standardteilen und deren Verknüpfung mit internen Daten und Prozessen. Die Projektergebnisse schaffen die technischen Voraussetzungen für die Integration von Zulieferern in die

Entwicklungsprozesse seiner Kunden. Gleichzeitig unterstützen die Automobilhersteller die Etablierung von Standards in Produktdatenmanagement und -kommunikation als Voraussetzung für eine schnellere und kostengünstigere Integration von Entwicklungspartnern und Zulieferern in die eigene Prozess- und Systemlandschaft.

Die Ergebnisse des PDTnet Projektes werden vom ProSTEP iViP e.V. gepflegt und weiterentwickelt. So basieren die durch den Verein entwickelten und durch die Object Management Group (OMG) als Standard akzeptierten "PLM Web Services" auf, im PDTnet Projekt erarbeiteten Lösungen.

2.7.3 PDM-Collaborator

Ziel der Forschung in dem vom BMBF geförderten Verbundprojekt »PDM-Collaborator« war Konzepte und Methoden für eine offene System-Architektur, um den Produktdatenaustausch zwischen Kooperationspartnern bei gemeinsamen Projekten zu optimieren. Dadurch sollen Produktdaten hochaktuell und mit geringstem Aufwand direkt verfügbar gemacht werden. Ein wichtiges Teilziel ist Schaffung eines transparenten Zugriffs auf die verteilten Datenquellen. Stets zu beachten ist dabei die umfassende Berücksichtigung der Sicherheitsanforderungen der einzelnen kooperierenden Unternehmen [ZGDV-02].

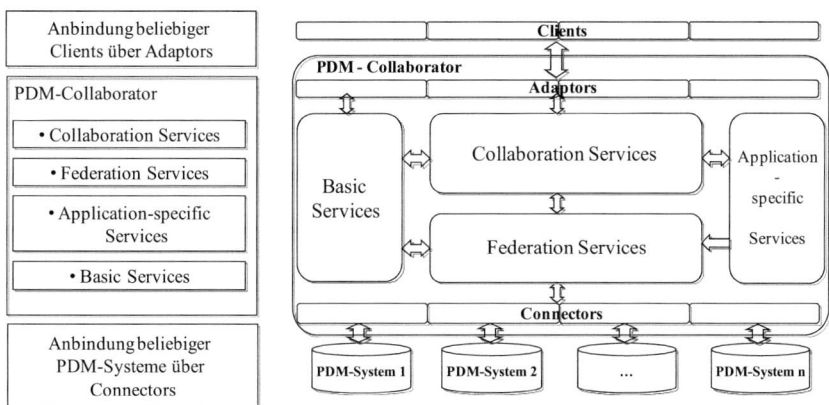

Bild 2-26:   *Architektur von PDM-Collaborator [ZGDV-02].*

Zur Erreichung der Zielstellung wurde auf der Basis eines neutralen Datenformats und geeigneten generischen Methoden eine Integration der verschiedenen Produktdaten-Informationssysteme ermöglicht. Eine mehrschichtige, modulare Systemarchitektur gewährleistet die einfache Adaption der entwickelten Konzepte für beliebige Anwendungsszenarien sowie die Einbindung unterschiedlicher kommerzieller Backendsysteme. Die Allgemeingültigkeit der Forschungsergebnisse für die Produktdatenintegration soll durch die prototypische Implementierung der Konzepte und deren Evaluierung im

Kontext der Kooperation eines Automobilherstellers mit einem mittelständischen Zulieferer nachgewiesen werden.

Für den Zugriff auf die Informationssysteme werden jeweils an die Datenquelle angepasste Konnektoren erstellt, die einen Zugriff auf die native Schnittstelle des Informationssystems realisieren und die Transformation des ursprünglichen Datenmodells auf ein neutrales Format vornehmen. Die Wahl fiel hier auf das PDTnet-Schema, ein in Zusammenarbeit zahlreicher Firmen aus dem Automobilbau-Bereich entwickeltes und auf dem STEP-Datenmodell basierendes XML-Schema.

Neben dem Datenmodell wurden in der im Projekt spezifizierten Schnittstelle auch die Methoden zum effizienten Zugriff auf die datenhaltenden Systeme definiert. In diesem Punkt geht PDM-Collaborator deutlich über den Ansatz des PDTnet-Projekts hinaus. Ein wesentliches Merkmal unseres Lösungsansatzes ist die Trennung von Geschäftslogik und reinen Integrationsbausteinen.

In Business-Modulen kann die Funktionalität zum Nutzung der Produktdaten an zentraler Stelle implementiert werden. Dies ermöglicht sowohl das relative einfache Austauschen eines Systems durch ein vergleichbares System eines anderen Herstellers. Zudem reduziert sich auch der Aufwand für Änderungen an der Geschäftslogik. Diese können nun isoliert im Business-Modul vorgenommen werden und erfordern keine Überarbeitung der Integrationsbausteine bzw. der Backendsysteme. Im Rahmen des Projekts wurden wesentliche Basismodule zur PDMbasierten Kooperation konzipiert und implementiert. Indem alle Komponenten eine einheitliche Schnittstelle bereitstellen, kann auf alle Komponenten in der gleichen Weise wie auf die Konnektoren der Quellsysteme zugegriffen und diese Komponenten somit variabel kombiniert werden.

Dieses flexible Baukastenprinzip gestattet eine optimale Anpassung der Systeme an die zur Kooperation definierten Prozesse. Die prototypische Umsetzung der Basismodule und Integrationsbausteine erfolgte als Enterprise JavaBeans-Komponenten. Damit kann auf eine skalierbare Infrastruktur zur Ausführung der entwickelten Algorithmen aufgesetzt werden, die zugleich wesentliche Voraussetzung für die kommerzielle Nachnutzbarkeit der Projektergebnisse darstellt. Grundlage der Implementierung ist eine effiziente J2EE-basierte PDTnet-Schnittstelle, die konform zur Java Connector Architecture und kompatibel zur PDTnet-SOAP-Schnittstelle konzipiert wurde.

2.7.4 Laendmarks

Das Thema Rückverfolgbarkeit von Produkten und Produktkomponenten („Traceability") gewinnt seit einiger Zeit in vielen Branchen zunehmend an Bedeutung [Abra-09]. Dies geschieht zum einen aufgrund verschärfter Gesetze und Verordnungen sowie zum anderen aufgrund wirtschaftlicher Erwägungen. So sieht sich beispielsweise die Automobilindustrie mit erheblichen Kosten konfrontiert, welche aufgrund der steigenden Anzahl an Rückrufaktionen fehlerbehafteter Fahrzeuge entstehen.

Um diese Kosten einzudämmen, ist es erforderlich, auftretende Fehler und Qualitäts-mängel möglichst frühzeitig, schnell und exakt erkennen und eingrenzen zu können. Viele Unternehmen streben daher den Einsatz von Produkt-Traceability-Lösungen und -systemen an, mit denen die Fähigkeit erlangt werden soll, Ursprung, Entstehungsge-schichte, Zusammensetzung und Verbleib von Produkten und Produktkomponenten dokumentieren und im Nachhinein ermitteln zu können.

Existierende Systeme stellen jedoch unternehmensspezifische Insellösungen dar, die oftmals nur Teilaspekte der Problematik berücksichtigen und sich zudem auf einen Ausschnitt der gesamten Lieferkette beschränken. Um die Thematik Traceability ganzheitlich zu betrachten und eine durchgängige, branchenübergreifende Lösung zu erarbeiten, wurde 2005 das Projekt LAENDmarKS initiiert, das im Rahmen des BMWi-Programms „Next Generation Media" gefördert wird. Neben dem Lehrstuhl für Maschinenbauinformatik (ITM) der Ruhr-Universität Bochum sind daran die Firmen Volkswagen, Daimler, Keiper, IBS und TBN beteiligt. Im Rahmen des

Projekts wurde eine durchgängige automatisierte Lösung entwickelt, welche die Rück-verfolgbarkeit von funktionsrelevanten Bauteilen unternehmensübergreifend über die gesamte Lieferkette hinweg ermöglicht.

Die Implementierung des Pilotsystems erfolgte exemplarisch am Beispiel von Sitz-strukturen im Automobilbereich; bei der Entwicklung des Systems stellten jedoch die Unternehmens- und Branchenunabhängigkeit einen wichtigen Faktor dar. Die Basis der entwickelten Lösung bildet ein modulares Traceability-Referenzprozessmodell, das unternehmensunabhängig alle Traceability-relevanten Aktivitäten entlang des phy-sischen Materialflusses innerhalb der Produktions- und Logistikprozesse sowie die dabei zu erfassenden Produkt- und Prozessdaten definiert. Durch den unternehmens-unabhängigen und modularen Aufbau des Prozessmodells nach dem „Baukastenprin-zip" können die Unternehmen daraus eigene unternehmensspezifische Traceability-Prozesse ableiten. Das Referenzprozessmodell bildet zudem die Basis für die VDA-Empfehlung 5510 („RFID zur Verfolgung von Teilen und Baugruppen in der Auto-mobilindustrie"). Die zu verfolgenden Produkte und Produktkomponenten („Trace-Objekte") werden mit Hilfe einer im metallischen Umfeld robusten und prozesssiche-ren RFID-Technologie individuell gekennzeichnet und identifiziert. Die in Bezug zu den einzelnen Trace-Objekten erfassten Produkt- und Prozessdaten werden in unter-nehmensinternen lokalen Datenbanken gespeichert und bei Bedarf über einen auf dem SOA-Ansatz basierenden „Informationsbroker" Supply-Chain-übergreifend bereitge-stellt und kommuniziert. So kann im Falle von Fehlern oder Qualitätsmängeln stets exakt ermittelt werden, welche Prozesse, Produkt(-komponenten), Kunden und Liefe-ranten betroffen sind.

2.7.5 SOA in Automotive

Ziel des Projektes ist es, für den Anwendungsbereich "Technisches Änderungsmanagement" das Lösungskonzept einer Service-orientierten Architektur zu konkretisieren und auf Basis von Web Services zu pilotieren. Die Lösung baut dabei auf den Vorarbeiten der VDA/ProSTEP iViP Initiative auf und soll diese systematisch auf SOA Konstrukte abbilden und durch m:n-fähige Web Services realisieren.

Zu bewerten ist sowohl die Eignung des gewählten Lösungsansatz für das Anwendungsszenario wie auch die generelle Eignung Service-orientierter Architekturen zum Aufbau m:n-fähiger Kooperationsarchitekturen in Geschäftsnetzwerken [Legner et al-07].

Die Projektziele sind u.a. die Konzeption einer SOA für das überbetriebliche Änderungsmanagement zwischen OEM und Zulieferern, die Pilotierung auf Basis von m:n-fähigen Web Services, die Evaluierung der Eignung Service-orientierter Architekturen zum Aufbau m:n-fähiger Kooperationsarchitekturen in Geschäftsnetzwerken sowie ein methodisches Vorgehen für die Ableitung einer SOA.

2.7.6 Föderierte Fabrikdatenmanagement

Die Fabrikplanungsaktivitäten erfahren derzeit nur in Teilbereichen eine oft isolierte Unterstützung durch DV-Systeme. Ein ganzheitlicher Ansatz, der die durchgängige Abbildung der gesamten Planungskette, d.h. Einbindung aller am Planungsprozess beteiligten Abteilungen unter Berücksichtigung von Standardisierung der Abläufe und Methoden und somit integrierte Fabrikplanung, gewährleistet, fehlt bislang. Aus diesem Hintergrund heraus wird analog zum PDM zur Unterstützung und Harmonisierung der technischen und organisatorischen Prozessketten von Fabrikplanung und -betrieb ein FDM unter Nutzung moderner informations- und kommunikationstechnischer Technologien benötigt. Die Voraussetzung zur Umsetzung dieses Ansatzes ist die Entwicklung eines semantischen Fabrikmodells als formales logisches Modell. Es soll zur Integration von domänenspezifischen Anwendungssystemen und zur Koordinierung von aufgabenübergreifender Informationsakquisition und –propagation dienen. Dabei integriert dieses Modell nicht alle fachspezifischen Details bis auf die unterste Abstraktionsebene, sondern verknüpft die Partialmodelle der einzelnen Domänen miteinander und reichert sie um zusätzliche Informationen (Metainformationen) an. Der Innovative Kern dieses Ansatzes liegt im semantischen Fabrikdatenmodell mit weiterführenden DV-Konzepten und deren Umsetzung in postrelationalen und aktiven Datenbanken sowie in einer lose gekoppelten Systemarchitektur [AnRe-09].

Im Gegensatz zu starren Architekturen gelten die föderierten DV-Systeme basierend auf service-orientierte Architektur (SOA) als eine alternative Lösung für die dynamische Strukturwandlung bzw. prozessorientierte Reorganisation von Unternehmen. Die Kommunikation zwischen den Partialmodellen erfolgt mittels Web-Services. Diese kapseln die Funktionalitäten der Quellsysteme und ermöglichen direkte Interaktion mit den Systemen unter Verwendung XML-basierter Nachrichten und durch den Austausch über internetbasierte Protokolle (SOAP). Durch die Implementierung von den FDM-Funktionen und dem Sichtenkonzept als Web-Services wird die Entwicklung der Clients stark vereinfacht. Ein repräsentatives Beispiel ist die Anfrage des FDM nach einer Vergleichstabelle von Flächenbedarf je Arbeitsplatz und Produktvariante einer Fabrik. Hierzu wird in der Datenbank ein View (Sicht) definiert, der aus verschiedenen Datenbeständen eine Vergleichstabelle erzeugt. Durch Web-Services ist es nicht mehr erforderlich, die Datenstruktur und Sprache der Quellsysteme zu kennen bzw. zu berücksichtigen.

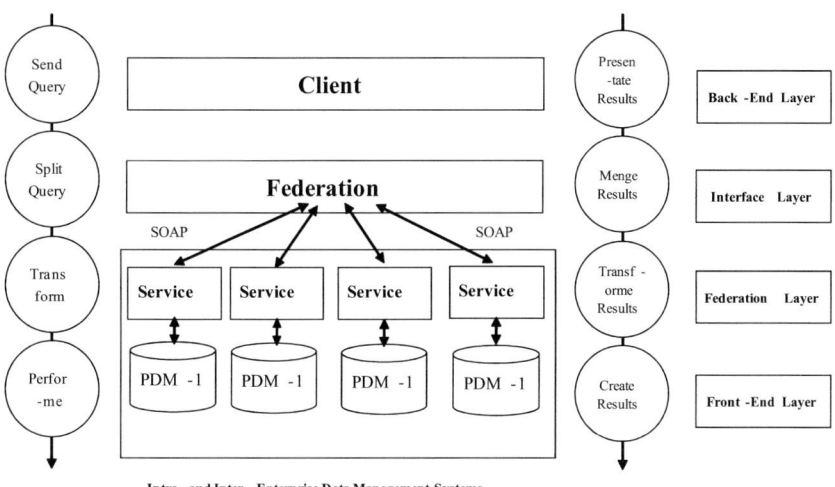

Bild 2-27:   Architektur des föderierten Fabrikdatenmanagements [AnRe-09]

Die Systemarchitektur des FDM baut auf folgende drei Schichten auf: Präsentationsschicht fungiert als Client von integrierten und aggregierten Informationen. Kern dieses Ansatzes bildet eine Föderationsschicht, die als Kommunikationsschnittstelle zwischen Webservices gilt. Diese enthält Informationen über alle verwalteten Daten und Web- Services. Die Föderationsschicht nimmt die Anfragen von Client auf und leitet diese an den bzw. die entsprechenden Web-Services weiter. Diese Schicht enthält Informationen über alle in den Systemen verwalteten Daten, deren logische Verknüpfung, Formate und Webservices. Diese Schicht erlaubt es, eine logische Verknüpfung zwischen den einzelnen Modellelementen herzustellen. So können einzelne Informationen zu Strukturen zusammengefasst werden. Dabei werden Relationen mit unterschiedlichen Typen definiert. Zugriffs- und Datenhaltungsschicht beinhaltet Daten und FDM-Funktionen. Die Web-Services werden auch hier genutzt. Die Webservices agieren als Wrapper und leiten die gekapselten Daten an die Föderationsschicht weiter.

2.7.7 SOA-basierte mechatronische Integrationsplattform (mIP)

In den letzten Jahren wurden auch zahlreiche methodische Ansätze zur prozessualen Integration verschiedener Entwicklungsdomänen auf einer interdisziplinären Ebene innerhalb der Entwicklung mechatronischer Produkte entwickelt. Allerdings trifft die Umsetzung derartiger Ansätze in der Praxis auf große Probleme, insbesondere im Hinblick auf die starke Heterogenität der Prozess-, Daten- und IT-System-Landschaft im PLM-Bereich. Dadurch wird der Einsatz dieser Ansätze zur Optimierung der Entwicklung von mechatronischen Produkten sehr erschwert [Berl-10].

Im Rahmen eines internen Forschungsprojekt am Lehrstuhl für Maschinenbauinformatik an der Ruhr-Universität Bochum wurde eine Interoperabilitätslösung zur Ermöglichung der Zusammenarbeit bzw. der Interaktion der verschiedenen heterogenen Entwicklungsprozesse, PLM-Anwendungen und Datenmodelle entwickelt. Hierzu wurde eine service-orientierte Architektur (SOA)-basierte Interoperabilitätslösung entwickelt. Die Interoperabilitätslösung soll die synergetische Zusammenarbeit der verschiedenen am Entwicklungsprozess mechatronischer Produkte beteiligten Domänen ermöglichen. Als Leitfaden für die Entwicklung dieses Konzepts wurde das im Rahmen der VDI-Richtlinie 2206 „Entwicklungsmethodik für mechatronische Systeme" beschriebene V-Modell verwendet.

Ein wichtiger Bestandteil dieser Interoperabilitätslösung ist die mechatronische Integrationsplattform (mIP), die über Funktionalitäten für das Management sowie für die Steuerung von interdisziplinären Entwicklungsprozessen und -daten verfügt. Die Konzipierung dieser Integrationsplattform beruht auf einer Reihe von interdisziplinären Management- und Steuerungsmethoden, die ein interdisziplinäres Versionierungs-, Änderungs-, Konfigurations- und Freigabemanagement über alle Domänen hinweg ermöglichen. Die interdisziplinäre Beschreibung sowie die Handhabung von mechatronischen Systemen, Funktionen und technischen Komponenten, ebenso deren Abhängigkeiten bzw. Beziehungen untereinander können mittels eines mechatronischen Meta-Datenmodells durchgeführt werden. Dieses Datenmodell stellt auch eine Grundlage für die Verwaltung und Steuerung von interdisziplinären Produktdaten, die während der domänenübergreifenden Produktentwicklungsprozesse entstehen, in der mIP dar.

Des Weiteren sind die verschiedenen domänenspezifischen Partialdatenmodelle auf Basis dieses Datenmodells zu verknüpfen und zu synchronisieren mit dem Ziel, die Entwicklungsdaten und -ergebnisse aus den verschiedenen Domänen auf einer interdisziplinären Gesamtproduktebene zu einer funktionsfähigen mechatronischen Gesamtlösung zu integrieren.

Das Management und die Steuerung von interdisziplinären Entwicklungsprozessen und -daten innerhalb der mIP bedingen in der Regel die Zusammenarbeit von mehreren Funktionalitäten und Daten aus den unterschiedlichen domänenspezifischen PLM-Anwendungen, wie z.B. PDM (Product Data Management)-, EES (Electrical

Engineering Solution)- und SCM (Software Configuration Management)-Systemen. Die Interaktion bzw. die Kommunikation der domänenspezifischen PLM-Anwendungen mit der mIP wird durch die Verwendung von Services realisiert. Hierzu werden die Funktionen der jeweiligen domänenspezifischen PLM-Anwendungen als standardisierte Services mittels geeigneter Adapter, der so genannten SOA-Adapter, für die mIP bereitgestellt. Die domänenübergreifende Daten- und Prozessdurchgängigkeit bei der Ausführung von interdisziplinären Management- bzw. Steuerungsfunktionalitäten innerhalb der Integrationsplattform wird durch den Einsatz von SOA-basierten Integrationsmechanismen sichergestellt, welche das Interagieren der Services miteinander über alle domänenspezifischen PLM-Anwendungen hinweg steuern und synchronisieren.

Diese service-orientierte Kommunikation, bzw. Verknüpfung, trägt maßgeblich zur Realisierung einer flexiblen PLM-Systemlandschaft bei, indem sie eine harte Verbindung der Systeme durch direkte Schnittstellen sowie eine starke gegenseitige Abhängigkeit und Beeinflussung vermeidet. Der konzipierte Lösungsansatz wurde prototypisch auf Basis eines kommerziellen PDM-Systems realisiert. Die Validierung dieses neuen interdisziplinären Managementkonzepts erfolgte im Rahmen eines Fallbeispiels „Management der Entwicklungsprozesse eines mechatronischen Automobil- Bremssystems".

2.7.8 SOA und Grid Computing

Angesichts der fortschreitenden Virtualisierung von Unternehmensfunktionen, beispielsweise durch das Outsourcing von Dienstleistungen oder Verwaltungstätigkeiten, erscheint es den meisten Firmen problematisch, sich ausschließlich auf die eigene, zentral betriebene IT-Infrastruktur zu stützen. Daher gehen sie vermehrt dazu über, Rechenkapazitäten und Dienste jeweils nach Bedarf zuzukaufen – nicht zuletzt auch wegen des steigenden Kostendrucks. Genau hier setzen service-orientierte Architekturen (SOAs) für Grid-Computing an. Helfen Grid-Technologien dabei, den Zugriff auf verteilte IT-Ressourcen – Hardware, Software, Dienste und Daten – weltweit über die Organisationsgrenzen hinweg zu vereinheitlichen, so liefern die service-orientierten Architekturen den methodischen Überbau wie auch den technischen Rahmen für die Implementierung[25]

Inzwischen gewinnt auch die kommerzielle Nutzung von Grid-Computing an Bedeutung. Eine wichtige Rolle spielt dabei die Integration von Geschäftsprozessen und automatisierten Arbeitsabläufen (Workflows) im Grid auf Basis von Web-Services und service-orientierten Architekturen.

Nach Ansicht führender Hardware-Anbieter wie IBM und Sun Microsystems werden "Computational Grids" künftig eine ebenso große Bedeutung erlangen wie heute das World Wide Web (WWW). Während das WWW dem Anwender den einfachen Zu-

---

25 http://de.sap.info/zwei-konzepte-kommen-sich-naher-teil-1/835, Abruf am 09.2010

griff auf weltweit verteilte Informationen ermöglicht, bieten Grids darüber hinaus einen einheitlichen und sicheren Zugang zu umfangreichen und komplexen Rechenressourcen, Daten und Diensten. Dieser Zugang ist so weit standardisiert, dass Auswahl und Komposition der Services sowie der Zugriff darauf auch ohne menschliches Eingreifen möglich sind, da sich diese Dienste automatisch initialisieren und konfigurieren lassen.

Grundsätzlich unterscheidet man drei typische Ausprägungen von Grid-Computing:

Hardware- beziehungsweise Ressourcen-Grids, die Urform des Grid-Computing, stellen umfangreiche Rechenleistung zur Verfügung, um große, häufig wissenschaftliche Rechenprobleme zu lösen, etwa Simulationsrechnungen oder Parameterstudien. Daten- beziehungsweise Informations-Grids dienen dazu, große Datenmengen zu speichern und verteilte Datenbanken über Unternehmensgrenzen hinweg zu organisieren. Software- beziehungsweise Service-Grids ermöglichen es, Software und Dienste organisationsübergreifend zu nutzen. Dabei liegt der Schwerpunkt auf gekoppelter und verteilter Datenverarbeitung.

Die größten Synergieeffekte service-orientierter Architekturen sollen sich demnach mit dienstorientierten Software-Grids erzielen lassen. Aber auch Anfrageprozesse an verteilte Datenbanken, so genannte Daten-Grids, können dabei als SOAs implementiert werden.

In Kombination mit einer SOA sollen Grid-Services einerseits eine flexiblere Ressourcenausnutzung bei variierender Last ermöglichen, andererseits neue Strategien, um Sicherheits- und Verlässlichkeitsanforderungen zu erfüllen. So sollen sich kritische Dienste dynamisch replizieren oder an wechselnden Standorten betreiben lassen.

Ein wichtiger Grid-Standard ist das "Web Service Resource Framework" (WSRF), das von der Organization for the Advancement of Structured Information Standards (OASIS) entwickelt wurde. Es spezifiziert die Realisierung von Grid-Services in einer SOA, indem es – wie oben beschrieben – Web-Services durch den Begriff der zustandsbehafteten Ressource erweitert. Die "Open Grid Services Architecture" (OGSA) ist ein Architekturmodell des Open Grid Forums (ehemals Global Grid Forum), das auf zustandsbehafteten Diensten basiert.

Am meisten profitiert das Grid in Bezug auf das Programmiermodell und das Architekturkonzept von der SOA. In der Vergangenheit wurden eine Vielzahl konkurrierender, nicht kompatibler Programmiermodelle und Architekturen verwendet, sodass die Vision eines einheitlichen, weltweiten Grids in weite Ferne rückte. Mit dem Aufkommen des SOA-Paradigmas und der globalen Verbreitung der damit verbundenen Web-Services-Standards ist mit WSRF erstmals eine international akzeptierte Norm zur Realisierung eines globalen Grids in Aussicht. Dies kann dem Grid-Computing mittelfristig zum Durchbruch verhelfen.

Umgekehrt lassen sich Grid-Technologien insbesondere bei der Virtualisierung und Komposition von Ressourcen in einer SOA nutzen. Die Anwender hantieren dann mit abstrakten Diensten, ohne sich um die technischen Details der Implementierung kümmern zu müssen. Ein weiterer Vorteil von Grid-Technologien in einer SOA liegt in den Mechanismen zur Komposition und Ausführung leistungsfähiger und sicherer Workflows. Dabei dient das Grid als Backend und Middleware der SOA.

Die Projekte zur Verbindung von SOA mit Grid-Computing beschäftigten sich unter anderem mit der Fragestellung, wie sich geografisch verteilte Ressourcen effektiv in einem Arbeitsablauf kombinieren lassen. Hier hat Fraunhofer FIRST unter anderem den auf Petrinetzen basierenden Workflow-Dienst "Grid Workflow Execution Service (GWES)" entwickelt, mit dem sich vorhandene Web-Services, Grid-Services und gewöhnliche Programmaufrufe in einem automatisierten Arbeitsablauf auf einfache Art und Weise integrieren und ausführen lassen (http://www.gridworkflow.org/gwes). Eine weitere wesentliche Aufgabe ist es, IT-Ressourcen anwenderfreundlich in einem service-orientierten Grid bereitzustellen. Hier verfolgt Fraunhofer FIRST verschiedene Konzepte. Mit "Instant-Grid"[26] hat das Institut eine Knoppix-basierte Live-CD realisiert, die aus einer vorhandenen Rechner-Infrastruktur innerhalb weniger Minuten eine funktionsfähige Grid-Umgebung macht. Gemeinsam mit Anwendern und Entwicklern am Deutschen Zentrum für Luft- und Raumfahrt wurde zudem eine "VirtualLab-Plattform"[27] entwickelt, die mit Hilfe von Spezialsoftware web- und gridbasiertes Arbeiten für die ganze Bandbreite des wissenschaftlichen und ingenieurtechnischen Rechnens möglich macht. Da für die Verbindung von SOA und Grid-Computing Sicherheitskonzepte notwendig sind, die eine zuverlässige Zugangskontrolle für Web-Services bieten und zugleich die Vertraulichkeit von Nutzerdaten gewährleisten, arbeitet Fraunhofer FIRST mit der Universität Potsdam auch am Prototyp einer feingranularen Grid- und Web-Service-Sicherheitslösung, die eine zertifikatsbasierte Zugriffskontrolle und die eingeschränkte Delegation von Rechten für Web-Services ermöglicht.

Das Grid der Zukunft wird eine große Vielzahl von Diensten umfassen, die teilweise kooperativ aufeinander aufbauen (orthogonale, einander ergänzende Dienste), aber teilweise auch gegeneinander konkurrieren (Dienste gleicher oder ähnlicher Funktionalität von verschiedenen Anbietern). Um eine derart komplexe Umgebung sinnvoll zu nutzen, bedarf es einer unterstützenden Infrastruktur. Hier setzt das Projekt K-Wf Grid (Knowledge-based Workflow System for Grid Applications) an, in dem Forschungseinrichtungen und Firmen aus verschiedenen Ländern der Europäischen Union unter der Leitung von Fraunhofer FIRST zusammenarbeiten. Entwicklungsziel ist ein Expertensystem, das Wissen über das Grid sammelt und bereitstellt und beispielsweise die Frage beantwortet, welcher Workflow am häufigsten erfolgreich zur Lösung eines Problems verwandt wurde.

---

[26] http://instant-grid.de

[27] http://www.first.fraunhofer.de/vlab

K-Wf Grid unterstützt die Anwender bei der Auswahl von Diensten und beim Erstellen komplexer Workflows für Grid-Anwendungen in einer service-orientierten Architektur. Softwarekomponenten, deren Funktionalitäten als Dienste im Grid zur Verfügung stehen, können in unterschiedlichen Zusammenhängen zu größeren Anwendungen kombiniert und effektiv ausgeführt werden. Dazu überwacht das System sämtliche Interaktionen, etwa die Ausführung von Anwendungen auf dem Grid, und wertet sie aus. So steht eine breite Datenbasis zur Verfügung, die sich bei der Entwicklung von Workflows nutzen lässt und die Qualität der Services gewährleistet. Die Ausführungsdauer, die Zuverlässigkeit und die Qualität der Ergebnisse einer gekoppelten Anwendung lassen sich somit schon im Vorfeld abschätzen und optimieren.

Grid Technologie in der Produktentwicklung

Grid-Technologien bieten Möglichkeiten, eines einfachen und transparenten Zugriffs nicht nur auf die während der Produktentwicklung erstellten Produktdaten, sondern auch die generischen Daten sowie das Produktwissen.

Die gemeinsame Betrachtung der einzelnen Grid-Ausprägungen in der Produktentwicklung führt nach [IPK-05] zum folgenden Anwendungsszenario. In diesem Anwendungsszenario stehen Rechenleistung, Daten und Applikationen weltweit und ohne Beschränkung zur Verfügung. Die Architektur besteht aus drei Schichten; den Anwendungen der Produktentwicklung, der gridbasierten Ressourcenverwaltung und den eigentlichen Ressourcen wie Rechenleistung, Daten, Anwendungen und der Netzwerkinfrastruktur. Die Ressourcenverwaltung ist wiederum aufgeteilt in die Basisdienste, dem Engineering Data Broker und dem Engineering Service Broker. Die Grid-Basisdienste beinhalten die von dem Anwendungsgebiet unabhängigen Grundfunktionalitäten. Beispielsweise umfassen sie das Verwalten von IT-Ressourcen und deren Abrechnung sowie die Bereitstellung sicherer Kommunikation. Der Engineering Data Broker hat die Aufgabe, alle im Produktentstehungsprozess benötigten Daten auffindbar zu machen sowie diese zur Verfügung zu stellen. Da eine semantische Verbindung zwischen den Daten existiert, müssen diese anwendungsspezifisch beschrieben und entsprechend der Auswertung dieser Informationen behandelt werden. Der Engineering Service Broker erfüllt zum Data Broker analoge Aufgaben zur Verwaltung von Anwendungsdiensten.

2.8   Lösungen von Systemanbieter

Ein wesentlicher Schwerpunkt der hier dargestellten Lösungsansätze für die verteilte Produktentwicklung liegt bei der Unterstützung einer unternehmensübergreifenden Zusammenarbeit. In diesem Abschnitt sollen einige Lösungsansätze aus der Industrie vorgestellt und bewertet werden, die in erster Linie den informationstechnischen Aspekt verteilter Zusammenarbeit abdecken.

2.8.1 Semantic PLM

Mit dem Semantic PLM Ansatz nach [AnOp-04] lassen sich einige Aufgaben entlang des Produktlebenszyklus wirkungsvoll unterstützen.

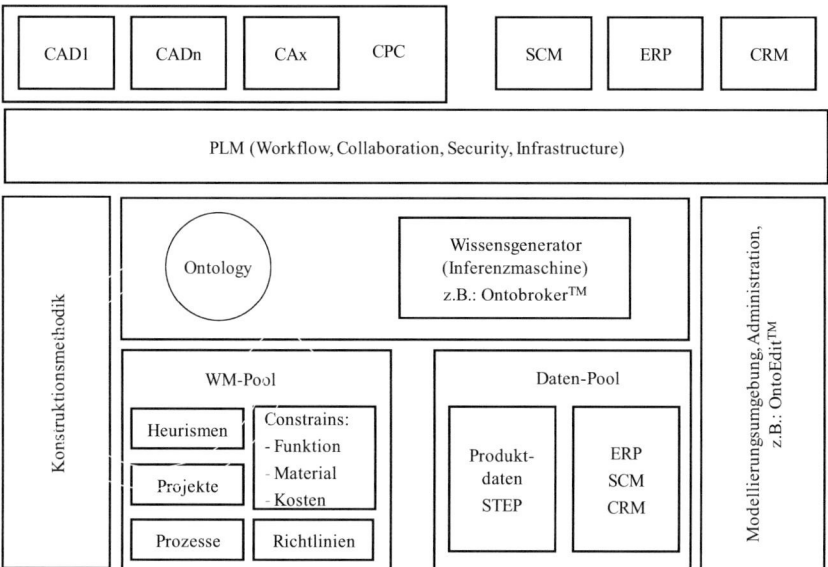

Bild 2-28:   Vereinfachte Architektur einer semantischen PLM-Umgebung [AnOp-04]

In der Konzeptentwicklung unterstützt die semantische PLM-Umgebung den Benutzer z.B. bei der Suche nach vorhandenen, bewährten Lösungselementen und der Organisation von Plattform und Gleichteilestrategien. Konfigurations- und Varianteninformationen aus der PLM-Umgebung ermöglichen dem Vertrieb, aktuelle Aussagen über die Verfügbarkeit von Produkten und vorhandenen Varianten zu machen. In der Wartung komplexer Anlagen oder Maschinen vereinfacht der konfigurationsgesteuerte Zugang zu den gültigen Konfigurationen einem mobilen Außendienstmitarbeiter die Arbeit.

Im oberen Bild sind Aufbau und Bestandteile eines semantischen PLM-Systems nach [AnOp-04] dargestellt. OntoBroker® ist die Runtime Engine zur Verarbeitung von Ontologien und Regeln, bildet eine informationsliefernde Schicht und ist damit Kern einer Ontologie basierten Anwendung. OntoBroker® beantwortet Anfragen an die Wissensbasis und wertet komplexe regelhafte Beziehungen aus.

2.8.2 Web-basierte Collaboration-Systeme

Mit dem Aufkommen weltweit vernetzter Entwicklungspartnerschaften wurden von unterschiedlichen Softwareherstellern eine Vielzahl von sogenannten *Collaborative Engineering*-Systemen entwickelt [Sand-05]. Beispiele hierfür sind u.a. *SAP cFolders*. Diese Werkzeuge bieten die Möglichkeit, Informationen zentral auf einer Website abzulegen und von unterschiedlichen Standorten aus zuzugreifen.

2.8.3 Engineering- und Lieferanten-Portale

Web-basierte Portal-Technologien bieten völlig neue organisatorische und informationstechnische Möglichkeiten und stellen nützliche Integrationsplattformen für die Optimierung inner- und überbetrieblicher Zusammenarbeit dar [AmHR-03].

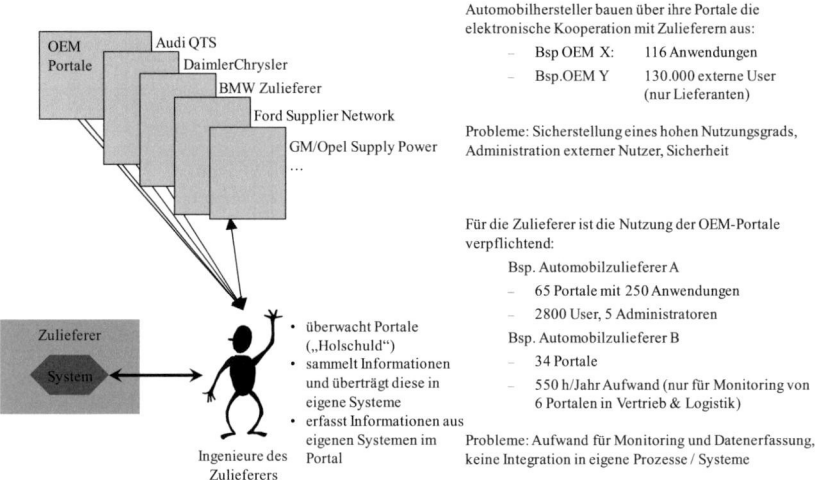

Bild 2-29:   Einsatz von B2B-Portalen in der Automobilindustrie nach [Legner et al-07].

Unter dem Begriff des *Engineering-Portals* versteht man im Allgemeinen ein Hilfsmittel für die Abwicklung verteilter Produktentwicklungsprozesse auf Basis vernetzter Informations- und Kommunikationstechnologien. Während Portale in den frühen Phasen der e-Business-Entwicklung zumeist für die Beschaffung genutzt wurden (z.B. Covisint [Covi-04]), bieten neuere Ansätze auch Funktionalität im Bereich der eigentlichen verteilten Produktentwicklung (z.B. e-vis [UGS-04], SupplyOn [Supp-04]).

Entscheidend ist, dass durch den Einsatz von Portalen vor allem der transparente Zugriff verteilt vorliegender Informationen realisiert werden soll. Ein Portal stellt also eine unternehmensübergreifende Integrationsplattform dar [Horn-04]. Einige Portale bieten neben dem Zugriff auf Informationen auch Funktionen für eine Projektplanung und -verfolgung oder Funktionen zur Diskussion am virtuellen Modell.

Dagegen ist Hauptziel der Lieferanten-Portale, Unternehmen eine Plattform zu bieten, um nach Kooperationspartnern oder Lieferanten zu suchen. Lieferantenportale bilden eine Grundlage für die Einbettung von Lieferanten. Hierüber werden insbesondere Kataloge und Lieferanteninformationen eingestellt (z.b. Produktklassen und/oder Informationen über Branchenzugehörigkeit) und die Prozesse der Angebotsabgabe, der Leistungsabnahme und der Rechnungsstellung abgewickelt [Sand-05, KGHV-04].

2.8.4 Bewertung der Ansätze zur Integration von Standardsoftwaresystemen

Bei den **EAI- Lösungen** müssen einige Risiken in Betracht gezogen werden. Beispielsweise hängt die Portabilität von den verwendeten Architekturen ab. Denn nicht alle Hersteller von EAI-Lösungen unterstützen jede Plattform oder mehrere Betriebssysteme. Die Abstraktion von den »unteren« Ebenen wird durch zusätzliche Softwareschichten realisiert, die jeweils eigenen Wartungszyklen unterliegen und somit Kompatibilitätsprobleme bergen. Die höhere Komplexität der Gesamtarchitektur vergrößert die Auswirkungen von Störungen. Je komplexer das Gesamtsystem aufgebaut ist, desto höher können die Ausfallzeiten werden. Mit der wachsenden Popularität der Web-Services haben auch die EAI-Anbieter das Potential dieser Technologie erkannt. So bieten heute viele EAI-Werkzeuganbieter die Integration nicht mehr nur mittels proprietärer Adapter an, sondern ermöglichen es den Integratoren, Anwendungen über Web-Services an das EAI-Werkzeug anzubinden.

Auf der **Forschungsseite** basieren die meisten der oben beschriebenen Ansätze auf der Festlegung auf ein gemeinsames Datenmodell. Hierbei handelt es sich zumeist entweder um sog. „Komitee-Standards" wie die PDM Enablers-Definition der OMG [OMG-00] (Projekt iViP) oder aber neue, teils auf existierenden Standards wie STEP basierenden Datenmodellen (PDTnet-Schema). Die Ansätze beschränken sich auf das klassische Produktdatenmanagement, d.h. es werden keine weiteren Informationen aus anderen Bereichen der Produktentwicklung betrachtet. Sie setzen voraus, dass für sämtliche beteiligten Systeme entsprechende Schnittstellen spezifiziert und implementiert werden. Im Projekt PDTnet wird z.B. das Zielsystem direkt von einem neutralen Web-Client aus aufgerufen; es muss eine PDTnet-konforme Schnittstelle beim System vorhanden sein. Im Projekt iViP ist die Implementierung einer PDM Enablers-konformen Schnittstelle für jedes beteiligte System obligatorisch. Beide Vorgehensweisen stellen jedoch einen enormen Integrationsaufwand dar [Horn-04]. Bei langfristigen, dauerhaften Hersteller-Zulieferbeziehungen kann diese Tatsache noch vernachlässigt werden; der hohe initiale Realisierungsaufwand ist für dynamische und kurzfristige, projektbezogene Entwicklungspartnerschaften jedoch ungeeignet.

In fast allen Fällen bildet ein großes, unhandliches, statisches Datenmodell die Basis für die Datenintegration. Das PDTnet-Schema ist z.B. eine Kombination aus STEP

AP214 [ISO-98] und XML Schema [XML-00], [XSc0-01, XSc1-01, XSc2-01]. Die Erfahrung zeigt, dass solche Datenmodelle für die flexible Zusammenarbeit ungeeignet sind. Gründe hierfür sind u.a. die Komplexität sowie der Implementierungsaufwand.

Der Einsatz von **Grid-Technologien** ist besonders sinnvoll bei komplexen Berechnungen, ressourcenintensiven Aufgaben und im Bereich der Datenhaltung. Bei standortübergreifenden oder gar globalen Grids spielt die Sicherheit eine entscheidende Rolle. Es muss gewährleistet werden, dass übertragene Informationen verschlüsselt werden. Hervorzuheben ist die Entwicklung von unterstützenden Methoden und Hilfsmitteln, die den Benutzer durch die Fülle der weltweit verfügbaren Werkzeuge begleitet und ihn in seiner Arbeit unterstützt. Um die Nutzung der Grid-Technologien in der Produktentwicklung zu stärken, werden daher neben der Weiterentwicklung und Umsetzung der beschriebenen Komponenten vor allem die Gestaltung neuer domänenspezifischer Anwendungen notwendig sein.

Collaboration-Systeme eignen sich lediglich für einfache Aufgabenstellungen, während sie mit geringem Aufwand installiert bzw. auch von einem Application Service Provider (ASP) zur Verfügung gestellt werden können Das dokumentenzentrierte Datenmodell, das diesen Systemen i. d. R. zugrundeliegt, erlaubt die Repräsentation komplexer Zusammenhänge und die flexible Erweiterung des Informationsmodells um neue Anwendungsbereiche nur unzureichend.

Eine umfassende Berücksichtigung der Anforderungen zur Unterstützung Web-Services basierten Problemstellungen erfolgt bei **Portal-Lösungen** ebenfalls nicht. Allerdings stellt die Portaltechnologie ein geeignetes Instrument dar, um örtlich verteilt arbeitenden Anwendern eine Grundlage für die Erfassung und strukturierte Darbietung von Wissen innerhalb und außerhalb eines Unternehmens sowie eine Integration von nutzerspezifischen Anwendungen zu bieten.

Insgesamt bleibt festzuhalten, dass die behandelten Ansätze allesamt mit einem großen Integrations- und Zeitaufwand verbunden sind. Die meisten bisher erzielten Fortschritte im Bereich des unternehmensübergreifenden Informationsmanagements sind in erster Linie auf die technische Umsetzung der verteilten Zusammenarbeit beschränkt. Im Bereich der Nutzung von Web-Services gibt es jedoch noch viel Handlungsbedarf.

2.9 Semantic Web und semantische Web-Services

Der Zweck von Semantic Web besteht darin, Informationen durch beschreibende Daten eine klare Bedeutung zu verleihen und sie auf diese Weise besser durch Maschinen verarbeitbar zu machen [Comp-04]. Semantic Web-Services bauen dabei gleichermassen auf den Standards des Semantic Web-Umfelds (RDF, OWL) wie auch des Web-Service Bereichs (SOAP, WSDL, WS-BPEL, etc.) auf. Das Resource Description Framework (RDF) und die Web Ontology Language (OWL) sind dabei zwei Kerntechnologien von W3-Consortium für Semantic Web- Initiative, die im Februar 2004 vom W3C als Empfehlung verabschiedet wurden [RDF-04, OWL-04].

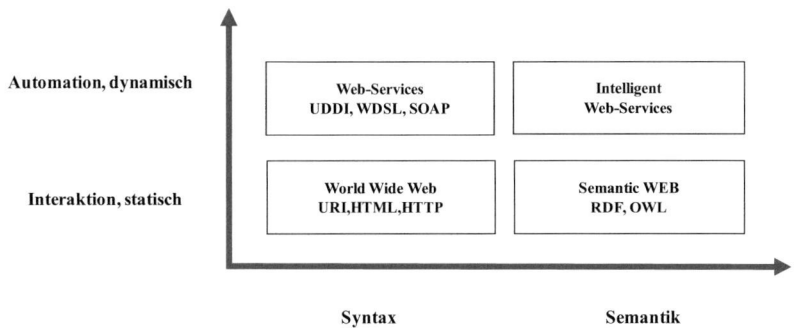

Bild 2-30:   Einordnung des Semantic Web [ReSt-04, Fens-03, JeDo-04]

RDF definiert dabei ein Datenmodell zur Beschreibung unterschiedlicher Objekte. Dieses besteht aus Tripeln, die eine Ressource, eine dazugehörige Eigenschaft und deren spezifische Ausprägung bezeichnet. Gelegentlich werden die Teile eines solchen Tripels auch Subjekt, Prädikat und Objekt genannt. Mit RDF Schema (RDFS) können gemeinsame Vokabulare aufgebaut und Einschränkungen festgelegt werden. Die OWL baut auf RDF auf und beschreibt die Bedeutung eines Ausdrucks explizit. Diese Darstellung von Inhalten und deren Beziehung untereinander wird als Ontologie bezeichnet. Mit Hilfe dieser beiden Standards sollen "intelligente" Web-Services ermöglicht werden, mit dem Ziel, die Services in einer Form zu beschreiben, bei der Maschinen statt Benutzer Informationen finden, extrahieren und interpretieren sowie Schlussfolgerungen anstellen können [ReSt-04]. Bild 2-30 zeigt eine Einordnung in das Semantic Web.

2.9.1 Ansätze zur semantischen Kopplung der Web-Services

Um semantische Web-Services anbieten und benutzen zu können, ist eine gegenüber Web-Services erweiterte Infrastruktur notwendig [Meye-05]. Diese dient dazu Dienste semantisch beschreiben zu können. Momentan existieren verschiedene konkurrierende Ansätze. DAML-S (Darpa Agent Markup Language for Services) bzw. OWL-S (Web Ontology Language for Services) [Owl-s-05] gehen über WSDL insofern hinaus, als sie weitere Beschreibungsmöglichkeiten für Services schaffen, mittels derer Services dann automatisch evaluiert und ausgewählt werden können. Mit WSDL kann ein spezifischer Service syntaktisch beschrieben. In WSDL können beispielsweise keine Prozesskompositionsinformationen oder Informationen zu nichtfunktionalen Service-Parametern gespeichert werden [Paolucci et al-03]. Die Ontologie DAML-S beinhaltet hingegen neben Informationen über den Aufruf eines Services auch Informationen zu

Service, Profil und Prozess. DAML-S wurde kürzlich durch OWL-S abgelöst, wodurch an der Semantik der Ontologie nichts änderte, sondern nur die Ontologiebeschreibungssprache. Die Arbeiten im Bereich der Semantic Web-Services sind derzeit etwas unübersichtlich, da viele verschiedene Standards bei unterschiedlichen Gremien zur Prüfung eingegeben wurden. Die folgenden Abschnitte erläutern die verschiedenen Vorschläge und relevante Projekte:

Web-Service Semantics (WSDL-S) geht einen anderen Weg und beschreibt eine Erweiterung von WSDL, die es erlaubt direkt die Methoden eines WSDL-Interfaces um Semantik anzureichern, ohne eine konkrete Sprache festzulegen [Wsdl-s-05]. Man kann die zu verwendende Sprache somit frei wählen. So kann man z.b. die Web Ontology Language (OWL) oder das Resource Description Framework (RDF) verwenden. Je nach Einsatzgebiet können existierende Sprachen (z.b. UML) oder Ontologien einfach wieder verwendet werden.

Web-Service Modeling Ontology (WSMO) entwickelt ein konzeptionelles Modell für Semantic Web-Services [http://wsmo.org]. Darin stellen Ontologien eine formal spezifizierte Terminologie der Informationen zur Verfügung, die von allen Webservices-Komponenten genutzt werden. In WSMO sollen Intelligente Mechanismen der automatischen Erkennung, Komposition, Ausführung und dem Management von Web-Services dienen. Seit April 2005 liegt die Version 1.2 dem W3C vor. Im Rahmen von WSMO entstehen weitere Standards wie z.B.: Webservices Modelling Language (WSML) für das Repräsentieren von WSMO Elementen und Web-Service Modelling eXecution environment (WSMX) als Ablaufumgebung. WSMO wird unter der Federführung des Digital Enterprise Research Institute (DERI) [http://www.deri.org] entwickelt und steht in "Konkurrenz" zu OWL-S.

SATINE ist ein von der EU gefördertes Projekt [Sati-05] und hat das Ziel, die Entwicklung eines semantischen Interoperabilitäts-Frameworks für die Reiseindustrie. Das Framework wird Werkzeuge und Mechanismen für das Publizieren, Auffinden, Komponieren und Ausführen von Web-Services anhand ihrer Semantik in Peer-to-Peer-Netzwerken bereitstellen. Die Semantik der im Reisesektor angebotenen Web-Services kann mittels OWL für Services (OWL-S) definiert werden. OWL-S ist als Ontologie-Suite eine Anwendung von OWL. Unter Verwendung von OWL-S können die Funktionalität, Eigenschaften und Fähigkeiten von Diensten computerinterpretierbar beschrieben werden. Im SATINE-Projekt werden auf der Basis von OWL Ontologien für den Reisesektor und mittels OWL-S Ontologien für Web-Services entworfen, die konform zu den Spezifikationen der Open Travel Alliance (OTA) sind. Um verschiedene Ontologien des Reisesektors aufeinander abzubilden wird das an der Universität Karlsruhe entwickelte Ontology MApping FRAmework (MAFRA) eingesetzt. Das im Rahmen des Projekts entwickelte Framework zur Komposition von Web-Services soll es ermöglichen, komplexe Services auf semantischer Basis zu entwerfen und auszuführen. Als Workflows-Repräsentationsformat kommt dabei die Web-Services Business Process Execution Language.

Das Projekt **KOMPASS** wird vom Bundesministerium für Bildung und Forschung (BMBF) gefördert. Im Projekt sollen auf technologischer Ebene zwei Ziele erreicht werden [Komp-05]. Zum einen die semantische Beschreibung der Web-Services für die Bewertung ihrer Leistungen zur Laufzeit, zum anderen die automatische Auswahl und Komposition von Web-Services zur Laufzeit anhand vorgegebener Strategien durch Bewertung der semantischen Beschreibung. Auf der Basis von Anforderungen an Web-Services in der Logistikbranche soll im Zuge von KOMPASS den vorhandenen Defiziten begegnet werden. Es sollen neue Methoden erarbeitet und in die Branche hineingetragen werden, wobei aber auch die Anwendbarkeit durch Verallgemeinerung auf andere Branchen eine wichtige Zielsetzung darstellt.

METEOR-S ist ein Projekt des LSDIS-Labs der Universität von Georgia, USA [LSDI-05] in Zusammenarbeit mit IBM und steht für *Managing End-To-End OpeRations for Semantic Web-Services*. Das Projekt versucht den Prozessgedanken mehr in den Vordergrund zu stellen. Das Ziel des Projektes ist die Anwendung von Semantik im kompletten Lebenszyklus von Semantic-Web-Prozessen, die komplexe Interaktionen zwischen Semantic-Web-Services repräsentieren [Laut-05]. Die Aufgaben beim Erstellen von Semantic-Web-Prozessen wurden im Projekt identifiziert als die Entwicklung, semantische Annotation, das Auffinden, sowie Zusammenfügen unterschiedlicher Web-Services. Aus diesem Grund bietet METEOR-S auch verschiedene Frameworks, um diese Aufgaben zu erfüllen. Ein weiteres Hauptziel der Forschung war die Entwicklung verschiedener Ontologien, die in diesem Bereich benötigt werden. METEOR-S baut auf dem bekannten Standard OWL zur Beschreibung von Ontologien auf. METEOR-S definiert vier verschiedene Arten von Semantik:

- **Data:** Für Kommunikation benötigen Web-Services sie ein gemeinsames Vokabular. Die Daten- oder Informations-Semantik ist für die (semi-)formale Definition von Daten in Input- und Output-Nachrichten eines Web-Services auf Basis von OWL verantwortlich sowie für eine Beschreibung von aufgetretenen Fehlern (Exceptions) und ermöglicht damit die Interoperabilität von Prozessen.

- **Functional:** Die funktionale Semantik ermöglicht die formale Repräsentation von Möglichkeiten eines Web-Services, um ein Auffinden und die Komposition von Web-Services zu vereinfachen. Die funktionale Semantik baut dabei auf den Konzepten der Daten-Semantik auf und beschreibt damit die Funktionalität eines Web-Services unter anderem durch Angaben, welche Vor- und Nachbedingungen bzw. Effekte in der Aussenwelt auftreten können.

- **QualityOfService:** Die QoS-Semantik ermöglicht eine semiformale Repräsentation von qualitativen (Sicherheit, Transaktionsmodell - WS-Policy) und quantitativen (Kosten, Zeit - WSAgreement) Maßen von Web-Prozessen. Auch die Verfügbarkeit und Verlässlichkeit eines Services kann hier in einer Form beschrieben werden, dass sie auch andere Web-Prozesse verstehen, die mit METEOR-S arbeiten.

- **Execution:** Die Ausführungs-Semantik beschreibt den Fluss eines Web-Services in einem Prozess oder von Operationen in einem Service und ermöglicht damit eine Analyse, Validierung und Ausführung von Prozessmodellen [VSCu-04]. Zur Modellierung der Ausführungs-Semantik könnten Zustandsmaschinen, Petri-Netze oder auch Aktivitätsdiagramme verwendet werden.

METEOR-S baut dafür auf verschiedene Architekturen auf, von denen die meisten noch in der Entstehungsphase sind [CMSP-04]: WSDL-S, die METEOR-S Web-Service Discovery Infrastructure (MWSDI), das METEOR-S Web-Service Annotation Framework (MWSAF), das METEOR-S Web-Service Composition Framework (MWSCF) und der METEOR-S Web-Service Dynamic Process Manager (MWSDPM).

2.9.2 Bewertung der Web-Services-Technologie und Kopplungsansätze

Vor der breiten Anwendung der Web-Services sind eine Reihe technologischer und organisatorischer Hürden zu überwinden. Ein schwerwiegendes Problem ist dabei die Identifikation der für eine Problemstellung geeigneten Services. Auch wenn hierfür grundsätzlich technische Lösungen (WSDL, UDDI) vorhanden sind, so erfordern diese jedoch zumindest die Nutzung eines standardisierten Vokabulars und einer einheitlichen Sprache, um die Beschreibung des Dienstes überhaupt verstehen zu können. Neben der Realisierung einer direkten Maschine-Maschine-Kommunikation, die durch Web-Services bereits heute realisierbar ist, muss eine für Maschinen verständliche Beschreibung der Dienste möglich sein, um eine automatische Auswahl und Nutzung eines Dienstes realisieren zu können. Hier soll künftig durch Einsatz semantischer Technologien Abhilfe geschaffen werden, die ein automatisierbares Verständnis des Leistungsumfangs eines Dienstes und damit den Vergleich und die Auswahl verschieden beschriebener Dienste mit ähnlichem Nutzen ermöglichen. Diese Weiterentwicklung der Web-Service Technologie ist derzeit Gegenstand intensiver Forschungsarbeiten.

UDDI reicht dabei für die Verwendung von Semantik nicht aus, da die Beschreibung von Diensten nur in Form von physikalischen Attributen geschieht. Eine Suche in UDDI ist lediglich auf der Basis von Schlagwörtern möglich. Als Resultat ergibt sich, dass Anwendungen die UDDI-Registry durchsuchen und Dienstbeschreibungen entnehmen können. Für den nächsten Schritt, die Auswahl der Dienste, wird ein Benutzer benötigt, der die Beschreibungen versteht. Eine Dienstbeschreibung nur auf der Grundlage von UDDI erlaubt daher kein vollautomatisches Suchen von Diensten.

WSDL kann Dienste durch die Verwendung eines Typsystems zwar detaillierter beschreiben als UDDI, jedoch kann es ohne UDDI oder eine vergleichbare Sprache keine Dienste suchen. UDDI und WSDL zusammen betrachtet ergeben eine vielfältigere Beschreibung von Diensten als eine der Sprachen alleine. Die Kombination beider Sprachen reicht jedoch nicht aus um Semantik in Beschreibungen zu integrieren. Dienste können also auf der Grundlage der Kombination dieser Beschreibungen nicht zuverlässiger ausgewählt werden. Zur Integration von Semantik bedarf es eines vielfältigeren Konzepts wie zum Beispiel das von DAML-S oder neuerdings OWL-S.

Zur **Sicherheit von Web-Services** existieren bislang zwar einzelne Ansätze und Teil-lösungen. Es fehlt jedoch an Sicherheitsarchitekturen, die zum einen auf die durch Web-Services ermöglichten Geschäftsprozesse und Anwendungen abgestimmt sind und die gleichzeitig im Sinne mehrseitiger Sicherheit den verschiedenen Beteiligten, insbesondere den Nutzern, erlauben, sich zu schützen. Dieser Schutz ist essentiell für den nachhaltigen Erfolg der Integration und Automatisierung mittels Web-Services. Wegen fehlenden standardisierten Handelsvereinbarungen ist auch das dynamische, automatisierte Identifizieren und Nutzen von Web-Services gegenwärtig für die meis-ten Unternehmen derzeit nicht relevant. Bei gebündelten Diensten, die mehrere Web-Services aufrufen, existieren gegenwärtig keine akzeptierten Standards zur Kontrolle der Vollständigkeit aller durchgeführten Aktionen oder für Roll-back Mechanismen. Bei Roll-back Mechanismen werden im Fehlerfall die Transaktionen rückgängig ge-macht und der Datenbestand auf den Ursprungszustand zurückgesetzt. Einzig für den Bereich Authentifizierung hat das W3C in Zusammenarbeit mit der Internet Enginee-ring Task Force (IETF) im Februar 2002 eine „XML Signature" verabschiedet [W3Cb-02].

Rein technologisch betrachtet verspricht der Einsatz von **SOA** die Lösung des Integra-tionsproblems durch den Einsatz moderner Integrationstechnologien wie zum Beispiel Web-Services [WeKr-05]. Web Services stellen dabei eine konkrete Umsetzung des abstrakten SOA-Konzepts dar, zu deren Realisierung verschiedene Standards definiert sind. Soweit ist Ähnlichkeit zu klassischen Integrationsansätzen mittels EAI gegeben. Die von der IT bereitgestellten Services richten sich an den fachlichen Anforderungen des Unternehmens aus und lassen sich flexibel zu Geschäftsprozessen kombinieren. Der Aufbau einer SOA muss im Kontext einer Unternehmensarchitektur gesehen wer-den. Eine SOA bedarf eines ganzheitlichen Vorgehensmodells und Architekturkon-zepts und hat dann das Potenzial Geschäftsziele und IT in Einklang zu bringen.

Semantische Technologien weisen in vielen Bereichen ein hohes Potenzial zur Ver-besserung der Geschäftsprozesse. Im innerbetrieblichen Bereich ist ihr größter Nutzen im Bereich des Wissensmanagements zu erwarten. Im überbetrieblichen Bereich kön-nen sie dazu beitragen, in einem erneuten Anlauf ursprüngliche E-Business-Ambitionen zu verwirklichen. Ein entscheidender Faktor bei der Durchsetzungsfähig-keit von semantischen Technologien wird ihre Benutzerfreundlichkeit sein. Es muss gelingen, Systeme zu entwickeln, durch die eine schrittweise Formalisierung von in-haltlichem Wissen möglich wird. Zwar existieren vielseitig Bestrebungen, die Ver-wendung von semantischen Technologien zu vereinfachen. Der damit verbundene Mehraufwand steht aber noch in einem ungünstigen Verhältnis zum Nutzen.

OWL-S bietet sicherlich den am bekanntesten und am weitesten fortentwickelten Standard. Es existiert bereits eine Vielzahl von Werkzeugen oder APIs, die auf OWL-S aufbauen. Dank der Standardisierung durch das W3C ist OWL-S sicherlich am zu-kunftsträchtigsten. **WSMO** bietet als einziger Standard das Konzept der Mediatoren, um die explizit modellierten Ziele mit den Web-Services zu vereinen oder den Zu-sammenhang zwischen verschiedenen Ontologien darzustellen. Mit **WSMX** existiert auch hier bereits eine Referenzimplementierung. Dagegen ist **METEOR-S** noch in der Entstehung und bisher erst teilweise veröffentlicht oder auch nur angedeutet. Desweiteren existieren im Moment noch keine Referenzimplementierungen. Wohl aber definieren sie einige Konzepte, die für den Bereich der Prozessmodellierung oder der Prozesssynthese durchaus interessant sind.

Das Fehlen semantischer Standards zur Beschreibung der ausgetauschten Leistungen in den meisten Branchen erschwert dazu die Integration entsprechender Services in bestehende Applikationen und Prozesse. Initiativen wie ebXML oder RosettaNet versuchen hier ein gemeinsames Verständnis zu schaffen. Web-Service Produkte verwenden diese Standards bisher jedoch nur teilweise, so dass auch hier weitere Entwicklungs- und Adaptionsaufwand nötig ist. Eine service-orientierte Architektur soll so aufgebaut sein, dass auch die Kompositionen von Services zu Prozessen wiederum als einzelne Services angesehen werden können, und so verwendet werden können [Peltz-03].

Für die Orchestrierung der Dienste existieren Werkzeuge, die Beschreibungssprachen wie WSBPEL in ablauffähige Prozesse umsetzen können. So können Prozesse Schritt für Schritt im Sinne eines Workflow Management Systems abgearbeitet werden [Jans-03]. Zur Umsetzung eignen sich insbesondere Adaptionen von bereits bestehenden Agentensystemen (z.B. JADE). Diese Arbeiten befinden sich jedoch momentan in einem frühen Stadium und müssen noch in praxisbezogenen Anwendungen verifiziert werden.

Selbst mit den erläuterten Ansätzen und Standards bleibt die Kopplung von Web-Services zeitaufwändig und erfordert ein hohes Maß an Fachkenntnissen. Insbesondere können sich die Suche und Eignungsprüfung (match making) aus einem großen Angebot an Web-Services sowie deren korrekte Kopplung bzw. ihrer Operationen als sehr komplex darstellen. Daher wird verstärkt an Ansätzen gearbeitet, welche die Vorgabe einer semantischen Beschreibung des gewünschten Prozesses erlauben, aufgrund derer dem Entwickler dann automatisch Kompositionsvorschläge mit verschiedenen Qualitätsmerkmalen (z.B. Kosten, Sicherheit oder Verfügbarkeit) generiert werden sollen. Ebenso sollen während der Ausführung eines zusammengesetzten Web-Services Ausfälle von Komponenten registriert und automatisch passende Ersatzkomponenten eingesetzt werden [ReSt-04, HaGe-03, MeBo-03, OrYa-03].

Zusammenfassend lässt sich feststellen, dass Unternehmen beim Aufbau von Web-Services-Lösungen noch verschiedenen Herausforderungen beggnen wie z.B.: mangelnde Transaktionssicherheit, Authentifizierung- und Verschlüsselungsprobleme sowie geringes Angebot an Web-Services [HLAl-02]. Darüber hinaus fehlen noch geschäftliche Prozess- und Daten-Standards. Und schließlich der Mangel an Vertrauen und Zuverlässigkeit verzögert die schnellere Verbreitung von Web-Services.

2.10 Agententechnologie

Die Agententechnologie hat viele verschiedene Ursprünge und Einflussgebiete. Die agentenbasierte Datenverarbeitung stellt dabei eine neue Synthese zwischen Künstlicher Intelligenz und Informatik in weiterem Sinne dar. In der Literatur gibt es verschiedene Definitionen für Software-Agenten [DiKw-90, JeWo-98, ArAn-99]. In dieser Arbeit wird Agent als ein Stück Software definiert, die sich in einer dynamischen, nicht vorhersehbaren und offenen Umgebung befindet und zu flexiblem, autonomem Handeln in dieser Umgebung in der Lage ist, um die beabsichtigten Ziele zu erreichen. Unter *agentenbasierten Web-Services* versteht man Software-Agenten, die die Anforderungen eines Web-Service erfüllen: Plattform- und Programmiersprache-Unabhängigkeit sowie offene Kommunikationsstandards. Im Folgenden werden einige für die vorliegende Arbeit relevante Techniken zu den Themen Architektur, Standardisierungsbemühungen und Multiagentensysteme vorgestellt.

2.10.1 Merkmale von Agenten

Zahlreiche Autoren [BZWi-98, CaHa-98, HaBi-99, Gris-99, ArAn-99] versuchen Agenten über typische Eigenschaften zu beschreiben. Bild 2-31 zeigt die Einflussgebiete der einzelnen Eigenschaften von Agenten. Dabei sind zusammenfassend häufig folgende Eigenschaften anzutreffen:

Autonomie: Die selbständige Erfüllung einer Aufgabe wird als Autonomie bezeichnet. Das schränkt Benutzereingriffe aus. Autonomie ist aber beschränkt implementierbar, da bestimmte Tätigkeiten, wie z.B. die Bestätigung eines Kaufantrags, Benutzereingriff benötigen.

Reaktivität: Die Fähigkeit eines Agenten, auf äußere Einflüsse reagieren zu können, wird als Reaktivität bezeichnet. Sie erfordert auch Sensoren, die die Umgebung wahrnehmen können. Es existieren zwei Formen der Reaktivität:

- *Reaktive Agenten* nehmen ihrer Umgebung mit Hilfe geeigneter Sensoren und führen direkt eine Aktion aus.

- *Deliberative Agenten* verfügen über ein Modell der Umgebung und führen Aktionen auf Grundlage von Schlussfolgerungen durch. Nicht alle von den Sensoren gesammelten Daten erfordert eine Aktion.

Proaktivität: Als Proaktivität wird die Fähigkeit eines Agenten bezeichnet, nicht nur aufgrund äußerlicher Einflüsse aktiv zu reagieren, sondern bei Erreichen bestimmter interner Zustände, sich selbst aktivieren zu können. Eine wichtige mit der Proaktivität verbundene Eigenschaft ist die Zielorientiertheit. Ohne Zielsetzung kann der Agent nicht sinnvoll agieren.

Kooperation und Koordination: Unter Kooperation wird die Zusammenarbeit mit anderen Agenten zur Erfüllung eines bestimmten Zieles verstanden. Bedingung dafür ist die Existenz einer gemeinsame Sprache/Protokoll, die alle Agenten beherrschen. Koordination ist die Aufteilung verschiedener Aufgaben unter verschiedenen Agenten unter Berücksichtigung der unterscheidenden Fähigkeiten. Die Koordination umfasst die Kooperation.

Schlussfolgerung und Lernfähigkeit: Schlussfolgerung ist die Fähigkeit zur Beobachtung der Umgebung, um aus den gewonnenen Wahrnehmungen, Schlüsse und Maßnahmen zu ziehen, die einen Agenten der Erfüllung seines Zieles näher bringen. Auf der Grundlage der gewonnen Trajektorie durch den Lösungsraum kann ein Agent lernen. Die ausgeführten Trajektorien bilden die Erfahrung eines Agenten.

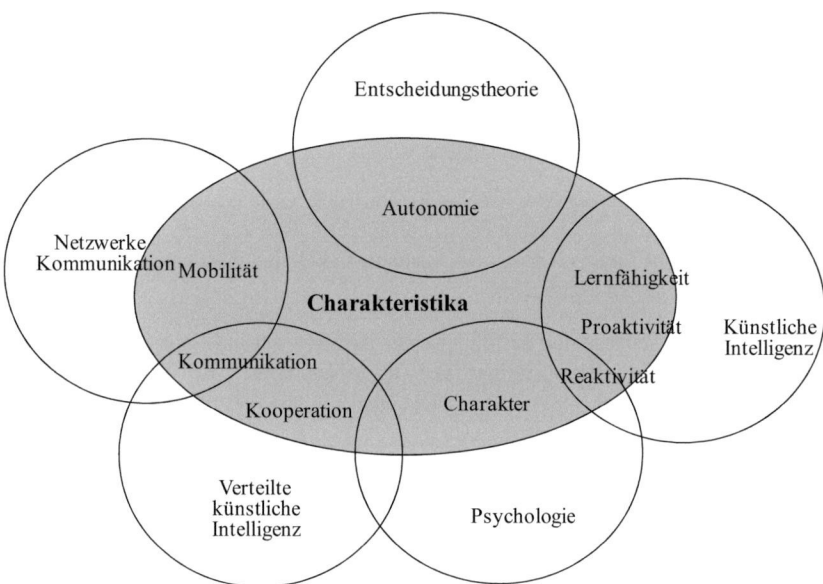

Bild 2-31:   Die Agentenmerkmale und die dazugehörigen Einflussgebiete [BrZW-98]

Mobilität: Unter Mobilität wird die Fähigkeit eines Agenten verstanden, verschiedene Rechnersysteme sog. Hosts zu wechseln. Die Wechsel bezeichnet man als *Migration*. Der Art der Migration hängt von den Betriebssystemen sowie den angewendeten Programmiertechniken oder Programmiersprachen ab. Migration reduziert die Netzlast, wenn der Agent Ressourcen von einem bestimmten Rechner braucht. Migration ist auch sehr hilfreich bei teilweisem Ausfall eines Rechnersystems, da die betroffenen Agenten auf noch laufenden Host migrieren können.

Persönlichkeit und Charakter: Persönlichkeit und Charakter eines Agenten werden durch ein menschenähnliches Verhalten manifestiert. Diese Fähigkeit ist nicht zielführend. Ein denkbares Szenario ist das Aufnehmen und Analysieren der Bedienung einer

Benutzerschnittstelle eines PDM-Systems durch den Benutzer, um auf der Grundlage der gewonnenen Erfahrungen automatische Handlungen abzuleiten (z. B. das automatische Vervollständigen einer Eingabezeile, intelligentes Darstellen und Fokussieren von Masken) [Arlt-00].

2.10.2 Standardisierung von Agenten

In den Bereichen der Kommunikation, Koordination und Kooperation sind in letzter Zeit mehrere agentenspezifische Standardisierungsbemühungen zur Interoperabilität innerhalb von und zwischen unterschiedlichen Agentensystemen erschienen [UMBC-04, Agen-04, Sess-02]. Im Bereich der Agententechnologie haben vor allem die folgenden Standardisierungsbemühungen Beachtung gefunden:

Knowledge Sharing Effort[28] **(KSE):** Ziel des KSE ist es, den Austausch von Wissen zwischen heterogenen Systemen mit unterschiedlichen Wissensrepräsentationsformalismen zu ermöglichen. Dazu existieren standardisierte Sprachformate auf den drei Ebenen der Kommunikation (KQML), der Wissensrepräsentation als Inhalt der Kommunikation (KIF) sowie der Domänenmodellierung für zu repräsentierendes Wissen (Ontolingua). Knowledge Query and Manipulation Language (KQML) definiert dabei sowohl Nachrichtenformat als auch das Kommunikationsprotokoll. Diese Sprache kann auch in der Agentenwelt zur Kooperation verwendet werden.

Mobile Agent System Interoperability Facilities[29] **(MASIF):** Auf Grundlage bekannter Technologien wie CORBA und IIOP hat die Object Management Group (OMG) auch eigene Spezifikation im Agentenumfeld veröffentlicht. 1998 ist sie unter dem Namen Mobile Agent Facility (MAF) aufgetreten und ist inzwischen in Mobile Agent System Interoperability Facilities Specification (MASIF) umbenannt worden. Diese Spezifikation bezieht sich mehr auf die benötigten Schnittstellen und Dienstleistungen für das Agentenmanagement und die Agentenübertragung im Bereich Mobiler Agenten als um Erzielung standardisierter Kommunikation. Genau dieser Schwachpunkt hat die Ausbreitung dieser Technologie verhindert

Foundation for Intelligent Physical Agents[30] **(FIPA):** FIPA ist eine gemeinnützige Organisation mit Registrierung in Genf, unterstützt von Firmen und Universitäten, der Mehrheit aus Europa, sowie der Europäische Union. Das umfassendste Standardisierungsvorhaben ist das der FIPA, das verschiedene Aspekte aus Bereichen wie Agentenmanagement, Kommunikation und mobile Agenten abdeckt und beständig erweitert wird. Die FIPA beschäftigt sich mit Definierung von Schnittstellen und Erstellen von Referenzen in verschiedenen Themenbereichen. Die wichtigen für diese Arbeit werden hier aufgelistet:

---

28 http://www-ksl.stanford.edu/knowledge-sharing, http://www.cs.umbc.edu/kse

29 http://www.fokus.gmd.de/research/cc/ecco/masif, http://www.objs.com/isig/agents.html

30 http://www.fipa.org

- **Agent Communication Language (ACL)**: ACL standardisiert die Kommunikation sowie die einzelne Nachrichten. Ähnlich wie bei KQML sind viele Protokolle wie Kontraktnetz oder Aktionsarten enthalten.

- **Agent Management**: Es wird definiert, wie ein Agent über die FIPA konforme Kommunikation verwaltet werden kann. FIPA stell hier ein Referenzmodell für solche Plattform. Als Basisprotokoll soll IIOP implementiert werden. FIPA empfehlt CORBA für Kapselung der grundlegenden Mechanismen für Kommunikation.

- **Agent Software Integration**: Außer der Kommunikation zwischen Agenten existieren noch Möglichkeiten in Zusammenarbeit zwischen Agent und Software. FIPA versucht, auch diesen Anteil zu normieren.

- **Product Design and Manufacturing**: Die Zusammenarbeit von Firmen internationaler Ebenen während des Produktlebenszyklus erzwingt Erzeugung von Standards. Es werden Beispiele demonstriert wie die aktuellen Standards in dem Produktionsumfeld wie STEP in Agenten mit Einbeziehung von Sicherheit integriert werden können. Dieser Abschnitt ist heute noch nicht erheblich weitererforscht.

- **Security Management**: Wegen der bekannten Sicherheitsrisiken und Schwachstellen werden die Möglichkeiten für eine sichere Kommunikation unter Agenten durch die FIPA Agentenplattform spezifiziert.

- **Management Support for Mobility**: Dieser Teil stellt eine Erweiterung des Agenten-Managements dar und normiert dazu auch die technologischen Voraussetzungen für die Unterstützung mobiler Agenten und dazukommende Verwaltungsaufgaben.

FIPA probiert, alle für Agenten relevanten Einsatzbereiche zu standardisieren. FIPA Referenzen werden heute in den meisten Agentenplattformen eingesetzt.

2.10.3 Agentenbasierte Ansätze und Lösungen

In den letzten Jahren wurden einige Konzepte veröffentlicht, die aufzeigen wie die Produktdatenmanagement-Systeme dezentral entwickelt werden können. Die Arbeiten im Bereich der Kooperation zweier Systemen sind aber wenig zahlreich und praktisch ohne komplette Realisierung. Die Konzepte benutzen die agentenbasierten Architekturen, da diese mehr Selbstständigkeit, Handlungsfähig und Kooperationsfähigkeit bieten.

Beispielsweise gibt es eine Reihe von Konzepten für Multi-Agenten PDM-Systeme, oft nicht vollständig und nicht ganz ausgefertigt in Form von Publikationen und Dissertationen [Artl-00, BoBZ-01, WiHa-01]. Derzeit gibt es aber keine produktive Realisierung. Die meisten Konzepte verteilen die Kernfunktionen wie Produktstrukturmanagement, Dokumentenmanagement usw. in einzelnen Agenten sowie deren Komponenten als Agenten, die mit einem Masteragenten kommunizieren.

Multi-Agenten-Systeme (MAS)

Multi-Agenten-Systeme (MAS) erscheinen als technologische Lösung für Flexibilität und Anpassungsfähigkeit der Planungs- und Entwicklungsprozesse von Unternehmen geeignet [SFB4-02]. Obwohl derzeit geeignete Agenten-Konzepte und -Lösungen dafür entwickelt werden, existierten bisher nur (proprietäre) Einzellösungen. Beispiele sind z.b. MAS für Supply Chain Management, ERP bis hin zu Maschinensteuerungen [Neub-01, Scho-02, Ritt-01]. So wird auch eine agentenbasierte Steuerung bereits in der Automobilindustrie erfolgreich eingesetzt [Neub-01]. Ein Hemmnis in der Entwicklung ist und war die Existenz vieler proprietärer Agentensprachen, -protokolle oder -plattformen, die die Interaktion unterschiedlicher MAS erschweren. Diesbezüglich verspricht der FIPA-Standard der Foundation for Intelligent Physical Agents (FIPA) die gewünschte Vereinheitlichung [FIPA-05].

Für die methodische und systematische Entwicklung von Agententechnologie für Produktionssysteme fehlen dagegen noch spezielle Methoden und Tools. Berücksichtigt man dagegen, welche Möglichkeiten die Methoden und Werkzeuge der Digitalen Fabrik für die Entwicklung von Agententechnologie bieten können, fällt auf, dass sie bisher nur z.T. oder überhaupt nicht genutzt werden. Die Digitale Fabrik ist das digitale Abbild der bestehenden oder geplanten Produkte und Produktionen und ermöglicht die strukturierte Aufnahme, Ablage und Nutzung der Produkt- und Produktionsdaten.

AgentLink III Technologie-Roadmap

AgentLink III ist eine europäische Koordinationsmaßnahme, die von der Europäischen Kommission unter dem Programm "Technologien der Informationsgesellschaft (IST)" innerhalb des Sechsten Rahmenprogramms (RP6) gefördert wird. Sie fördert die Einführung und den Einsatz agentenbasierter Datenverarbeitung [Agen-05].

Die Aktivitäten von AgentLink III umfassen die Erstellung einer AgentLink Technology Roadmap, die die Entwicklung, Innovationen und die Zukunft der Agententechnologie skizziert. Die Roadmap beschreibt derzeitige Forschungsinitiativen und den Einsatz von Agententechnologien und stellt die künftigen Herausforderungen durch neue Grid Computing- und Web-Technologien vor. Was die Anwendungen betrifft, werden in der Roadmap die derzeitigen Einsatzbereiche agentenähnlicher Systeme aufgelistet. Diese sind Pervasive Computing, das Semantic-Web und P2P-Netzwerke. Langfristig erwarten die Autoren die industrielle Entwicklung von Infrastrukturen, um stark skalierbare Anwendungen aufzubauen, die bereits existierende Agenten umfassen, die organisiert oder geordnet werden müssen.

Die Roadmap ist eine Analyse der jüngsten Vergangenheit und des aktuellen Stands der Agententechnologien. Sie ermöglicht einen möglichen Entwicklungspfad für die Agenten-Technologie vorzustellen. Damit wird versucht, die Herausforderungen und Hindernisse zu bestimmen, die überwunden werden müssen, damit in der Forschung und Entwicklung Fortschritte erzielt werden und eine weitere kommerzielle Anwendung der Technologie erfolgt.

2.10.4 Bewertung der Agententechnologie

Die Einführung von Agententechnologien in Geschäftsumgebungen hängt davon ab, wie schnell und wie gut Agententechnologien mit bestehender und erprobter Software und Software-Methoden verbunden werden können. Die derzeitigen Bereiche, auf die sich Unternehmen, die Agententechnologie entwickeln, konzentrieren sind Logistik, Transport, Versorgungswirtschaft und Verteidigung.

Eine andere Herausforderung stellt der Übergang vom Forschungslabor zu industriellen Anwendungen dar. Hierzu ist es notwendig, wissenschaftlich fundierte Geschäftsmodelle für Umsetzungen und Beschreibungen zu entwickeln, die als Katalysatoren sowohl für die Anwendung in der Industrie als auch die weitere Forschung dienen. Für kommerzielle und industrielle Systeme müssen Agententechnologien im Labor mit einem Schwerpunkt auf geschäftlichen Belangen, auf Qualität und auf Konvergenz mit bestehenden und neu entstehenden industriellen Technologien entwickelt werden. Sicherheit, Zuverlässigkeit und traditionelle Software-Qualitätsmaßnahmen sind ebenfalls wichtig und müssen angegangen werden, um eine breitere Anwendung zu erreichen. Ein anderes grundlegendes Hindernis für den Einsatz der Agententechnologie ist die mangelhafte Unterstützung von Werkzeugen und -Methoden. Es gibt derzeit kaum ausgereifte Software-Entwicklungsmethoden für agentenbasierte Systeme. Eine weitere große Herausforderung für die agentenbasierte Datenverarbeitung ist, auf Erkenntnisse aus erprobten Methoden zuzugreifen, damit die bestehenden Lösungen zunehmend die unterschiedlichen Anforderungen des neuen Paradigmas erfüllen.

Auch die Standardisierungsbemühungen bleiben zunächst nur ein Beitrag unter anderen zu den vielfältigen Forschungsarbeiten auf dem Gebiet der Agenten. Zwar nutzen viele Agentensysteme zumindest einzelne ihrer Spezifikationen, jedoch weniger zugunsten der Kompatibilität zu anderen Agentensystemen, sondern eher als geeigneten Lösungsansatz für ein spezifisches Problem, der dann entsprechend frei ausgelegt und angepasst wird. Dies hat verschiedene Gründe. Zunächst ist das Gebiet der Agententechnologie sehr umfassend und uneinheitlich. Dadurch kann eine Standardisierung meist nur gewisse Aspekte eines bestimmten Agentenbegriffs abdecken, so dass sie zu spezifisch ist, um weithin anwendbar zu sein und akzeptiert zu werden, zumal wenn die Kompatibilität zu Standardisierungen für andere Bereiche fehlt. Andererseits bleibt eine umfassende Standardisierung wie die der FIPA leicht unvollständig und an vielen Stellen zu unpräzise, um noch eine ausreichende Interoperabilität gewährleisten zu können.

Dennoch wird für die Verwendung der Web-Service-Technologie mit agentenbasierten Systemen ein großes Zukunftsfeld gesehen. Workflow-Management und Agententechnologie werden Web-Services-Technologie enger zusammenbringen und einen standardisierten Übergang zwischen beiden Welten erlauben.

3 Anforderungen und Konzept für automatische Kopplung von Web-Services

Aus der vorangegangenen Analyse und Bewertung bestehender Ansätze von Methoden und Software-Werkzeugen für die agentenbasierte Kopplung von Web-Services zur Integration von Standardsoftwaresystemen hat sich ergeben, dass umfassende Lösungskonzepte nicht existieren oder sich in der Praxis nicht durchgesetzt haben. In diesem Kapitel werden zunächst die Anforderungen an ein derartiges Konzept beschrieben. Zur besseren Verständnis werden die Anforderungen in zwei Kategorien ermittelt: Die allgemeinen Anforderungen an die Standardsoftwaresysteme und aus den Anwendungsfällen resultierenden Anforderungen.

3.1 Allgemeine Anforderungen

IT-Anwendungen bauen heutzutage normalerweise auf vielen vorhandenen Systemen, Diensten und Geschäftsprozessen auf und müssen sich in diese integrieren lassen. Zur Nutzung der Web-Services Technologie müssen die komplexen Strukturen solcher IT-Anwendungen bzw. Softwaresysteme aufgebrochen, in Module abgespalten und mit Web-Services-Schnittstellen ausgestattet werden. Sie müssen zumindest teilweise in Komponenten zerlegt werden. In den meisten Fällen ist man allerdings von einer echten Modularisierung weit entfernt. Der Grund ist, dass Standardsoftwaresysteme über die Jahre sich stark erweitert haben, was zu zahlreichen Abhängigkeiten zwischen den Funktionen führt. Hier muss zuerst einmal analysiert werden, wie sich die Standardsoftwaresysteme technisch in Grobkomponenten zerlegen lassen. Programmstrukturen von Standardsoftwaresystemen müssen durchleuchtet, Abhängigkeiten zwischen Funktionsblöcken feststellt und Möglichkeiten zur Zerlegung in Teilkomponenten aufzeigt werden.

Zur Modularisierung von Standardsoftwaresysteme bieten sich generell zwei Methoden an: Entweder werden die betreffenden Programmbausteine abgespalten, den alten Code gekapselt und ihn mit Web-Services-Schnittstellen versehen, oder die betreffenden Bausteine werden komplett neu geschrieben, was zwar aufwändiger ist, aber auf Grund der alt-codierten Software Vorteile mit sich bringt. Hier ist es empfehlenswert, wenn langfristig große Teile der Software in Java geschrieben werden.

Die Anwendungsbausteine sollen über definierte Web-Services-Interfaces miteinander kommunizieren und in eine Art Dienstleistungsverhältnis treten: Dabei fordert ein Programmmodul von einem anderen eine Leistung an, sei es das Berechnen eines Liefertermins oder das Verbuchen einer Rechnung. Die aufgerufene Komponente liefert ein Ergebnis. Damit dies reibungslos funktioniert, ist Integrationstechnik erforderlich.

Darüber hinaus soll der agenten-basierter Ansatz dazu dienen, prozessorientierte Lösungen zu bauen, die Funktionen verschiedener Applikationen zu nutzen. Module werden je nach Prozess zusammengezogen, egal, ob sie Teil der ERP- oder PDM-

Systeme sind. Im Einzelnen werden folgende Anforderungen an die Standardsoftware-systeme gestellt werden.

- Voraussetzung für den Einsatz von Web-Services ist eine Service-orientierte Architektur. Denn nur eine Architektur, die nicht länger Daten, sondern Dienste in den Mittelpunkt stellt, kann Anwendungen in Komponenten und damit in Dienste auflösen. Diese lassen sich dann über das Netzwerk bereitstellen. Eine solche Architektur bietet auch die nötige Skalierbarkeit, um künftig neue Systeme und Anwendungen einzubinden und mit dem Wachstum des Unternehmens Schritt zu halten.

- Integrationssoftware, die traditionell auf dem Konzept der zusammengesetzten Anwendungen basieren, kann bei der Konstruktion einer Service-orientierten Architektur helfen. Sie sind darauf ausgerichtet, aus bestehenden Funktionen abgegrenzte Komponenten zu machen und diese in einem Repository zur Verfügung zu stellen. Von hier kann eine zusammengesetzte Anwendung sie dann bei Bedarf abrufen. Ihre Grundidee entspricht damit dem Konzept der Web-Services, das sie optimal unterstützen können.

- Die heutigen offenen Standards (Java/J2EE, XML, SOAP, WSDL, etc.) für Web-Services bieten ein bisher unerreichtes Maß an Interoperabilität zu einem Bruchteil der Kosten von selbstentwickelten EAI-Plattformen. Bei der Entwicklung von Lösungen muss die Unterstützung dieser Standards von Anfang an berücksichtigt werden, so dass sowohl die Interoperabilität als auch die Portabilität von Anwendungen und Geschäftsprozessen gewährleistet sind. Darüber hinaus müssen verbindliche technische Standards definiert werden, die eine herstellerübergreifende Verwendung von Komponenten- und Web-Service-Technologien ermöglichen.

- Nicht alle Anwendungen im Unternehmen eignen sich gleichermaßen für Web-Services. Daher sollte eine Liste der Geschäftsprozesse erstellt und überlegt wird, welche Anwendungen können sinnvoll als Dienste bereitgestellt werden. Um Kosten zu sparen, sollte dabei zunächst keine Neuentwicklung in Erwägung gezogen, sondern existierende Anwendungen eingeplant werden.

- Sind die technischen Voraussetzungen erfüllt, sollten Web-Services zunächst nur in nicht-betriebskritischen Umgebungen – also zur Integration unternehmensinterner Anwendungen – eingesetzt werden. Wer vorerst innerhalb der Firmen-Firewall mit Web-Services experimentiert, kann sich auf den Einsatz im Business-to-Business-Bereich vorbereiten und von den Inhouse-Erfahrungen lernen.

- Die Anwendungslogik der monolithischen ERP und PDM-Lösungen müssen sukzessiv in objektorientierte Funktionsbausteine überführt werden, die eine Kapselung durch Komponenten ermöglichen.

- Die proprietären Basisinfrastruktur bestehender ERP und PDM-Lösungen müssen auf offene Anwendungsplattformen umgestellt werden.

- Verbindliche Semantiken für die inhaltliche Beschreibung von Business-Objekten und deren Eigenschaften müssen definiert werden.

- Eine zuverlässige Netzinfrastruktur muss in den Bereichen Internet, Extranet und Intranet und der erforderlichen Sicherheitstechnologien bereitstellt werden.

3.1.1 Anforderungen an Serviceverzeichnisse und Sicherheit

Web-Services müssen vom jeweiligen Anwender aufgefunden werden. Hierzu ist vom Verzeichnisdienstbetreiber eine Registry für Web-Services zu betreiben. Diese stellt verschiedene Funktionen für die Suche nach Web-Services zur Verfügung. Diese Suchfunktionen sind auf die Bedürfnisse des öffentlichen Sektors abgestimmt. So muss es z.b. möglich sein, nach allen Services zu suchen. Die in einem solchen Verzeichnis registrierten Web-Services müssen kategorisierbar sein, so dass z.b. die Suche nach einer bestimmten Art von Service oder die Suche nach Services innerhalb eines bestimmten Bereichs ermöglicht wird.

- Wenn die Kategorien von Registries den benötigten nicht abdecken, müssen neue Kategorien speziell den Bedürfnissen des Anwendungsbereichs entsprechend entwickelt werden.

- Anbieter von Web-Services (Web-Service Provider) müssen in der Lage sein, ihre Services in einem solchen Verzeichnis (Registry) zu publizieren. Das Verzeichnis selbst ist eine Sammlung von Web-Services, welche das dynamische Finden und Anbinden von Web-Services ermöglichen, ohne dass dazu manuelle Interaktionen oder individueller Implementierungsaufwand notwendig sind.

- Um alle notwendigen Informationen im Web-Service Verzeichnis zu erhalten, erscheint es notwendig, den Web-Service mit all seinen Schnittstellen und Geschäftsfunktionen in einem standardisierten Plattform- und Programmiersprachenunabhängigen Format genau zu beschreiben (WSDL).

Anforderungen an Sicherheit und Datenschutz

Web-Services sollen eine ganze Reihe von Anforderungen betreffend Sicherheit erfüllen, damit die Integration verantwortet werden kann. Insbesondere handelt es sich um folgende Punkte:

- Es soll gewährleistet werden, dass die Agenten nur auf relevante Daten zugreifen dürfen und die unternehmenssensiblen Daten sollen wiederum geschützt behandelt werden. Das wird oft als Schlüssel für die Akzeptanz von den verteilten Anwendungen in Bereich von PDM angesehen, weil das Behalten von internem Knowhow bei den meisten Unternehmen von größter Priorität ist.

- Der Anbieter und der Nutzer müssen die Identität des anderen kennen (Identifikation).

- Die Identitäten müssen unwidersprüchlich nachweisbar sein (Authentisierung).

- Bestimmte Web-Services sollen nur von bestimmten Anwendern genutzt werden können (Autorisierung).

- Daten dürfen auf dem Weg vom Sender zum Empfänger nicht verändert werden (Integrität).

- Es muss sichergestellt sein, dass niemand ausgetauschte Daten mitlesen kann (Vertraulichkeit).

- Wegen der Nachvollziehbarkeit und Transparenz muss sichergestellt werden, dass der Austausch von Daten bei Bedarf protokolliert werden kann.

Der Sender bzw. der Empfänger muss nachweisen können, dass die Nachricht wirklich verschickt bzw. dieselbe Nachricht auch wirklich erhalten worden ist.

3.1.2 Anforderungen an Geschäftsprozesse

Die Realisierung von Web-Services ist ein zweistufiger Prozess, der aus der Veröffentlichung und Orchestrierung der Dienste besteht. Veröffentlichen heißt, dass die Dienste über eine unterstützte Schnittstelle/ein unterstütztes Protokoll bereitgestellt werden, ohne dass alle vorhandenen Systeme in eine neue XML/SOAP-Web-Service-Schicht „gepackt" werden müssen. Orchestrieren heißt, dass diese Dienste zu einer leicht nutzbaren Geschäftsanwendung kombiniert werden. Die Implementierung, Ausführung und Verwaltung der Orchestrierungslogik ist jedoch sehr komplex, woraus sich ein konsistentes Anforderungspaket auf Infrastrukturebene ergibt.

Gemäß der eingeführten Definition repräsentiert ein Web-Service eine Business-Funktion. Diese Business-Funktion unterstützt eine betriebliche Aufgabe, welche einem Prozess zugeordnet werden kann. Um die Integration von Business-Funktionen durch Web-Services, also die Teilnahme mehrerer Partner (z.B. verschiedener Behörden) an einem gemeinsamen Geschäftsprozess, ohne zusätzliche manuelle Interaktion zu ermöglichen, ist es notwendig, die Geschäftsprozesse in einem standardisierten Format zu beschreiben. Eine solche Geschäftsprozessbeschreibung besteht aus einem Metamodell zur Beschreibung von Geschäftsprozessen, welches einerseits die Rollen definiert und deren Voraussetzungen für die Teilnahme am Geschäftsprozess festlegt, andererseits die Ablauffolge und deren Leistungsaustausch mit anderen Geschäftsprozessen (oder anderen Web-Services) aufzeigt.

Im Zusammenhang mit Geschäftsprozessen muss bei der Anwendung von Web-Services damit gerechnet werden, dass bei komplexen Geschäftsprozessen, welche sich über mehrere Funktionen und mehrere Stunden oder Tage erstrecken, Aktivitäten nicht durchgeführt werden können. Ein Fehlschlagen kann einerseits dadurch entstehen, dass bestimmte Bedingungen betreffend des Geschäftes nicht erfüllt sind, andererseits können die Probleme technischer Natur sein, wie z.B. der Ausfall eines Rechners. Um mit diesen Schwierigkeiten umgehen zu können, wird ein Transaktions-Mechanismus benötigt, der auch nach dem Auftreten eines Problems das Gesamtsystem in einen konsistenten Zustand zurückversetzen kann. Aus diesen Überlegungen lassen sich weitere funktionale Anforderungen an Web-Services ableiten:

- Transaktionen müssen als Koordination autonomer Partner betrachtet werden, deren Zusammenspiel von individuellen Regeln bestimmt wird und nicht von einer zentralen Autorität. Es bedarf Standards, mit deren Hilfe Web-Services an verteilten Transaktionen teilnehmen können.

- Mit dem Fehlschlagen oder der Nichtverfügbarkeit einzelner Teilnehmer muss gerechnet werden. Auch das bewusste Ausscheiden eines Teilnehmers aus einer bereits begonnenen Transaktion muss möglich sein. Eine Transaktion soll ggf. auch dann noch erfolgreich beendet werden können, wenn einige der beteiligten Aktionen fehlschlagen.

- Der BPEL-Standard und die Software-Infrastruktur müssen die Definition und Implementierung von Integrationsprozessen unterstützen. Diese Software-Infrastruktur sollte von Anfang an für Web Services und BPEL entworfen werden und die native Entwicklung und Ausführung von BPEL-Prozessen unterstützen.

- Auf der Status- und Kontextverwaltungsebene müssen einzelne Dialoge unter Einsatz von asynchronem Messaging koordiniert, gespeichert und verwaltet werden. Einzelne Antworten müssen zu einer Reihe von Abläufen in Beziehung gesetzt werden.

- BPEL und die Standards für Web-Services ermöglichen eine lose geknüpfte Struktur, die sich ausgezeichnet zur effizienten Implementierung von serviceorientierten Architekturen (SOA) eignet. Prozesse mit losen miteinander verknüpften Diensten müssen so modelliert werden, dass sich die Gesamtanwendung leicht an wechselnde Geschäftsbedingungen anpasst. Unter Nutzung von BPEL müssen parallele Dialoge gestaltet, koordiniert und verarbeitet werden. Es muss sichergestellt werden, dass Bsp. Anfragen gleichzeitig an verschiedenen Prozessbeteiligte weitergeleitet werden.

- Ausnahmen auf System- und Geschäftsebene erhöhen die Variabilität und Komplexität der Orchestrierungslogik enorm. Unter Einsatz von BPEL muss die Verarbeitung, Steuerung, Überwachung und Verwaltung von Fehlern und Ausnahmen möglich sein.

- Dialoge können sich über einen langen Zeitraum erstrecken und mehrere Antworten umfassen. Benachrichtigungen und Unterbrechungen müssen verarbeitet werden, wenn Dienste nicht rechtzeitig antworten.

- Management- und Verwaltungsfunktionen, die neben Prozess-Statistiken das einfache Erstellen maßgeschneiderter Berichte gestatten, müssen bereitgestellt werden.

- Die Historie aller Dialoge oder eines bestimmten Prozesses müssen verfolgt werden. So kann eine Nachweisbarkeit sichergestellt und auch im Nachhinein noch die Nachrichten eingesehen werden. Eine grafische als auch eine textliche Darstellung des Prozessstatus und der Historie muss möglich sein.

3.1.3 Aus den Anwendungsfällen resultierende Anforderungen

Das Konzept zur agentenbasierten Kopplung von einzelnen Web-Services wird in dieser Arbeit in drei Anwendungsfällen verifiziert. Auf diesen drei Anwendungsfällen resultierende Anforderungen werden in diesem Kapitel eingegangen.

Anforderungen für die Bereitstellung von Produktstrukturinformationen

Bei den definierten Anwendungsfällen sollte der Anwender möglichst viel entlastet werden. Für die Bereitstellung von Produktstrukturen soll das Konzept folgende Anforderungen erfüllen sollte. Zum besseren Verständnis wird hier das Wort Modul verwendet, das das Konzept validiert.

Funktionalität: Das Modul soll ohne Benutzereingriffe in der Lage sein, nach Bereitstellung von Identifizierungs- oder Beschreibungsdaten für ein bestimmtes Produkt, seine komplette Struktur zu liefern, indem es die Adresse des richtigen PDM-Systems findet, sie anspricht und Resultate zurückgibt.

- Suche externer Diensten: Verschiedene Dienste sind verwandt mit der Problematik der Produktstrukturbereitstellung. Suchen nach richtigen Adressen in öffentlichen oder internen Registern und Transformation der Datenformate der Produktstrukturen sind die wichtigsten Komponenten, die in diesem Teil der Arbeit berücksichtigt werden.

- Kooperationsfähigkeit: Die Aufgaben müssen in bestimmten Fällen verteilt aufgelöst werden. Dabei kann das Modul zusammen mit anderen Modulen gleicher Art kommunizieren, um auf die gestellte Abfrage zu antworten.

- Anpassung an verschiedenen PDM-Systemen: Die Vielfalt von PDM-Systemen bietet heute auch eine Reihe von Daten-Formaten und Schnittstellen. Obwohl die meisten unter STEP standardisiert sind, existieren auch spezifische. Das Modul soll leicht, ohne gründliche Umprogrammierung, an verschiedenen Schnittstellen und Datenformaten angepasst werden.

Selbständigkeit und Intelligenz: Das Modul in den Beispielsfällen soll in der Lage sein, den ganzen Auftrag selbständig durchzuführen, in dem er Entscheidungen trifft und Handlungen vornimmt:

- Auswerten und Filtrieren von Strukturen: Bei unausreichenden Daten können bei einer Abfrage im Prinzip mehrere Strukturen resultieren. Das Modul muss die Intelligenz besitzen, die Ergebnisse auszufiltern, mit dem Ziel, möglichst wenige Produktstrukturen zu liefern bzw. den gestellten Auftrag als nicht unerfüllbar zu markieren.

- Prüfung nach Vollständigkeit: Wichtig für die Anwender ist mit Sicherheit zu wissen, dass die erhaltenden Ergebnisse vollständig sind. Es muss auch gewährleistet werden können, dass der Benutzer benachrichtigt wird, wenn Unvollständigkeiten aufgrund technischer Ursachen auftreten.

- Nutzung externer Dienste: Das Modul soll erkennen, wann er externe Dienste benötigt. Dabei soll er eine Suche von Kandidaten ausführen und Entscheidungen treffen, welche er ansprechen soll.

- Robustheit: Die Bereitstellung der Produktstrukturdaten soll robust sein. Technische und organisatorische Ausfälle sollen berücksichtigt und behandelt werden.

Architektur: Das Modul soll möglichst flexibel aufgebaut werden. Dabei sollen die neusten Ansätze in den Agentenarchitekturen eingesetzt werden.

- Plattformunabhängigkeit: Ein wichtiger Entscheidungsaspekt heute ist die Abhängigkeit von einer Anzahl von Plattformen. Das Modul soll so eingebaut werden, dass eine Portierung auf Plattformen möglichst leicht durchführbar werden kann.

- Unabhängigkeit von PDM-System: Das Modul soll als getrenntes Programm realisiert werden, das unabhängig und getrennt von einem PDM-System laufen kann. Dabei soll seine Funktionalität nicht bei einem Ausfall eines PDM-Systems beeinträchtigt werden. Es soll auch eine Ausführung auf verschiedenen Rechnern möglich sein.

- Weiterentwicklung: Der Modul soll nicht als ein geschlossenes Programm implementiert werden, sondern als Basis für weitere Entwicklungen vorgesehen werden. Dabei sollen Stellen definiert werden, wo die Funktionalität erweitert werden kann.

Anforderungen für die Bereitstellung von as-maintained Produktdaten:

Um die Daten, die im Produktlebenszyklus einer Maschine anfallen, effizient nutzen zu können, müssen diese Daten durchgängig in der Prozesskette genutzt werden. Für die Verwaltung von Produktdaten haben sich PDM-Systeme bewährt. Die as-maintained Produktdaten, die bei der Nutzung der Maschine anfallen, sind jedoch nicht einfach in das PDM-System zu integrieren, da die vielen Maschinen an unterschiedlichen Orten mit ihren eigenen as-maintained Produktdaten stehen. Man könnte Techniker zu jeder Maschine schicken, die dort vor Ort die Daten einlesen und von Hand in ein PDM-System übertragen. Dies stellt jedoch einen hohen Aufwand dar. Je mehr Daten von Maschinen eingelesen werden müssen, desto größer ist der Aufwand. Ein häufiges Einlesen von Daten wäre so zeitaufwändig, dass man es wohl nur mit hohen Kosten durchführen könnte.

Um nun as-maintained Produktdaten effizient in ein PDM-System zu integrieren, bietet es sich an, Daten automatisiert einzulesen. Die as-maintained Produktdaten einer Maschine sollen also automatisch zu einem PDM-System übertragen werden. Um auf bestehende Technologien zurückzugreifen, soll die Übertragung der Daten über das Internet erfolgen.

Da man nicht davon ausgehen kann, dass in ein PDM-System nur as-maintained Produktdaten von einem Maschinentyp integriert werden, muss das Konzept flexibel auf verschiedene Maschinen anwendbar sein. Durch möglichst geringe Erweiterungen soll das PDM-System in der Lage sein, Daten von neuen Maschinentypen zu übertragen. Das Konzept soll sich nicht auf die Schnittstelle eines Maschinentyps festlegen, sondern das Konzept soll auch mit einer anderen Maschine, die eine andere Schnittstelle hat, funktionieren. Das bedeutet, dass zwei Maschinen, die über unterschiedliche Middleware angesprochen werden (z. B. CORBA und Webservices), beide das gleiche Konzept verwenden können, um ihre Daten dem PDM-System bereitzustellen.

Doch das Konzept soll nicht nur flexibel im Bezug auf verschiedene Maschinen sein. Eine Maschine kann mehrere Sensoren haben über die as-maintained Produktdaten eingelesen werden. Daher soll es auch leicht möglich sein, Daten unterschiedlicher Sensoren in ein PDM-System zu integrieren.

Beim Einlesen der as-maintained Produktdaten einer Maschine muss folgendes beachtet werden:

- Die übertragenen Daten einer Maschine müssen nicht notwendigerweise in einem Format sein, das für die weitere Verarbeitung optimal ist. Deswegen soll das Konzept Mechanismen bereitstellen, die die übertragenen Daten automatisch in einen Zustand bringen, der für eine weitere Verarbeitung bzw. Speicherung geeignet ist.

- Es kann notwendig sein, den übertragenen Daten Informationen hinzuzufügen. So soll z. B. eine Protokollierung der Daten möglich sein.

- Es kann wünschenswert sein, die eingelesenen Daten zu überwachen. Werden Daten eingelesen, die nicht in einem gewünschten Wertebereich liegen, sollen automatische Aktionen möglich sein. Diese Aktionen beinhalten z. B. die Benachrichtigung von Service Personal.

Sind die as-maintained Produktdaten einmal in das PDM-System eingelesen, sollen sie dort abgespeichert werden. Dazu sollen sie in eine Datenbank gespeichert werden. Es soll nach der Speicherung der Daten nachvollziehbar sein, für welche Maschine die Daten gespeichert wurden. Es soll möglich sein, beliebig große Datenmengen abzuspeichern, wobei natürlich zu beachten ist, dass in der Praxis die Datenmengen durch die Übertragungsgeschwindigkeit der Daten über das Internet eingeschränkt ist. Das Konzept soll aber nicht von sich aus Grenzen an die Speicherung der Daten stellen.

Falls nicht nur eine Momentaufnahme für die as-maintained Produktdaten ausreichend ist, soll auch die Möglichkeit bestehen, die Daten zu protokollieren. Bei der Protokollierung wird im Gegensatz zur Momentaufnahme nicht nur die letzte, aktuellste Information gespeichert, sondern alle Informationen, die aus der Maschine ausgelesen wurden. Hierbei soll es im Hinblick auf das Speichervolumen keine Beschränkung bei der Protokollierung der Daten geben.

Es kann wünschenswert sein, Daten einer Maschine in regelmäßigen Intervallen abzufragen. Insbesondere ist dies wünschenswert, wenn Daten protokolliert werden sollen oder wenn der Wertebereich von Daten einer Maschine überwacht werden soll. Deshalb soll das Konzept Mechanismen erörtern, die den Abfragezeitpunkt von Daten steuert.

Im Folgenden sind die an die Übertragung der Daten gestellten Anforderungen noch einmal zusammengefasst:

- Daten sollen automatisch von einer Maschine zu einem PDM-System übertragen werden können. Die Übertragung soll über das Internet stattfinden.

- Durch das Konzept sollen Daten neuer Maschinen leicht zu integrieren sein. Unter neuen Maschinen sind Maschinen des gleichen Typs gemeint, die einen anderen Standort haben. Oder neue Maschinen eines anderen Typs, die auch über eine ganz andere Middlewaretechnologie angesprochen werden können.

- Wenn Daten von einer Maschine übertragen werden, sollen sie zuerst in ein passendes Format umgewandelt werden.

- Hinzufügen von Informationen zu den von der Maschine empfangenen Daten soll möglich sein.

- Ein Monitoring der Daten soll möglich sein. Das bedeutet, dass die übertragenen Daten überprüft werden sollen. Falls die Daten nicht einem gewünschten Wertebereich entsprechen, sollen Aktionen eingeleitet werden können.

- Die übertragenen Daten sollen gespeichert werden können. Das Konzept soll keine Einschränkungen bezüglich der Datenmenge vorgeben.

- Eine Protokollierung der Daten soll möglich sein.

- Nach der Speicherung soll nachvollziehbar sein, zu welcher Maschine die Daten gespeichert wurden.

- Das Konzept soll Möglichkeiten zur Steuerung der Anfragezeitpunkte bereitstellen.

Doch mit der Speicherung der Daten in ein PDM-System ist es noch nicht getan. Ein PDM-System wird von Endnutzern benutzt die, wenig mit der Datenflut von Rohdaten aus einer Datenbank anfangen können. Deswegen müssen die Daten aus der Datenbank dem Nutzer auch präsentiert werden.

Anforderungen an die Präsentation der Daten

Die über Agenten abgerufenen Daten sind für den Benutzer noch nicht sinnvoll zu gebrauchen. Die Daten müssen in verschiedenen Formen dargestellt werden können, z. B. graphisch oder in Textform. Bei der graphischen Darstellung sollen die Daten in einem Diagramm dargestellt werden. Es soll bei der graphischen Darstellung auch möglich sein, mehrere Datensätze in einer Graphik darzustellen. Diese Datensätze sollen von verschiedenen Quellen kommen können. Die graphische Darstellung soll den Verlauf der erhaltenen Daten auf einen Blick visualisieren. So soll der Benutzer Zusammenhänge zwischen den erhaltenen Daten erkennen können und einen schnellen Überblick erhalten. Außerdem sollen die Daten auch in Textform dargestellt werden können. Eine Darstellung in Textform ist notwendig, da nicht alle Daten graphisch dargestellt werden können. Fehlermeldungen lassen sich z. B. nicht graphisch darstellen.

3.1.4 Anforderungen an Agenten-Frameworks

Agent Frameworks unterscheiden sich voneinander. Die wichtigsten Anforderungen sind hier aufgezählt:

- **Funktionalität und Erweiterbarkeit:** Das Framework soll möglichst breite Funktionalität bieten, denn alles, was nicht zum Framework gehört, muss in der Regel dazu implementiert werden. Das ist in allgemeinen Fall mit größerem Aufwand verbunden, wenn diese Erweiterungen nicht bei der Entwicklung vom Framework vorgesehen sind. Z.B. Implementieren bei einem kommunikationsunfähigen Agenten eine Kommunikationsschnittstelle.

- **Kommunikation:** Wichtiger Teil des Frameworks ist das Vorhandensein von Kommunikations-Mechanismen zwischen Agenten, wenn es sich um Projekte aus Multiagentensystemen handelt. Kommunikationsprotokoll soll möglichst FIPA kompatibel sein.

- **Plattform:** Nicht zuletzt muss das Framework auf der Zielplattform laufen. Heute wird Plattform-Unabhängigkeit gefordert, die eng mit der Programmiersprache verbunden ist.

- **Programmiersprache:** Um Aufwand beim Erlernen neuer Programmiersprache zu sparen, ist es erforderlich, dass die Umsetzung durch C++ oder Java erfolgt. Java ist heute wegen ihrer Plattform-Unabhängigkeit zu bevorzugen.

- **Dokumentation:** Dokumentation ist das wesentlichste Hilfsmittel bei einer Implementierung. Sie ist meistens entscheidend für Anfängerbenutzer. Die Dokumentation wird anhand der Anzahl und Qualität der Entwickler- und Architekturhandbücher, Leitfäden, sowie Beispiele bewertet.

- **Sicherheit:** Aus der Seite der Sicherheit sind Mechanismen im Framework erwünscht, die die Kommunikation zwischen Agenten vorm Abhören sichern oder die eine stabile Ausführung trotz Angriffe auf einen Agenten ermöglichen. Diese Komponenten sind für eine kommerzielle Entwicklung von größerer Bedeutung.

- **Werkzeuge:** Mit dem Framework werden oft auch Programme mitgeliefert, die den Entwicklungsprozess entlasten, indem sie die Überwachung des Agentenstatus oder der Agentenkommunikation ermöglichen. Fehlersuche und Fehlerbehebung werden dann leichter. Auch Konfigurationswerkzeuge mit graphischer Oberfläche können hier sehr hilfreich sein.

3.2   Agentenkonzept und Grobarchitektur

Um die ermittelten Anforderungen an eine optimale Unterstützung der Koordination der unternehmensübergreifenden Prozesse erfüllen zu können, wird in dieser Arbeit eine Vorgehensweise definiert und ein Enabler-Konzept entwickelt. Das Konzept stellt ein internetbasiertes System dar und ermöglicht die schnelle und einfache Einbindung von Partnern mit ihren heterogenen IT-Systemen. Charakteristisch für den Lösungsansatz ist dessen hohe Flexibilität, mit der die fortlaufenden Veränderungen in einem Netzwerk beherrscht werden können. Der Enabler ist dabei als Hülle zu verstehen, die um die einzelnen heterogenen Systeme gelegt wird. Durch diese Hülle entsteht nach außen eine homogene Plattform, nach innen wird zu jedem System der einzelnen Partner eine XML-basierte Schnittstelle geschaffen.

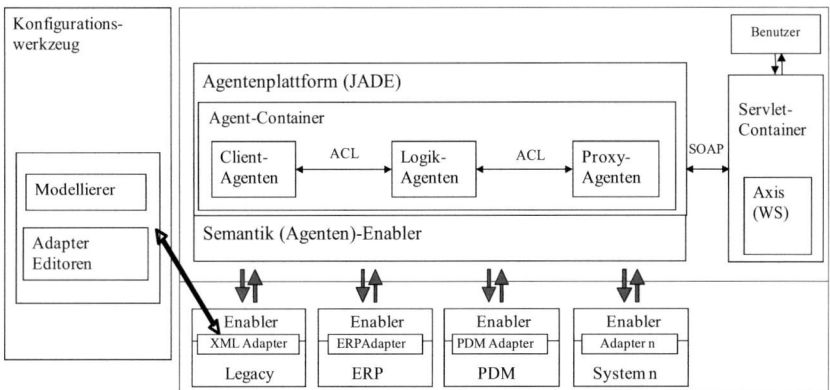

Bild 3-1:   Grobarchitektur des Konzepts

Ein Agentensystem bildet in dieser Arbeit die Kommunikationsgrundlage des Systems. Bei allen Komponenten, die die verteilte Datenhaltung realisieren, handelt es sich deshalb um Agenten. Um was es sich bei einem Agenten handelt, wird im nächsten Abschnitt dargestellt.

Damit ein Agentensystem auch realisiert werden kann, bedarf es einer Plattform, die die technische Grundlage zur Verfügung stellt. Es gibt einige Standards für Agentenplattformen, wobei mit der bekannteste sicherlich der FIPA-Standard ist, welcher auch zur Realisierung dieses Systems genutzt wird.

3.2.1 FIPA-Standard für Agentenplattformen

FIPA steht für Foundation for Intelligent Physical Agents und ist eine Organisation, die Spezifikationen für Agenten entwickelt, um dadurch für Kompatibilität zwischen Agenten oder agentenbasierten Applikationen zu sorgen [FIPA00023, 2002]. FIPA legt unter anderem Standards für Agentenplattformen fest. Die für diese Arbeit relevanten Teile solch einer FIPA-Agentenplattform werden in diesem Abschnitt vorgestellt.

FIPA-Agentenplattform

Eine Agentenplattform ist „eine physikalische Infrastruktur, in der Agenten eingesetzt werden können" [FIPA00023, 2002]. Diese Plattform stellt die softwaretechnische Infrastruktur zur Verfügung, damit ein Einsatz von Agenten möglich ist [Pichler, 2002].

Die grundlegenden Bestandteile einer Agentenplattform sind zuallererst die Maschinen auf denen die Plattform läuft, die Betriebssysteme auf diesen Maschinen und die Software zur Unterstützung der Agenten. Neben diesen Teilen verfügt eine FIPA-Plattform noch über mehrere logische Komponenten. Neben dem eigentlichen Agenten selbst, handelt es sich dabei um so genannte Verwaltungskomponenten (agent management components). Diese sorgen dafür, dass die Agenten untereinander in derselben oder über mehrere Agentenplattformen kommunizieren können.

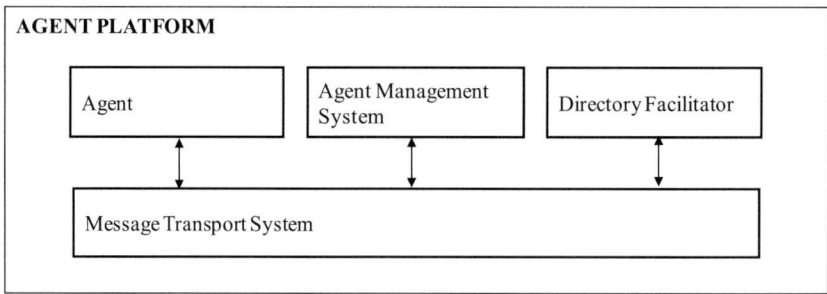

Bild 3-2:   FIPA Referenz-Agentenplattform [FIPA00023, 2002]

Bild 3-2 zeigt die drei Verwaltungskomponenten, die neben den eigentlichen Agenten in der Agentenplattform existieren. Dabei handelt es sich um den Directory Facilitator (DF), das Agent Management System (AMS) und das Message Transport System (MTS).

Directory Facilitator

Der Directory Facilitator (DF) ist eine optionale Komponente in der Agentenplattform, wird aber wegen seiner praktischen Bedeutung fast immer eingesetzt. Beim DF handelt es sich um eine Art „Gelbe Seiten" (eng: yellow pages) für die Agenten. Agenten können sich selbst und Informationen, über die von ihnen angebotenen Dienste, beim DF registrieren. Andere Agenten können dann im Directory nach bestimmten Diensten oder Agenten suchen und erhalten somit die benötigten Adressinformationen. In einer

Agentenplattform können mehrere Directory Facilitator existieren und können sich – falls gewünscht – zu einem großen DF zusammenschließen.

Der DF bietet seine Schnittstelle jedem Agenten an. Startet ein Agent neu, ist ihm die Adresse des DF bekannt. So kann er sich alle Adressen der anderen Agenten besorgen. Der DF kann über jeden Agenten zusätzliche Informationen bereithalten, die bei der Registrierung angegeben wurden. In dieser Architektur hat der DF Informationen über die Ontologien, mit denen ein Agent umgehen kann und über die Dienste, die er anbietet. Man kann also feststellen, ob ein Agent z.B. der Ontology Agent, Broker oder eine Informationsquelle ist. Die Registrierung der Ontologien ist wichtig, damit eine Informationsquelle für eine Anfrage, die in einer bestimmten Ontologie formuliert wurde, gefunden werden kann. Wurden bei einer Anfrage mehrere Ontologien verwendet, muss die Informationsquelle alle diese Ontologien unterstützen, oder die Anfrage muss zerlegt werden und die Informationsquellen einzeln befragt werden. Folgende Schnittstellen werden von DF zu allen Agenten bereitgestellt:

- register (AGENTID[31] *agent*, SET SERVICEDESC[32] *service*, SET ONTOLOGYDESC4 *ontologies*) : BOOL *successful* – Registriert den Agenten mit der Identifizierung agent beim DF. Durch die Angabe des *agent* kann auch ein Agent einen anderen registrieren. Die Dienste, die *agent* zur Verfügung stellt, werden mit *service* beschrieben. Der *agent* kann mit *ontologies* umgehen. Das ist wichtig für die Informationsagenten, weil sie sich mit bestimmten Ontologien anmelden müssen. Diese Ontologien haben aber nichts mit der Ontologie eines Dienstes zu tun. Ob die Registrierung erfolgreich war, wird mit *successful* angezeigt.

- search (SERVICEDESC *service*, SET ONTOLOGYDESC *ontologies*) : SET AGENTID *matchingAgents* – Sucht alle Agenten, die *service* unterstützen und sich mit *ontologies* registriert haben. Dabei kann ein Agent auch mehr Ontologien verstehen, als gefordert, aber nicht weniger. Das Ergebnis der Suche wird als SET von AGENTIDs geliefert.

- deregister (AGENTID *agent*) – Entfernt den Eintrag des Agenten *agent* aus dem DF.

Agent Management System

Das Agent Management System (AMS) ist eine zwingend erforderliche Komponente in einer Agentenplattform und darf pro Plattform nur einmal existieren. Es kümmert

---

[31] AGENTID ist ein eindeutiger Bezeichner für einen Agenten. Er muss eindeutig im Sichtbarkeitsbereich des Agenten sein, d.h. es darf keine zwei Agenten geben, die miteinander kommunizieren könnten und dieselbe AGENTID haben.

[32] In einer SERVICEDESC stehen Informationen, um einen Dienst für einen Interessenten zu beschreiben. Dazu gehört der Dienstname, die Content language, die der Agent bzgl. dieses Dienstes versteht, und eventuell weitere Informationen, wie die Ontologie des Dienstes.

sich um Zugriffe innerhalb der Plattform, sowie um die Kommunikation mit anderen Agentenplattformen.

Jeder Agent, der in der Plattform agieren möchte, muss sich beim AMS registrieren. Dadurch wird ihm ein eindeutiger Identifikator zugeteilt – der so genannte Agent Identifier (AID). Diese AIDs werden vom Management System verwaltet und aus diesem wird das AMS auch als die white-pages des Systems bezeichnet. Eine AID besteht dabei nicht aus einem zufälligen Identifikator, der bei jedem Start des Agenten neu erzeugt wird, sondern aus einem eindeutigen Namen [FIPA00023, 2002]. Dieser Name kann dadurch dem Agenten auch bei mehrmaligem Anmelden in der Agentenplattform erhalten bleiben und ihn eindeutig identifizieren.

Message Transport System

Das Message Transport System (MTS) wird in der Literatur auch oft als Agent Communication Channel (ACC) bezeichnet. Es kümmert sich um den Austausch von Nachrichten zwischen den Agenten derselben Plattform oder zwischen Agenten unterschiedlicher Agentenplattformen. Bei den Nachrichten, die mittels des MTS zwischen den Agenten ausgetauscht werden, handelt es sich um so genannte ACL-Nachrichten, welche im nächsten Abschnitt ausführlicher vorgestellt werden.

3.2.2 Agent Communication Language (ACL)

Agent Communication Language (ACL) ist der Oberbegriff für Sprachen, die es Agenten erlauben, in verteilten Systemen zu kommunizieren, zusammenzuarbeiten und Wissen auszutauschen. Diese Sprachen sind zu unterscheiden von Sprachen wie Java oder Tcl/Tk, die dazu dienen, mobile Agenten zu implementieren. ACL wurde als gemeinsame Sprache für die Kommunikation und den Informationsaustausch zwischen Agenten im Rahmen des ARPA Knowledge Sharing Effort (auch NSF) entwickelt. ACL besteht aus 3 Teilen;

- einem Vokabular (z. B. Ontolingua): großes, nicht-abgeschlossenes Wörterbuch für eine in sich abgeschlossene Anwendungsklasse (Banken/Versicherungen, Autoindustrie, Medizintechnik, Informatik, etc.)

- einer inneren Sprache, sog. Knowledge Interchange Format (KIF): ist eine Präfixversion der Prädikatenlogik, u. a. werden kodiert Zeichen, Zahlen, constraints, Regeln und quantifizierte Ausdrücke

- einer äußeren Sprache, sog. Knowledge Query und Manipulation Language (KQML): Schicht über KIF (u. a. Kontextinformation, Kommunikation)

Die FIPA Agent Communication Language (ACL) unterscheidet zwanzig grundlegende Performative und besitzt eine strikte formale Spezifikation ihrer Semantik [FIPA98c, GUIDE02]. Bei der performative handelt es sich um den einzigen Parameter, der in einer ACL-Nachricht zwingend erforderlich ist. Er gibt die Form des Sprechaktes an, der für die aktuelle Nachricht verwendet wird. Mögliche Werte für performative wären z.B. request, inform, agree, cancel, usw. Alle weiteren Werte von performative sind unter [FIPA00037, 2002] aufgelistet.

Eine ACL-Nachricht besteht dabei aus einer Reihe von Parametern, welche fast alle optional sind und für unterschiedliche Anwendungsbereiche genutzt werden können.

Zur Kommunikation verwenden Agenten gemeinsame Ontologien, damit die Nachrichteninhalte richtig interpretiert werden. Die in dieser Arbeit entwickelten Agenten tauschen untereinander FIPA ACL-Nachrichten aus. FIPA ACL ist sowohl eine Kommunikationssprache als auch eine Ontologie [StSt-04]. Die Ontologie des Anwendungsgebiets ist ebenfalls für eine Agentenkommunikation erforderlich. In dieser Arbeit setzt sich die erforderliche Ontologie aus mehreren von dem WSDL2Agent-Werkzeug generierten Java-Klassen zusammen, die wiederum von den einzelnen Agenten importiert werden.

3.2.3 Agenten-Frameworks

Eine Programmbibliothek mit einem Hauptprogramm, das die globale Steuerung übernimmt, bezeichnet man als Framework. Das Framework ist ein Rahmen, in dem man an bestimmten Stellen seinen Code anhängen kann. Der Benutzercode wird vom Framework aufgerufen statt umgekehrt wie bei einer Bibliothek.

Die Wissenschaft und die Industrie haben in den letzten Jahren das Potenzial von Agenten-Systemen erkannt und so ist eine ganze Reihe an Agenten-Frameworks entstanden. Heute beträgt die Anzahl der dieser Lösungen etwa über 100. Viele von ihnen wurden im Rahmen kurzer Forschungsprogramme realisiert, deren Entwicklung nach nur einigen Jahren aufgehört hat. In [NDHB-02] und [AGKS-01] sind einige Untersuchungen zu finden, die die wichtigen Agenten-Plattformen hervorheben. Diese Lösungen sind ausgereift und erfreuen sich großer Akzeptanz, mit Unterstützung von Multi-Agenten Systemen.

Im Weiteren werden bereits existierende Agenten-Frameworks skizziert, die zum Teil recht unterschiedlich in der Anwendung und im Aufbau sind. Diese Frameworks wurden auch auf ihre Anwendbarkeit für diese Arbeit untersucht.

JADE[33]: JADE (**J**ava **A**gent **DE**velopment Framework) ist heute ein weit benutztes FIPA-konformes Framework. Entwickelt von TILab, der Forschungs- und Entwicklungsabteilung bei der Telekom Italia, wurde JADE im Jahre 2000 als Open-Source unter LGPL veröffentlicht. Das Framework wurde voll in Java implementiert, mit dem Hauptziel, unterschiedliche Multiagentensysteme und Peer-to-Peer Netze zu unterstützen. Die letzte Version ist im Juli 2004 veröffentlicht worden. Viele feine Features wie ACL und XML Meldungsformate und Protokolle wie RMI, IIOP und HTTP wurden unterstützt. JADE beinhaltet sehr funktionelle Werkzeuge mit grafischer Oberfläche

---

[33] http://jade.tlab.com

für Monitoring der Kommunikation zwischen den Agenten und Überwachung von Registern.

Grasshopper[34]: Diese Plattform wurde von IKV^{++} Technologies AG Deutschland entwickelt. In vielen Untersuchungen ist dieser Agent favorisiert. Die letzte Version wurde Ende 2003 veröffentlicht. Die Lizenz erlaubt eine freie Nutzung für nicht-kommerzielle Zwecke. Unterstützt sind die beiden Standards wie FIPA und OMG MASIF sowie auch das ACL Meldungsformat. Das Meldungstransportsystem ermöglicht synchrone und asynchrone Kommunikation sowie Multicasting über verschiedene Protokolle wie Sockets, RMI oder IIOP. Aus Sicherheitsgründen wurden SSL und X.509 Zertifikate bei der Kommunikation benutzt sowie Java Security Manager für hostinterne Ressourcen. Hilfreich waren während der Entwicklung und des Debugging die verschiedenen GUIs.

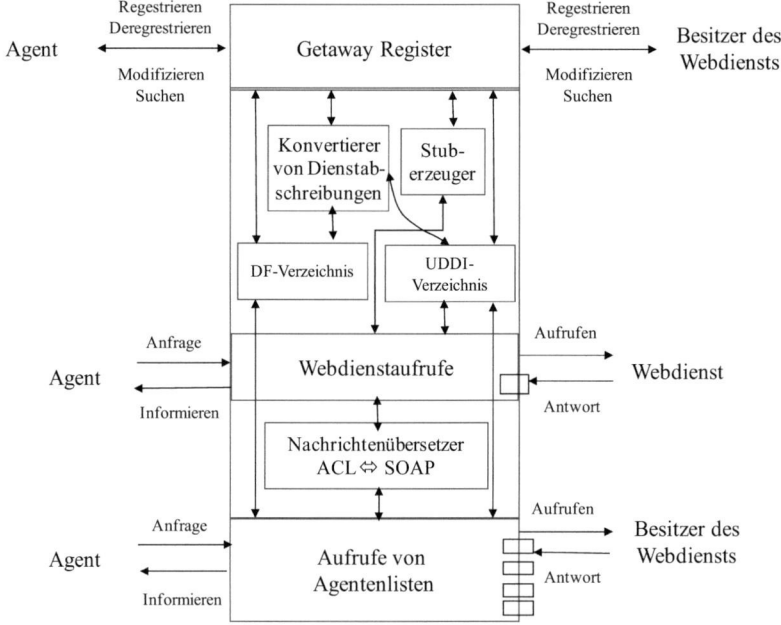

Bild 3-3:   Jade Agentenplattform

COUGAAR[35]: COUGAAR (**COG**nitive **A**gent **AR**chitecture) ist ein fünfjähriges DARPA Programm, ausgerichtet für die Entwicklung innovativer Ansätze im Bereich der Militärlogistik. Das Projekt wurde von BBN realisiert, einer Firma, die bekannt

---

34 http://www.grasshopper.de

35 http://www.cougaar.org

wurde durch ihre Entwicklungen wie ARPANET (das Internet-Vorläufer), einem ersten Router und dem ersten Mail-System. Wegen der hohen Anforderungen des Militärs, kann COUGAAR bis 5 Mio. Knoten unterstützen. Eine weitere Stärke ist die Dekomposition und die Komposition von hierarchischen Aufträgen sowie eine schnelle und dynamische Planung. Als Nachteil ist zu nennen, das COUGAAR nicht FIPA kompatibel ist, da er Java-Serialization aufruft anstatt ACL Meldungen zu benutzen. Seine Stärke liegt in der Skalierbarkeit und Modularität. Die letzte Version 11.2 wurde im Juli 2004 aktualisiert. RMI, IIOP, SMTP und UDP sind zurzeit unterstützt. SSL und X.509 sind auch integriert. Nachdem COUGAAR als Open-Source veröffentlich wurde, entwickelte DARPA COUGAAR unter dem Namen Ultra*Log weiter, um seine Sicherheit, Robustheit und Skalierbarkeit noch zu verbessern.

AGLETS[36]: AGLETS ist eine der ersten Java-basierten Agent Plattformen. Ursprünglich lag die Framework-Entwicklung von Tokyo Research Laboratory (TRL) bei IBM, das später an die Open-Source Gesellschaft für weitere Entwicklungen abgegeben wurde. Letzte Version steht seit Februar 2002, aber die Dokumentation wurde im September 2004 aktualisiert. Eine Komponente, Tahiti Server, sorgt für die Ausführung, Sicherheit und Migration von Agents. Diese Agent Plattform ist MASIF kompatibel und benutzt einen eigenen Meldungsstandard. Durch Tahiti GUI ist Monitoring während der Laufzeit möglich. AGLETS wurde unter „IBM Public Licence" veröffentlicht.

ABLE[37]: ABLE (Agent Building and Learning Environment) ist ein neueres Framework von IBM, mit dem Ziel, Maschinenlernen zu erleichtern. Implementiert sind boolesche und Fuzzy-Logik, Entscheidungsbäume und neuronale Netze. Der Agent ist bestens geeignet für die Entwicklung selbstlernender Roboter. IBM fordert Lizenz für die Benutzung von ABLE.

SeMoA[38]: SeMoA ist Abkürzung von "Secure Mobile Agents"), realisiert von der Fraunhofer Gesellschaft. Der Fokus bei der Entwicklung sind alle Aspekte der Sicherheit von mobilen Agenten, darunter auch böswillige Angriffe. Das Hauptziel ist maximaler Schutz, Datendiebstahl, Trojanisches Pferd, Denial of Service und Nuke Angriffe. Da es ganz auf JDK 1.3 basiert ist, sind trotzdem einige Angriffe wie Speicherausschöpfung möglich. Agenten können verschiedenen Hostmaschinen wechseln. Lizenzierung erfolgt unter veränderter Version von LGPL.

Auswahl der Agentenplattform

Nach vielen Untersuchungen ([NDHB-02], [AGKS-01]) sind JADE, Grasshopper und Aglets sind reif genug und unterstützen zusätzlich die FIPA Standards für Agentenkommunikation. Von allen drei Frameworks ist nur schwer eine Auswahl zu treffen.

---

36 http://aglets.sourceforge.net

37 http://alphaworks.ibm.com/tech/able

38 http://www.semoa.org

Da aber sowohl von Grasshopper als auch von Aglet seit mehr als einem Jahr keine neuen Versionen veröffentlicht wurden, fällt die Entscheidung auf JADE. JADE wird aktiv weiterentwickelt und von einer großen Nutzer-Gemeinde unterstützt.

Obwohl Agenten-Plattform „COUGAAR" nicht FIPA konform ist, besitzt er viele Eigenschaften, durch die er den besten Agenten-Frameworks zugeordnet wird. COUGAAR Kommunikationssystem ist leicht durch ein FIPA-konformes System ersetzbar. Im Folgenden wird ein Vergleich zwischen COUGAAR und JADE nach [HeTW-03] gegeben.

Eigenschaft	COUGAAR	JADE
Kommunikation	Java Serialization	FIPA-konforme ACL und XML formatierte Meldungen (V)
Threading	Mehrere Threads pro Agent, mehrere Instanzen der Komponenten möglich (V)	Ein Thread pro Agent (N)
Debugging Tools	Keine (N)	Sehr gute graphische Werkzeuge zur Überwachung von Meldungsaustausch (V)
Dokumentation	Ausreichend	Sehr gut (V)
Protokolle	RMI, IIOP, SMTP, UDP	RMI, IIOP und http
Sicherheit	SSL, X.509	SSL, X.509
Entwicklung	Standard-Agent erweitert durch Plugins (V)	Ableiten von der Klasse Agent und füllen der virtuellen Funktionen und Call-Back-Stellen(V)
Geschwindigkeit	Sehr schnell (V)	Gering (N)
Knotenanzahl	Bis 5 Mio (V)	Nur wenige (N)
Extras	UDDI, Hierarchisierung von Agentengruppen (V)	Directory Facilitator (V)
Web-Service	Gut	Sehr gut (V)

Tabelle 3-1 Die Unterschiede zwischen COUGAAR und JADE

In erster Linie ist COUGAAR speziell entworfen worden, um höhere Leistung und Skalierbarkeit zu erreichen, während für JADE dies nicht so relevant ist. COUGAAR integriert komplexe gemeinsam benutzte Thread-Pool mit Ressourcenmonitoring und Ressourcenvergabe, während JADE jedem Agenten genau einen Thread vergibt.

Wegen der Performanz sind in COUGAARs Architektur keine Monitoring-Werkzeuge einsetzbar. Stattdessen sind HTTP basierte konfigurierbare Servlets, die mögliche Benutzerschnittstellen realisieren. JADE beinhaltet sehr bequeme anwenderfreundliche Werkzeuge für Monitoring. Das macht COUGAAR gerade bei vielen Entwicklern und Anfängern nicht beliebt. Der andere Vorteil bei JADE ist das Kommunizieren mit

ACL formatierten Meldungen, wobei bei COUGAAR die zu transportierenden Klassen durch Java-Serialization verpackt werden.

Bei JADE und allen anderen Frameworks muss der Programmierer ein Agent-Klass vererben und deren Funktionen und Rückfragestellen füllen. Statt eines Skeletons zum Auffüllen liefert COUGAAR einen standardisierten voll funktionierenden Agent. Die Programmteile werden in Form von Plugins in den Agent eingebaut, wobei die Kommunikation durch das schwarze Brett (*Blackboard*) erfolgt. Bei dieser Architektur ist eine Vereinigung mehrerer Agenten oder die Trennung eines Agenten sehr leicht. Der Entwickler muss die relevanten Plugins trennen bzw. einfügen.

In der unteren Tabelle sind die Unterschiede kurz gefasst. Dort steht (V) – für Vorteil und (N) für Nachteil, einige Eigenschaften können nicht bewertet werden. Hier ist z.B.: Java Serialization nicht unbedingt ein Nachteil, da diese die Performanz erhöht.

JADE unterscheidet sich bei der Unterstützung von Web-Service-Integration in seine Plattform. Es gibt ausgereifte Werkzeuge wie z.B.: WSDL2Agent[39], mit deren Hilfe einzelne Web-Services für Agenten-Kommunikation aufbereitet werden können. WSDL2Agent wird auch in dieser Arbeit genutzt. Aus diesem entscheidendem Grund wird für die Implementierung JADE verwendet.

3.2.4 JADE - Java Agent Development Framework

JADE steht für Java Agent Development Framework und ist ein Open-Source Framework, welches den im letzten Kapitel beschriebenen FIPA-Standard für Multiagentensysteme umsetzt [Bell-03]. JADE wird in dieser Arbeit als Agenten-Framework eingesetzt und wird deshalb im Folgenden kurz vorgestellt.

JADE besteht aus zwei Teilen: der FIPA-konformen Agentenplattform und einem Paket zum Entwickeln von Java-Agenten für diese Plattform. JADE erlaubt es, die Agentenplattform über mehrere Hosts aufzuteilen, wobei auf jedem Host nur eine Java Virtual Machine (JVM) zum Betreiben von mehreren Agenten notwendig ist. Alle Agenten und auch die Verwaltungskomponenten (DF, AMS) befinden sich dabei in so genannten Containern. Es existiert dabei auf mindestens einem Host ein main-container, der die Verwaltungskomponenten und zusätzlich eine RMI-Registry – für den internen Gebrauch von JADE – enthält. Agenten hingegen werden in agent-containern betrieben, welche über den main-container in die Plattform integriert werden. Das Bild 3-4 zeigt eine Beispielverteilung der Agentenplattform über mehrere Hosts.

Ein Vorteil für die Entwicklung von Agenten unter zu Hilfenahme von JADE ist, dass JADE mit einigen Hilfsprogrammen (Remote Management Agent (RMA), Dummy Agent und Sniffer-Agent) ausgestattet ist, die die Entwicklung vereinfachen bzw. unterstützen.

---

39 WSDL2Agent: http://sas.ilab.sztaki.hu:8080/wsdl2agent/index.html

Der Remote Management Agent (RMA) ist, wie die Bezeichnung schon vermuten lässt, selbst ein Agent, der in der JADE-Plattform ausgeführt wird. Er bietet die Möglichkeit, schnell und einfach neue Agenten zu starten oder laufende Agenten zu beenden. Zudem kann der RMA ACL-Nachrichten an Agenten senden, die sich in der Plattform befinden und es können alle anderen Hilfsprogramme aus dem RMA heraus gestartet werden.

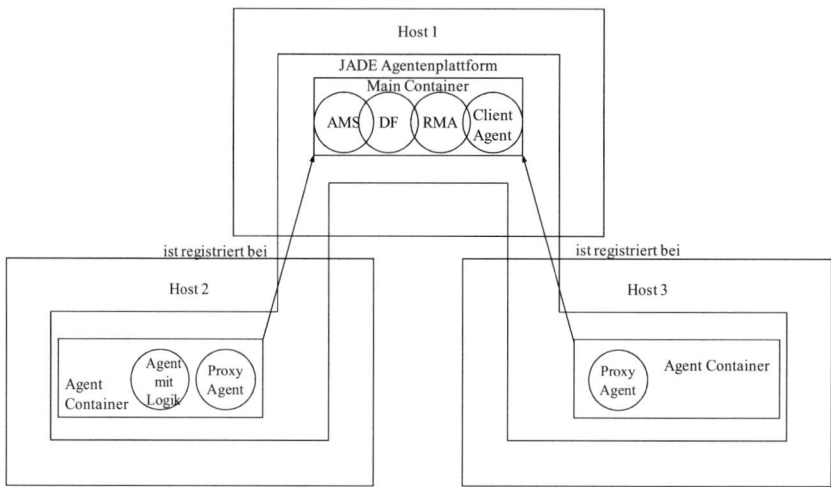

Bild 3-4:   JADE-Agentenplattform

Der Dummy-Agent (DA) ist für das Testen von Agenten sinnvoll. So können ACL-Nachrichten an Agenten gesendet und deren Antworten und die Nachricht selbst im Detail betrachtet werden. Dieses ist vor allem für Debugging-Zwecke praktisch, um zu überprüfen, ob ein Agent richtig auf die jeweiligen ACL-Nachrichten reagiert.

Der Sniffer-Agent ist für die Überwachung der Kommunikation zwischen mehreren Agenten gedacht. Es können die ausgetauschten Nachrichten – ähnlich wie in einem UML-Sequenzdiagramm – angezeigt werden und auch hier kann auf jede Nachricht einzeln zugegriffen und mit dazugehörigen Parametern betrachtet werden.

Agenten können sich auf dieser Plattform bewegen und sich klonen. Mit einer Reihe von Werkzeugen können die Agenten und insbesondere deren Kommunikation überwacht werden. Der Nachrichtenaustausch zwischen den Agenten wird von der Plattform übernommen, die dafür den besten Übertragungsweg selbständig auswählt. Die Kommunikation zu anderen JADE-Plattformen und anderen FIPA-konformen Plattformen geschieht über gängige Protokolle wie z.B.: IIOP.

Für die Entwicklung von Agenten werden vorgefertigte Agenten-Funktionalitäten bereitgestellt. Diese reichen vom Nachrichtenaustausch zwischen den Agenten, Kommunikation mit White-Page- und Yellow-Page-Diensten bis zum Umgang mit Ontologien und dem Bewegen und Klonen von Agenten.

3.3 Kommunikationskonzept und Feinarchitektur

Die Integration kann auf verschiedenen Ebenen von Informationssystemen vollzogen werden (Präsentation, Applikation, Daten). Die Architektur lässt sich ebenfalls auf verschiedenen Ebenen und aus unterschiedlichen Perspektiven betrachten. Diese Ebenen untersuchen bsp. wie die Wertschöpfung (Produkte und Dienstleistungen) zwischen den Beteiligten zu Stande kommt und beleuchten die betrieblichen Abläufe oder aber beschreiben wie diese Abläufe durch das Informationssystem unterstützt werden.

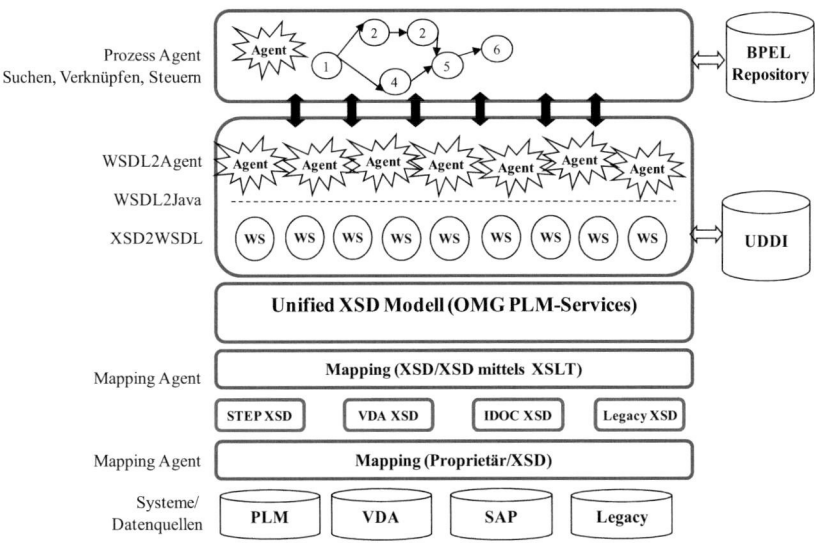

Bild 3-5:   Fein-Architektur des Konzepts

Die in dieser Arbeit entwickelten Komponenten bzw. verschiedenen Adaptoren bilden dabei eine Verbindung zwischen den unterschiedlichen IT-Systemen auf der einen Seite und dem universellen Objektmodellmodell auf der anderen Seite. Das Hauptziel bei der Umsetzung des Konzeptes liegt vor allem in der Konfigurierbarkeit der Adapter als Teil der Schnittstelle zu den jeweiligen IT-Systemen. Ebenfalls großen Wert wird auf die Verwendung von modernen, internationalen Standards gelegt. Im Folgenden wird auf die einzelnen für diese Arbeit relevanten Schichten näher eingegangen.

Um eine höchstmögliche Flexibilität bei der bei der Anbindung der verschieden IT-Systeme zu erreichen wurde in dieser Arbeit ein Konzept entwickelt das die Kommunikation über zwei Wege ermöglicht, nämlich dateibasiert oder durch direkten Zugriff. So ist es auf der Seite der Fremdsysteme möglich je nach verwendetem Adapter über eine SQL-Adapter direkt lesend bzw. schreibend auf die Daten des jeweilige System zuzugreifen. Das Hauptziel bei der Umsetzung des Konzeptes lag vor allem in der Konfigurierbarkeit der Adapter als Teil der Schnittstelle zu den jeweiligen IT-Systemen. Ebenfalls großen Wert wurde auf die Verwendung von modernen, internationalen Standards gelegt.

Die zweite Möglichkeit der des Zugriffs besteht in der Verwendung der aus den IT-Systemen zur Verfügung gestellten Dateiaustauschformate. Der entsprechende Adapter kann dies systemspezifischen Formate lesen bzw. schreiben und für die weitere Verarbeitung umsetzten.

Im Fall der dateibasierten Kommunikation werden die Daten als Email versendet, und bei der direkten Übertragung wird zur Übertragung der XML-Daten SOAP als standardisiertes XML-basiertes Protokoll verwendet (SOAP = Simple Object Access Protocol).

Dieses Kommunikationskonzept wird mittels der in Bild 3-4 dargestellten Architektur umgesetzt, wodurch um die jeweiligen Systeme eine nach außen einheitliche Hülle erzeugt wird.

3.3.1 Systeme und Datenquellen

In dieser Schicht müssen es die Anwendungen und darin abgebildeten Funktionen identifiziert werden, welche als Service von einer Reihe von Konsumenten, auch in unterschiedlichen Kontexten, in Anspruch genommen werden könnten. Um auf fachlicher Ebene die Hauptobjekte und Domänen des eigenen Unternehmens zu identifizieren und entsprechende Funktionen herauszuarbeiten ist es empfehlenswert die objektorientierte Analyse (OOA) zu nutzen.

Umfassende Eigenentwicklungen erfolgen häufig in mehreren Phasen. Zunächst erhält die vorhandene Software-Funktionalität Service-orientierte Schnittstellen durch Web-Services. Um das System besser warten zu können, folgt im zweiten Schritt seine Entflechtung, bei der die Module hinter den Interfaces optimiert werden. Entstehen dabei lose gekoppelte, unabhängig nutzbare und der Komplexität her beherrschbare Subsysteme, können diese oder Teile von ihnen in Reengineering-Projekten auf neue Plattformen migriert werden.

So kann beispielsweise ein Logistik-Unternehmen sich überlegen, dass der eigene Adressbestand in einem anderen Kontext auch für seine Kunden wertvoll ist. Die Prüfung von Adressen ist ein Service mit hohem Nutzwert für Unternehmen, welches Kundendaten elektronisch verwaltet. Die stetige Prüfung und Aktualisierung des Adressbestands ist mit hohem Aufwand verbunden. Die Adressprüfung kann daher als Produkt in Form eines Web-Services angeboten werden. Interaktionen mit den Services sollten über ein möglichst weit verbreitetes Protokoll sowie Standardmechanismen für Identifikation, Authentifikation und Autorisation abbildbar sein. Eine Schnittstelle könnte sich beispielsweise aus dem Objekt „Adresse" ergeben, die als Methoden „suchen", „blättern", „ansehen" und „prüfen" anbietet.

Von Alt-Anwendungen zu Web-Services-Anwendungen

In diesem Fall muss zunächst einen tieferen Einblick in Struktur und Zustand des Systems verschafft werden. Dabei helfen verschiedene Werkzeuge für Anwendungsanalyse von Anbietern. Diese Werkzeuge erlauben eine Inventarisierung und automatisieren grundlegende Aufräumarbeiten. Oft zeigt sich dann bei einer genaueren Analyse der Altsysteme, dass nur 20 bis 25 Prozent des alten Codes aus fachlicher Sicht tatsächlich relevant sind. Der Rest sind Infrastruktur-Code oder Pseudo-Fachlogik, die sich nur mit der Verwaltung von Inkonsistenzen beschäftigt, die alte Batch-Architekturen aufweisen.

Der Transformationsansatz versucht, die fachlich relevanten Teile des Altsystems so weit wie möglich in das neue System zu übertragen. Fachlich unwichtiger und proprietärer Legacy-Infrastrukturcode sollte hingegen nicht auf eine moderne SOA-Plattform überführt werden, da diese die meisten Infrastrukturfunktionen standardmäßig bereits enthält. Ferner sollte bisherige Pseudo-Fachlogik nicht mehr genutzt werden, da in einer SOA die Anwendungskomponenten in Echtzeit interagieren. Zwar werden Batch-Anwendungen auch in einer SOA vorkommen, allerdings wesentlich seltener als in der alten Welt und dann in erster Linie aus fachlichen Gründen, beispielsweise für den Jahresabschluss, jährliche Beitragsanpassung oder monatliches Reporting.

Bietet das Altsystem gegenüber einer modernen Standardlösung keine wesentlichen Vorteile, so ist die Migration sicher eine sinnvolle Alternative. Ist hingegen keine Standardlösung verfügbar, die den Anforderungen genügt, kommen eine Neuentwicklung beziehungsweise Reengineering in Frage. Allerdings wird bei der Neuentwicklung oft zu viel angestrebt, was häufig zum Scheitern führt. Im Gegensatz dazu hat ein Reengineering den Vorteil, dass es sich sowohl beim Scope als auch bei den konkreten Funktionen sehr nahe am Altsystem orientiert und aus diesem die fachlich wertvollen Elemente auf das neue System transformiert.

Welche Optionen für den Umgang mit Altsystemen die richtige ist, hängt von zahlreichen Faktoren ab. In Zukunft wird man daher in Unternehmen häufig Kombinationen dieser Ansätze sehen. Beispielsweise kann ein Unternehmen entscheiden, diejenigen Teilsysteme durch Standardsoftware zu ersetzen, mit denen es sich gegenüber dem Wettbewerb nicht differenzieren kann, während strategische Teilsysteme mittels Legacy-to-SOA auf die neue Zielplattform migriert werden.

Model Driven Architecture

Nachdem die fachlich relevanten Teile des Altsystems identifiziert wurden, stellt sich die Frage, wie diese am effizientesten in eine SOA transformiert werden können. Hierzu bietet sich ein modellgetriebener Ansatz wie die Model Driven Architecture (MDA) an. Sie ist ein geeignetes Werkzeug für die Modernisierung, da sie das automatische

Mapping zwischen den Modellebenen unterstützt sowie Modelle auf Technologieplatt-formen wie beispielsweise GUI-Frameworks, Applikations-Server, Datenbanken und BPM-Engines abbilden kann. Dieses ist insbesondere wichtig, da sich so die semantische Interpretation der fachlichen Modellelemente in der SOA optimal steuern lässt. "MDA Architecture Blueprints" geben außerdem dem Entwickler genauere Vorgaben, schaffen Orientierungspunkte für Projekt-Manager und erhöhen das gemeinsame Verständnis aller Projektparteien.

Veröffentlichung von Web Services

Um einen Dienst zu veröffentlichen, nimmt man eine Funktion, die bsp. in einem ERP-System, einer Altanwendung, einer Java-Komponente oder einer „Microsoft .Net"-Komponente bereits vorhanden ist. Diese stellt man über das Netzwerk bereit, so dass sie sich leicht in Anwendungen integrieren lässt. Zu den Standards für Web Services zählen ein standardisiertes Vorgehen, bei dem die Schnittstelle zu einem Dienst beschrieben wird (WSDL), sowie ein Datenmodell (XML und XML Schema). Diese sind flexibel genug, um praktisch jedes Protokoll zu unterstützen. Man kann sich einen veröffentlichten Web Service als Baustein vorstellen, der eine XML-Anfrage erhält, diese verarbeitet und XML-Antworten generiert. Die Einzelheiten der Dienstschnittstelle werden mit Hilfe einer WSDL-Datei definiert. Der eigentliche Transport und der Nachrichtenaustausch lassen sich über gängige Protokolle wie HTTP, JMS, JCA, Java und SMTP realisieren.

Jeder, der einen Web-Service erstellen will muss sich zunächst über den Geschäftsprozess und eventuell vorhandene betriebswirtschaftliche Standardfunktionalität im Klaren sein. Auf Basis der Standardschnittstellen einer Anwendung lässt sich jegliche eigenständige, modularisierte Funktionalität, die als Enterprise JavaBean (Session Bean) oder als Java-Klasse implementiert ist, auch als Web-Service bereitstellen.

Werkzeuge als Hilfsassistenten zum Erstellen von Web-Services

Verschiedene Werkzeuge wie z.B.: das SAP NetWeaver Developer Studio bieten mehrere Optionen zur Erstellung eines Web-Services. Zum einen handelt es sich um einen schnellen Ansatz auf der Basis eines Assistenten. Der andere Ansatz ist aufwändiger, ermöglicht es jedoch, komplexere Web-Services für individuelle Anforderungen zu erstellen. Die beiden Ansätze schließen sich nicht notwendigerweise aus. Web-Services lassen sich beispielsweise mit Hilfe des Assistenten schnell erstellen, jedoch später mit dem erweiterten Ansatz ausbauen und optimieren.

Sobald ein Prozess und eine Schnittstelle identifiziert sind, die zur Verfügung gestellt werden sollen, besteht die einfachste Möglichkeit für den Einstieg darin, dass ein Werkzeug wie z.B.: SAP NetWeaver Developer Studio und den Assistenten zur Erstellung von Web-Services zu nutzen. Mit diesem Assistenten ist die Konfiguration eines Web-Service ein hochgradig automatisierter Vorgang, basierend auf vordefinierten Konfigurationsprofilen, die von SAP entwickelt wurden und Einstellungen zusammenfassen, die in typischen Web-Service-Szenarien verwendet werden. Mit Hilfe solcher

Assistenten ist auch ein Java-Entwickler, der weniger Erfahrung mit den technischen Details von Web-Services hat, dazu in der Lage, einen solchen Service zu erstellen, indem er sich einfach durch die drei Schritte des Assistenten klickt. Im Hintergrund werden alle benötigten Objekte generiert.

Manchmal jedoch müssen die Einfachheit und Geschwindigkeit einer Entwicklung hinter komplexeren Prozessen zurückstehen, mit denen spezielle Anforderungen erfüllt werden sollen. In diesem Fall ist ein aus fünf Schritten bestehender Prozess zur Bereitstellung einer Anwendung als Web-Service der richtige Weg.

Implementierung der Geschäftslogik: Wer eine Java-Klasse oder Enterprise Session Bean implementieren kann, ist auch dazu in der Lage, die Geschäftslogik für einen Web-Service zu implementieren. Dabei ist hinsichtlich des Web-Services nichts speziell zu beachten – es handelt sich lediglich um die Implementierung einer Java-Klasse oder die Anwendung des Enterprise-Session-Bean-Modells. Beide Ansätze lassen sich zur Erstellung von Web-Services verwenden und werden von den Java- oder J2EE-Perspektiven beispielsweise im SAP NetWeaver Developer Studio unterstützt.

Definition der virtuellen Schnittstelle: Die virtuelle Schnittstelle ist die Schnittstelle, die der Web-Service für die Clients bereitstellt. Die virtuelle Schnittstelle wird von der "eigentlichen", ursprünglichen Schnittstelle der Anwendung abstrahiert. Standard für die virtuelle Schnittstelle ist eine 1:1-Abbildung zwischen der ursprünglichen, implementierten Schnittstelle und derjenigen Schnittstelle, die für den Client bereitgestellt wird. Der Anwender hat die Möglichkeit, diese Standardschnittstelle seinen Anforderungen anpassen. Dazu steht ihm beispielsweise im SAP NetWeaver Developer Studio ein VI-Editor mit folgenden Möglichkeiten zur Verfügung:

- Umbenennen von Methoden und Parametern,

- verbergen von Methoden oder Parametern,

- bereitstellen von Standardwerten für Parameter,

- festlegen, ob Parameter in der SOAP-Nachricht als Attribute oder Elemente behandelt werden sollen,

- ändern von Namensräumen und

- Zuordnung der elementaren Datentypen gemäß der Java-Standards.

Ausgehend von der ursprünglichen, implementierten Schnittstelle lassen sich also auf einfache Weise eine beliebige Anzahl von Sichten definieren, um für die Clients der Web-Services individuell angepasste, plattformunabhängige Schnittstellen zur Verfügung zu stellen.

Erstellen der Definition des Web-Service: Auf Basis der virtuellen Schnittstelle erstellt der Entwickler unter Verwendung eines Assistenten eine Web-Service-Definition. Dieser Schritt legt das Verhalten des Web-Service auf einer allgemeinen

Ebene fest. In diesem Schritt werden – unterstützt durch einen Editor – Session Handling, Authentifizierung, Berechtigung und Transport definiert.

Einrichten der Konfiguration des Web-Service: In einer Systemlandschaft können verschiedene Anwendungsserver über verschiedene technische Möglichkeiten verfügen. In diesem Schritt werden die allgemeinen Funktionen, die in Schritt 3 definiert wurden, den tatsächlichen technischen Fähigkeiten des Servers zugeordnet. Wenn also der Entwickler in Schritt 3 vorgegeben hat, dass dieser Web-Service eine zustandsbehaftete Kommunikation erfordert, legt das IT-Team in dieser Phase fest, ob dies über HTTP-Cookies oder URL-Erweiterungen umgesetzt werden soll.

Bereitstellen des Web-Service: Java-Entwickler werden erfreut sein, dass bei der Bereitstellung keine Aufgaben anfallen, die für Web-Services spezifisch sind. Die Deployment-Prozesse sind in viele Hilfswerkzeuge integriert, die gesamte Konfiguration für die Bereitstellung wird transparent im Hintergrund abgewickelt.

Für jeden neu erstellten und installierten Web-Service, der getestet werden soll, wird automatisch eine Web-Service-Homepage erstellt und bereitgestellt. Über eine browserbasierte Schnittstelle führt die Homepage die komplette Dokumentation zusammen, zeigt die zugehörigen WSDL-Dateien an, ermöglicht es, Client-Proxies zu generieren und bietet Testmöglichkeiten an. Dadurch lässt sich jeder Web-Service überprüfen, ohne dass zusätzliches Coding zur Implementierung eines Test-Client erforderlich ist. Die Homepage wird durch eine vollständige Statusübersicht komplettiert, die bestimmte Features wie etwa den Status des UDDI-Publishing anzeigt.

Web-Services auf der Client-Seite

Werkzeuge unterstützt es nicht nur, Web-Services auf der Server-Seite zu erstellen, sondern sie sind auch dazu in der Lage, Web-Services als Web-Service-Client aufzurufen. Vier wesentliche Schritte sind erforderlich, um eine Web-Service-Anwendung auf Client-Seite auszuführen:

- Abrufen der Beschreibung des Web-Service: Eine standardkonforme Web-Service-Beschreibung ist Ausgangspunkt zur Implementierung einer Client-Anwendung. Um einen geeigneten Web-Service zu finden, muss entweder das UDDI mit dem integrierten Web-Services-Suchwerkzeug durchforstet oder die eigene WSDL-Beschreibung manuell hinzugefügt werden.

- Generieren eines Web-Service-Proxy: Ein Web-Services-Client-Proxy wird mit einer gültigen WSDL-Datei als Eingabedatei generiert. Der Proxy ermöglicht es dem Anwendungsentwickler, sich auf die betriebswirtschaftliche Funktionalität zu konzentrieren, während technische Aspekte wie die Erstellung einer gültigen SOAP-Nachricht automatisch von der Proxy-Implementierung übernommen werden.

- Implementieren der Client-Anwendung: Verschiedene Implementierungstypen können den generierten Web-Service-Proxy verwenden. Je nach Anforderungen des Projekts werden Enterprise JavaBeans, Java-Klassen oder Java Server Pages ausgewählt. Unabhängig von der Auswahl orientiert sich die Implementierung der Client-Funktionalität am standardisierten und allgemein akzeptierten Web-Service-Programmiermodell.

- Deployment der Anwendung: Abschließend muss der Web-Service bereitgestellt werden.

Mit der Weiterentwicklung der Web-Services werden neue Standards die Sicherheit weiter verbessern, einen komplexeren Datenaustausch zwischen mehreren Web-Services unterstützen und zu einer weiteren Standardisierung von Geschäftsbelegen und -prozessen führen. Dies fördert die allgemeine Verbreitung von Web-Services und stellt die kontinuierliche Weiterentwicklung der unterstützenden Technologien sicher.

3.3.2 Adapter- und Transformationsschicht (Mapping)

Trotz der deutlichen Fortschritte bei den XML-Standardisierungsbemühungen lässt es sich nicht vermeiden, dass die an einem Geschäftsprozess beteiligten Partner unterschiedliche XML-Dokumente einsetzen möchten. Gerade auch die extreme Heterogenität der IT-Landschaften führt zur Notwendigkeit, beim Austausch von Nachrichten unterschiedliche Formate ineinander zu transformieren (Mapping). Dieser Problematik wurde bisher weitgehend mit proprietären Lösungen begegnet. Dies behindert aber den Einsatz der bereits definierten Mappings auf unterschiedlichen Plattformen. eXtended Stylesheet Language Transformation (XSLT), ein durch das World Wide Web Consortium (W3C) definierter Standard, trägt zur generischen Lösung des Problems bei. Dabei wird auf Basis einer XML-Sprache ein sogenanntes Stylesheet definiert. Dieses enthält die Beschreibung der vorzunehmenden Transformationen. Eine XSLT Engine ist nun in der Lage, die im Stylesheet beschriebenen Transformationen auf ein XML-Dokument anzuwenden. Somit ist nur die Implementierung der XSLT Engine an die Plattform gebunden. Die Stylesheets können von jeder XSLT Engine prozessiert werden, solange sie der XSLT-Spezifikation entsprechen.

Die Mapping-Engine transformiert das systemspezifische XML-Format in das universelle XML-Format und umgekehrt vom universellen XML-Format in das systemspezifische XML-Format. Die Regeln dieses Mappings wird durch die standardisiert Formatierungssprache XSLT (extensible Stylesheet Language Transformation), die speziell für die Transformation von XML nach XML entwickelt wurde, festgelegt. Diese beiden Schichten bilden zusammen den Adapter für das jeweilige System.

Die Konfiguration des Adapters wird über die Festlegung dieser Transformationsregeln realisiert, wofür ein beliebiges Konfigurationswerkzeug eingesetzt werden kann. Die so erzeugten Regeln werden in einem Repository gespeichert, auf welches der Adapter im Betrieb zugreift.

Die oberste Schicht der Architektur wird durch den Enabler gebildet, der das universelle Modell in ein Java-Objektmodell überführt, auf welches die Basis für verschiedenste Applikationen bilden kann. Der softwaretechnische Ablauf in den jeweiligen Schichten wird durch die so genannte Workflow-Engine gesteuert, die als übergeordnete Kontrollinstanz des jeweiligen Prozesses fungiert.

Aufgrund der Komplexität des universellen Objektmodells wurden für die prototypische Implementierung der Adapter zunächst nur Teilbereiche implementiert. Basierend auf Teilbereiche.

3.3.3 Java Connector Architecture (JCA)

Ein Datenaustausch über Unternehmensgrenzen hinweg erfordert häufig eine manuelle Nachbearbeitung der übermittelten Informationen, wodurch die elektronische Dokumentenkette unterbrochen wird. Exemplarisch sei hier eine ausgedruckte eMail-Bestellung genannt, die von einem Mitarbeiter von Hand eingegeben wird. Ein solches Verfahren ist nicht nur zeit- und kostenintensiv, sondern auch fehleranfällig. Eine Integration der einzelnen Systeme scheidet oft aufgrund uneinheitlicher Standards und inkompatibler Schnittstellen der beteiligten Komponenten aus.

In Adapterschicht handelt sich um eine Software, die in der Lage ist, den Austausch von Dokumenten und Nachrichten unterschiedlicher Formate zwischen verschiedenen Systemen zu ermöglichen. Eingehende Dokumente werden mittels eines Konnektors bzw. Adapters dem System verfügbar gemacht. So können z. B. über einen Mail-Connector alle eMail-Anhänge, die an eine bestimmte Adresse gesendet werden, in einem Verzeichnis hinterlegt werden. Anschließend werden sie, je nach MIME-Type, unterschiedlich aufbereitet und in ein passendes Format überführt (Adapterfunktionalität). Es wird entweder direkt in das Zielformat oder in ein einheitliches Metaformat als Zwischenformat übersetzt.

In einem oder mehreren Umwandlungsschritten werden die dem Adapter übergebenen Dokumente derart verändert, dass sie in einem Format verfügbar sind, welches von der Zielplattform verarbeitet werden kann (Transformation). Das umgewandelte Dokument kann dem Zielsystem z. B. durch Kopieren oder Versenden verfügbar gemacht werden. Besitzt die Zielplattform eine RPC-, RMI-, CORBA- oder SOAP-Aufrufschnittstelle für Ihre Geschäftslogik, so kann der Datenaustausch alternativ unter Verwendung eines weiteren Konnektors abgeschlossen werden.

Um die einzelnen Schritte des Datenaustauschs miteinander zu vernetzen, wird eine möglichst einfache, erweiterbare und flexible Ablaufsteuerung benötigt. Diese regelt den Datenfluss und die Prozessabläufe innerhalb des Integrationsservers sowie die Anbindung an die Zielplattform. Die einzelnen Verarbeitungsschritte können entweder explizit oder automatisiert in festgelegten Intervallen angestoßen werden.

Die zuvor geschilderten Transformationsschritte innerhalb eines Integrationsservers lassen sich mittels XML und der eXtensible Stylesheet Language Transformations

(XSLT) realisieren. XML selbst hat im eBusiness-Umfeld den Charakter einer lingua franca, wobei zahlreiche Schnittstellen und Bibliotheken den Einsatz mit nahezu allen Plattformen und Programmiersprachen ermöglichen. Die Explosion der Businessformate wie openTRANS, ebXML oder BMEcat machen diese Konvertierungs- und Integrationslösungen notwendig.

Java Connector Architecture (JCA) schaft hier die Grundlagen für die Anbindung von Systemen. JCA ist eine Schnittstelle für die Entwicklung von Adaptern für beliebige Applikationen. Da es einen allgemeingültigen, standardisierten J2EE Serverbus gibt, benötigt jede Applikation genau einen Adapter, egal wie viele andere Applikationen in den Integrationsprozess involviert sind.

Im Gegensatz zu den meisten EAI-Hersteller, die proprietäre Architekturen benutzen, um die Kopplung von Applikationen zu realisieren, stellt die Java Connector Architecture eine standardisierte Spezifikation für die Integration heterogener Applikationen über die J2EE Plattform zur Verfügung.

Zunächst ermöglicht es das JCA den Softwareherstellern einen Standard-Resource-Adapter für Ihr System zu entwickeln und zur Verfügung zu stellen. Dieser Resource-Adapter wird auf dem J2EE-Application Server gestartet und stellt somit die Verbindung zwischen dem Application Server und der Drittapplikation dar. Über den standardisierten JCA-Bus des Application Servers können nun die Resource-Adaptoren verschiedener Softwaresysteme miteinander kommunizieren. Das bedeutet, dass ein Softwarehersteller genau einen JCA-konformen Resource-Adapter implementieren muss, um mit beliebigen anderen Applikationen über einen J2EE Application Server zu kommunizieren. Zusätzlich enthält die JCA-Spezifikation eine Menge von Skalierungs-, Sicherheits- und Transaktionsmechanismen sowie eine Schnittstelle (CCI) für die Integration herkömmlicher EAI-Systeme. Die folgenden beschriebenen Bestandteile verdeutlicht den Aufbau der Java Connector Architecture:

Resource Adapter

Um eine Kopplung von Drittapplikationen mit/über einem J2EEApplikationsserver auf Systemebene zu realisieren, definiert JCA eine Menge von Vereinbarungen (Contracts). Der Resource-Adapter implementiert die System-Seite dieser Vereinbarung. Somit ist ein Resource-Adapter ein Softwaretreiber auf Systemebene, der von einem Applikationsserver für den Zugriff auf ein System verwendet wird.

Durch die Einbindung des Resource-Adapters in den Applikationsserver kollaboriert der Adapter mit dem Server und kann so die grundlegenden Transaktions-, Sicherheits- und Datenbank-Verbindungsmechanismen nutzen. Für den Entwickler von Applikationskomponenten ist diese Kollaboration transparent. Somit können sich Entwickler von Applikationskomponenten auf die Geschäfts und Repräsentationslogik konzentrieren.

System Contract

Folgende Vereinbarungen werden durch die JCA auf Systemebene zwischen dem Applikationsserver und Drittapplikationen definiert:

- Der Connection Management Contract ermöglicht es dem Applikationsserver eine Menge von Verbindungen zu der integrierten Drittapplikation zu erstellen und über diese in Kontakt mit der Drittapplikation zu treten. Durch diese Technik lassen sich skalierbare Umgebungen schaffen, die auch für eine große Menge an Zugriffen noch ausreichend performant ist.

- Der Transaction Management Contract zwischen dem Transaktionsmanager des Applikationsservers und der Drittapplikation regelt den Zugriff auf Ressourcen der Drittapplikation. Der Transaktionsmanager kann systeminterne und systemübergreifende Transaktionen zwischen Drittapplikationen steuern.

- Der Security Contract regelt den sicheren Zugriff auf die Drittapplikation. Zudem stellt diese Vereinbarung eine sichere Umgebung für die Drittapplikation zur Verfügung, so dass ein unberechtigter Zugriff auf Ressourcen der Drittapplikation verhindert werden kann.

JCA und Web-Services

Über JCA Resource-Adapter können die vorhandenen Systeme mit dem Application Server gekoppelt. Die Applikationen, die bereits auf dem Application Server laufen (u.a. ein Marktplatz und ein Online-Shop), können nun über diese Adaptoren auf Daten und Funktionen des ERP-Systems zugreifen. Die Anbindung der Zulieferer erfolgt über die Einbindung der Web-Service Schnittstellen, welche die Zulieferer zur Verfügung stellen. Die Beschreibung dieser Services findet man in Form einer WSDL-Datei in einem globalen UDDI-Verzeichnisdienst.

Die entsprechenden Implementierungen der einzelnen Schnittstellen kann automatisch aus den WSDL-Dateien generiert werden. Somit können die Lieferanten nun Angebote auf Ausschreibungen direkt über den Web-Service an die ERP-Software geben.

In diesem Fall würde der Ablauf wie folgt funktionieren:

- Das ERP-System, das über einen JCA-Adapter an den Application Server angebunden ist, generiert eine Anfrage für eine bestimmte Ware.

- Der Application Server holt sich dann über ein globales UDDI-Verzeichnis Informationen zu Web-Services verschiedener Anbieter, die diese Ware anbieten.

- Über das UDDI-Verzeichnis bekommt der Application Server die Beschreibung der Web-Services als WSDL-Datei zurück.

- Das ERP-System sendet nun über den Application Server eine Anfrage an die Web-Services der Anbieter, um ein Angebot für die gesuchte Ware zu erhalten.

Der Application Server nutzt für die Versendung der Anfragen das JMS-API. Als Protokoll kommt SOAP und als Sprache zur Beschreibung der Anfrage und des Angebots ebXML zum Einsatz.

- Die Web-Services der Lieferanten senden entsprechende Angebote. Diese Angebote gehen wiederum über die JMS-API des Application Servers ein. Der Application Server entpackt die Nachricht und transformiert den Inhalt der Nachricht in das Datenformat des ERP-Systems, welches sodann über die JCA-Schnittstelle die Angebotsdaten erhält.

- Die Angebote werden mit der ERP-Software analysiert. Der günstigste Anbieter erhält den Auftrag.

- Es wird eine Bestellung generiert und an den Web-Service des Anbieters gesendet. Der Ablauf ist identisch mit dem Ablauf für die Preisanfrage.

3.3.4 XML-schemagesteuerte Codegenerierung

Werkzeuge wie z.B.: XMLSpy® oder mehrere Plugins für Eclipse enthalte integrierten Code-Generatoren, die - basierend auf in einem XML-Schema definierten Datenelementen - automatisch Java, C++, oder Microsoft C#-Klassendateien erzeugen kann. Nachfolgende Übersicht zeigt den einfachen Codegenerierungsprozess:

- Modellieren Sie mit Hilfe des Werkzeugs Datenelemente in XML-Schema

- Das Werkzeug generiert automatisch Klassendateien (Data Bindings), die den Elementen entsprechen, die Sie in Ihrem Datenmodell definiert haben.

Mit XML-Schema können Datenmodellierungen in modernen Softwareapplikationen einfach und schnell erledigt werden, da das Konzept der Datentypen und objektorientiertes Design unterstützt werden, wodurch die Kluft zwischen relationalen Datenbankmodellen und objektorientierten Softwaredesignmethoden geschlossen wird.

XML Datenbindung (Data Binding)

Eine XML-Datenbindung ist ein Mapping von einem oder mehreren XML-Datenelementen auf einen Satz von verwandten Softwareobjekten. Die Implementierung einer Datenbindung für XML-Datenelemente ist nötig, da XML keine komplette Programmiersprache ist, da es nicht kompiliert und als Standalone Binary Executable ausgeführt werden kann. XML-Dokumente müssen an externe Software-Applikationen oder Runtime-Umgebungen wie Business-to-Business-Lösungen oder Webservices angebunden werden.

Mit einer XML Datenbindung kann man programmatisch mit XML-Dokumenten innerhalb Ihrer Softwareapplikation arbeiten. Dies erfolgt über einen Satz einfacher Objekte. Man kann es sich als eine abstrakte Ebene zwischen XML und der Kundenapplikation (Business Logic) denken, die es Developern erspart, die technischen Einzelheiten des Ladens, Editierens und Speicherns eines XML-Dokuments über APIs zum Parsen von XML verstehen zu müssen.

Heutzutage gibt es viele Werkzeuge zur Erstellung eines SOAP-Gerüsts, d.h. der Client/Server-Ansatzpunkte, über die XML-Daten von einem Prozess auf den anderen übertragen werden. Um jedoch die eingehenden XML-Daten innerhalb eines SOAP-Envelope zu verarbeiten und als Reaktion darauf die entsprechende XML-Message zu erzeugen, muss man trotzdem eine Datenbindung erstellen.

Um eine XML-Datenbindung zu implementieren, muss Infrastrukturcode erzeugt werden, mit dem ein XML-Dokument im Speicher erstellt, gelesen, aktualisiert und gelöscht werden kann. Dies erfolgt mit XML Verarbeitungs-APIs, wie der Simple API for XML Parsing (SAX) oder dem Document Object Model (DOM). Zusätzlich zu den grundlegenden Infrastruktur-Methoden sind für eine Datenbindung darauf aufbauende Funktionen oder Methoden zum Validieren, Verarbeiten, Transformieren eines XML-Dokuments und zur Durchführung anderer wichtiger speicherresidenter Operationen erforderlich. Werkzeuge automatisieren diese Tätigkeiten über ein einfaches Menü, über das Programmcode basierend auf einem XML-Schema erzeugt wird.

3.3.5 Agentenentwicklungsprozess

Der Lebenszyklus / Entwicklungsprozess technischer Agenten sieht dabei wie folgt aus:

Zuerst werden die Anforderungen an das technische Agentensystem aufgenommen und Systeme, als Agenten identifiziert. Danach wird auf der Basis eines Agentenmodells, eines Agentenstandards wie z.B. FIPA (Sprachen, Protokolle) und einer Agentenplattform (Dienste, Integration) zunächst ein reines Software-basiertes Modell des technischen Agentensystems entwickelt. Die Kommunikation und Interaktionen sowie das Gesamtverhalten einzelner Systeme oder des Gesamtsystems werden simuliert. Dabei können die Aufgaben und technische Prozesse, ebenfalls simuliert werden. Auf der Basis des entwickelten Software-MAS werden schließlich die einzelnen technischen Agenten entwickelt. In dieser Entwicklungsphase werden hybride Konfigurationen des Zielsystems getestet, d.h. z.T. simulierte Agenten interagieren mit realen, technischen Agenten auf der Basis derselben Agentenplattform und Agenteninteraktionsprotokolle. Aufgrund der Skalierbarkeit und Adaptierbarkeit des entwickelten MAS können während des Betriebes – bei neuen Anforderungen an Prozesse und das Zielsystem, neue Agenten in das MAS integriert werden oder neue Funktionalitäten implementiert werden. Für reine IT-Anwendungen, z.B. im Internet, sind verschiedene Tools entwickelt worden, die z.B. proprietäre Agentenplattformen enthalten wie z.B. JADE.

Ontologien für Agenten zum Suchen, Finden und Ausführen von relevanten Web-Services

Kommunizierenden Agenten nützt die Standardisierung von mehrfach verwendbaren Performativen, Interaktionsprotokollen und Inhaltssprachen nur wenig, wenn keine Einigkeit über das konkrete Diskussionsthema besteht. Die FIPA erlaubt für die Festlegung der in der Kommunikation verwendeten Begriffe oder Symbole die Benennung der in einer Nachricht gültigen Ontologie. Die Ontologie definiert die Begriffe, die zur Beschreibung und Repräsentierung eines Wissensgebiets verwendet werden können. Wenn also alle an der Kommunikation beteiligten Agenten die in den Nachrichten ausgewiesene Ontologie kennen und nur Begriffe im Sinne der Ontologiedefinition verwenden, sollten keine Missverständnisse auf der inhaltlichen Bedeutungsebene mehr auftreten.

Die Begriffsdefinition in einer Ontologie kann auf verschiedene Weisen geschehen. Die einfachste, aber auch unflexibelste Variante ist die implizite Kodierung der Ontologie im Agenten selber, d.h. der Agentenentwickler programmiert den Agenten so, dass die Begriffe im Sinne der Ontologie verwendet werden. Dabei muss also nicht die Software, sondern der Entwickler die Ontologie kennen und richtig verwenden. Ein deutlich aufwändigeres Vorgehen schreibt die Ontologie explizit in einer Logik erster Ordnung auf, wobei die Begriffe als ein- oder zweistellige Prädikate, Konzepte und Relationen genannt, definiert werden. Die reine Vokabular- und Beziehungsdefinition kann durch zusätzliche Axiome ergänzt werden, welche die Interpretation und Verwendung der Begriffe konkretisieren. Somit liegen sowohl Syntax als auch Semantik der Ontologie in maschinell interpretierbarer Form vor. Dadurch ist eine größere Flexibilität beim Einsatz der Ontologien gegeben, da z.B. zur Entwicklungszeit des Agenten noch unbekannte Ontologien verwendet werden können. Ein Agent kann dann auch über die Ontologie reden oder mit der Ontologie arbeiten (z.B. Korrekturen vornehmen), indem er eine Meta-Ontologie verwendet. Da Ontologien in der Regel domänenspezifisch sind, gibt es keine vorgefertigten, allgemeingültigen FIPA-Ontologie-Spezifikationen. Stattdessen wird, wenn dies zur Spezifikation von FIPA-Diensten notwendig ist, eine passende konkrete Ontologie definiert. Diese Ontologien kommen in der Regel ohne eine im eben erwähnten Sinne explizite Definition daher. Eine solche Ontologie ist z.B. die FIPA-Agent-Management-Ontologie, die bei der Kommunikation mit den Verwaltungsagenten der FIPA2000-Plattform eingesetzt wird. Diese Ontologie definiert unter anderem die Struktur von Verzeichniseinträgen (nebst Benennung und Bedeutung der einzelnen Elemente) sowie passend dazu die Namen und Aufgaben der vom Verzeichnisdienst angebotenen Funktionen.

Viele der für die „Agent Communication Language" getroffenen Regelungen können ebenfalls als Ontologie aufgefasst werden. Das beginnt bereits bei der in [FIPA00061] definierten FIPA-ACL-Ontologie, welche die Namen der Nachrichtenelemente und deren Bedeutung festlegt. Eine allgemeinere Herangehensweise wird in der „FIPA Ontology Service Specification" [FIPA00086] definiert. Ein Ontologieagent erlaubt die

Kommunikation über Ontologien, sofern diese Ontologien explizit definiert sind. Zu den Aufgaben, die der Ontologieagent übernehmen kann, gehört

- das Finden öffentlicher Ontologien, um sie zu verwenden,

- die Wartung öffentlicher Ontologien,

- das Übersetzen von Ausdrücken zwischen verschiedenen Ontologien oder Inhaltssprachen,

- die Auskunft über Beziehungen zwischen Begriffen oder Ontologien, und

- die Suche nach einer gemeinsamen Ontologie für eine Agentenkommunikation.

Diese teilweise recht umfangreichen Aufgaben werden in der Ontologiedienst-Spezifikation lediglich hinsichtlich ihrer Schnittstelle und der dafür notwendigen Meta-Ontologie definiert. Aufgrund des notwendigen implementierungsaufwands sind die Existenz und das Dienstangebot des Ontologieagenten auf einer Plattform optional.

Aus einer Ontologie können die verschiedensten Artefakte durch Generierung erzeugt werden. Eine entsprechend mächtige Ontologie vorausgesetzt, ist es beispielsweise möglich, ausführbare Geschäftsprozessdefinitionen zu generieren. Aus einer Ontologie können mit unterschiedlichen Generierungsskripten durchaus Geschäftsprozessdefinitionen in unterschiedlichen Repräsentationen (BPEL) erzeugt werden. Herstellerbindungen verlieren dadurch einen Grossteil ihrer Wirkung.

Das Agentenkonzept dieser Arbeit verwendet vier Agententypen:

Diskursagent: Der Diskursagent ist für die unternehmensübergreifende Kommunikation verantwortlich und verwaltet Dialoge und die Ontologie. Insbesondere überprüft er die syntaktische und semantische Korrektheit eingehender und ausgehender Nachrichten.

Koordinationsagent: Die Identifikation zu überwachender Aufträge mithilfe von Risikoprofilen übernimmt der Koordinationsagent. Ebenso löst er eine Überwachung spezifischer Aufträge aus, wenn externe Anfragen (z.B. vorgelagerter Kunden) oder Störungsmeldungen (z.B. von Lieferanten) eintreffen. Weiterhin kontrolliert der Koordinationsagent die Informationen, die externen Partnern bezüglich ihrer Aufträge zur Verfügung gestellt werden. Er koordiniert die Generierung von Warnmeldungen und nutzt Eskalationsmechanismen für die Realisierung der Warnungen.

Beobachtungsagent: Beobachtungsagenten werden von dem Koordinationsagenten initialisiert und mit der Überwachung eines spezifischen Auftrags beauftragt. Während der Auftragsüberwachung sammelt ein Beobachtungsagent aktiv Daten aus unternehmensinternen Quellen und fragt Daten zum Status der relevanten Unteraufträge bei Lieferanten und Spediteuren ab. Die gesammelten Informationen analysiert der Beobachtungsagent mithilfe eines Fuzzy-Logik-Moduls und berechnet damit einen aggregierten Auftragsstatus sowie die Kritikalität eingetretener Störungen im Hinblick auf die geplante Auftragserfüllung. Außerdem führt er eine einfache Abschätzung notwendiger Anpassungen in den Meilensteinplänen des überwachten Auftrags durch.

Wrapperagenten: Für den Zugriff auf proprietäre Datenquellen werden Wrapperagenten eingesetzt. Ein Wrapperagent ist speziell für eine Datenquelle konfiguriert. Er extrahiert auf Anfrage der Beobachtungsagenten Daten aus der Quelle und stellt diese in einem einheitlichen Format, das aus der Ontologie abgeleitet ist, zur Verfügung. So greift z.b. ein Datenbankwrapper mithilfe eines SQL-Befehls auf die von ihm adressierbare Datenbank zu und transformiert die Daten aus der Abfrage in das Format der Ontologie. Wrapperagenten können ebenso für andere Datenquellen wie z.B. Web-Services konfiguriert werden.

Wrapper-Agent liest aus dem jeweiligen System die Daten heraus. Diese werden dann in XML umgewandelt. Danach gehen die Daten mit Hilfe der Prozessagenten in die Orchestrierung – also dahin, wo die Prozesse abgebildet sind. Unter anderem wird hier die Datenmapping durchgeführt. Dabei wird beispielsweise die Artikelnummer aus dem PDM-System auf die Material-ID des ERP-Systems geschoben. Das Merkmal Werkstoff geht auf Materialindex und so weiter. Auf der anderen Systemseite, ist dann der Wrapper-Agent des ERP-Systems. Dieser bekommt die Daten in seinem XML-Format angeliefert und transformiert sie anschließend in das Format des betreffenden ERP-Systems. Mit der Datenübergabe in das ERP-System selbst ist der Prozess abgeschlossen.

3.3.6 Abbildung und Management von Geschäftsprozessen

Geschäftsprozesse sind der wichtigste Faktor für ein Unternehmen, das sich von seinen Wettbewerbern abheben will. Die Einführung eines Branchenstandards für die Orchestrierung von Geschäftsprozessen und Web Services wird nicht nur die Umsetzung und Realisierung neuer Integrationsprojekte beschleunigen, sondern auch die Gesamtkosten für die Verwaltung, Modifizierung, Erweiterung und Umwandlung vorhandener Prozesse reduzieren. Neben taktischen Zeit- und Kosteneinsparungen bietet dies den strategischen Vorteil, auf wechselnde Marktbedingungen schneller reagieren zu können.

Die Business Process Execution Language (BPEL) für Web-Services bietet Unternehmen einen Branchenstandard für die Orchestrierung und Abwicklung von Geschäftsprozessen. Aus technischer Sicht ist BPEL eine Standardsprache. Mit ihr lässt sich definieren, wie XML-Nachrichten an Remote Services versandt, XML-Datenstrukturen verarbeitet, XML-Nachrichten asynchron von Remote Services empfangen, Ereignisse und Ausnahmen behandelt, parallele Ablauffolgen definiert und in Ausnahmefällen Teilprozesse deaktiviert werden. Mit diesen Elementen lässt sich eine Reihe von Diensten zu gemeinschaftlichen Geschäftsprozessen kombinieren. Diese können Transaktionen direkt abwickeln. BPEL basiert auf XML Schema, SOAP und WSDL.

Im Gegensatz zu bisher vorgeschlagenen Prozessstandards wird die von der Standardisierungsorganisation OASIS etablierte Business Process Execution Language für Web Services von den führenden Anbietern der Branche unterstützt und befürwortet. Früheren Einzelinitiativen gelang es nicht, einen einzigen umfassenden Standard zu entwickeln, der den Bedürfnissen der Kunden entspricht. BPEL jedoch ist ein umfassender Standard, der die realen Anforderungen erfüllt und die Unterstützung so wichtiger Infrastruktur- und Anwendungsanbieter wie Oracle, Microsoft, IBM, SAP und Siebel genießt.

BPEL4WS folgt dem Ansatz, die Zusammenarbeit von Web-Services für komplexe übergreifende Aufgaben in einer Art Workflow-Sprache auf Basis von XML abzubilden.

BPEL ist eine Abstraktionsschicht und legt fest, welche Dienste ein Geschäftsprozess nutzt. Sie ist entstanden aus einer Kombination der proprietären Konzepte Web-Services Flow Language (WSFL) von IBM und XLANG, der Business Process Language, die Microsoft für seinen Biztalk-Server entwickelt hat.

Als Datenmodell zieht BPEL das XML-Schema heran. Die Beschreibung der Services erfolgt mit der Standard Web-Services Definition Language (WSDL), wobei BPEL auf WSDL aufsetzt und diese erweitert. Zusätzlich zu den Port- und Message-Typen sowie Containern für Metadaten werden Typen in Partnerbeziehungen, etwa Zulieferer, Kunden und Produzenten, beschrieben. Über Links lassen sich einer oder mehrere dieser Typen in unterschiedlichen Prozessen wiederverwenden. In den Workflow-Konstrukten, die BPEL bereitstellt, kann man unter anderem Parameter wie Antwortzeit, Ausnahmebehandlung und Transaktions-Management definieren, die bei Standard-WSDL nicht beschrieben sind.

Der Ablauf von der Modellierung zur Implementierung gestaltet sich wie folgt:

Im ersten Schritt wird beispielsweise ein Geschäftsprozess in einem Modellierungswerkzeug erfasst. Der Vorteil der grafischen Darstellung der Prozesse und der verständlichen Symbolik ist, dass auch Nicht-IT-Fachleute wie Prozessverantwortliche und Anwender die Abläufe sehr leicht verstehen können. Die Diagramme lassen sich je nach Detaillierungsgrad weiter verfeinern und durch Datenbeschreibungen sowie Workflow-Anweisungen ergänzen.

Unterschiedliche Symbole für allgemeingültige Aktionen: Die Symbole für die grafische Beschreibung von Prozessen haben die Anbieter zwar unterschiedlich gestaltet, die Aktionen oder Prozessschritte sind jedoch allgemeingültig. Grundsätzlich unterscheidet BPEL zwischen einfachen (primitiven) und strukturierten Aktionen. Dazu gehören unter anderem: Sendeschritt, Empfangsschritt, Transformationsschritt (Umformung von Nachrichten, Mehrfachbedingung), Container-Operation (Zuweisen von Werten in einen Container, der die Informationen speichert), Block (Zusammenfassen von Einzelschritten, um diese als Einheit abzuarbeiten), paralleler Abschnitt und Schleife.

Diagramme lassen sich in einem nächsten Schritt in BPEL übersetzen. Dieser Code kann in eine BPEL-kompatible Integrations-Engine überführt und für die technische Implementierung verwendet werden. Die Integrations-Engine übersetzt das BPEL-Programm in die Integrationsanweisungen, zieht dazu aus einem entsprechenden Repository alle Softwarebausteine oder Komponenten heran, die für die Ausführung des Prozesses notwendig sind, und integriert sie gemäß dem Modell. Diesem Repository kommt eine sehr große Bedeutung zu. Denn dort wird, vereinfacht ausgedrückt, die Verbindung zwischen den BPEL-Anweisungen und den im Unternehmen verwendeten Protokollen, Schnittstellen und Systemen hergestellt. Das Repository repräsentiert die IT-Landkarte des Unternehmens, zu der Applikationen und auch Server gehören. Wird beispielsweise SAP eingesetzt, sind in dem Integrations-Repository und dem System Landscape Directory (SLD) alle vorhandenen SAP-Systeme sowie die Integrationsmechanismen (etwa BAPI oder Idoc) beschrieben. Die nötigen Komponenten, um einen Prozess abbilden zu können, lassen sich also recht komfortabel herausfinden.

Eine weitere wichtige Voraussetzung für die durchgängige Modellierung und Implementierung ist, dass die benötigten Softwarebausteine BPEL-fähig sind. Dabei wird man sich die Frage stellen, ob es sinnvoller ist, ein vorhandenes Programm mit den entsprechenden Schnittstellen zu ummanteln (Wrapping) oder es durch ein moderneres Produkt abzulösen. Hier gilt es, Aufwand und Nutzen genau abzuwägen.

Bei dynamischer Kopplung hingegen wird zur Design-Zeit lediglich die Semantik eines Geschäftsprozesses spezifiziert. Zur Laufzeit werden durch eine oder mehrere intelligente Instanzen die notwendigen Services ermittelt, aufgerufen und miteinander kombiniert. Die Funktionen Retrieval, Invocation und Combination finden dabei also erst zur Ausführungszeit statt [Jans-03]. Um diese Intelligenz gewährleisten zu können, werden bei dynamischer Kopplung einige Zusatzmechanismen benötigt:

- Relevante Services müssen ermittelt werden können (Registry Funktionalität).

- Der jeweils nächste Schritt im Prozessablauf muss ermittelbar sein (Geschäftsprozessplan).

- Über eine semantische Beschreibung der Services sowie ggf. Nebeninformationen wie Quality of Service muss ein Ranking der in Frage kommenden Services möglich sein.

Die dynamische Kopplung kann beliebig intelligent gestaltet sein: Im einfachen Fall werden nur Services verwendet, die das Anforderungsprofil exakt treffen. Darüber hinaus können jedoch auch Mechanismen wie unscharfe Suche oder Ähnlichkeitssuche dazu beitragen, ein intelligentes und flexibles System zu gewährleisten. Damit werden neue Anwendungsfälle möglich, wie zum Beispiel eine automatisiert ablaufende Verhandlung über die Ausführungsbedingungen eines Services („automated negotiation") [Kim et al-03]

Asynchrones Messaging

Interaktionen mit Web Services müssen sowohl synchrones als auch asynchrones Messaging unterstützen – nur so sind sie zuverlässig, skalierbar und anpassungsfähig.

Einige Dienste, die in einem Unternehmen eingesetzt werden, sind als Dienste bereits implementiert und definieren eventuell nur synchrone Schnittstellen. Andere Dienste existieren vielleicht als asynchrone Nachrichten oder werden bei der Entwicklung einer neuen Anwendung mit Hilfe von asynchronen „Web Service"-Protokollen implementiert. In diesen Fällen muss ein Prozess, der in andere Dienste innerhalb oder außerhalb des Unternehmens integriert ist, mit einem unvorhergesehenen Ausfall dieser Dienste umgehen können. Will man also die Anfälligkeit einer eng geknüpften Architektur vermeiden, muss ein Prozessfluss asynchrones Messaging nutzen können und über ein effektives Notfallmanagement verfügen.

Unternehmen setzen vermehrt asynchrones Messaging ein, Web Services dienen als Bausteine für Anwendungen. Daraus resultieren neue Herausforderungen. So muss insbesondere das synchrone Anfrage/Antwort-Programmiermodell einem Dialogmodell weichen, das auf asynchronen Interaktionen zwischen lose miteinander verknüpften Web Services basiert.

In diesem Fall definieren wir Orchestrierungslogik als Geschäftslogik, die den Dialog zwischen Web Services in der zeitlichen Abfolge steuert, koordiniert und verwaltet. Eine solche Orchestrierungslogik kann sich auf einen einfachen Dialog zwischen zwei Web-Services beschränken oder eine komplexe, nichtlineare, mehrstufige Geschäftstransaktion mit Ausnahmeverwaltung und Abgleichlogik sein.

Die Process-Oriented Architecture (POA) ist die letzte Ausbaustufe einer SOA. In einer POA werden Prozesse explizit modelliert. Sie werden damit besser kontrollier- und steuerbar. Dieser Ansatz erfordert eine frühe Einbindung der Fachabteilungen, um Modelle der vom Altsystem unterstützten Prozesse zu erhalten. Allerdings darf das Modernisierungsprojekt nicht zu weit gefasst sein. Besser ist es, zunächst die SOA-Transformation möglichst nahe am Originalsystem vorzunehmen und dann in weiteren Phasen die Vorteile von SOA/POA auszunutzen. Ist der erste Schritt getan, können die Geschäftsprozesse nachfolgend iterativ optimiert beziehungsweise neue Prozesse inkrementell hinzugefügt werden.

In der Regel braucht die Legacy-to-POA-Transformation einen höheren Abstraktionsgrad, als ihn die Unified Modeling Language (UML) bietet, die sich nicht für technisch wenig versierte Fachvertreter eignet. Diese bevorzugen vielmehr Prozessmodellierungswerkzeuge wie "Aris". Selbst Modelle, die mit Microsofts "Visio" erstellt werden, können brauchbar sein. Der Bruch zwischen der technischen und der fachlichen Welt manifestiert sich zudem nicht nur in den unterschiedlichen Notationen, sondern häufig auch in der Perspektive. UML-Anwendungsmodelle beziehen sich meistens auf konkrete Systeme, während reine Prozessmodelle oft keine Annahme über zugrunde liegende Systeme machen. Der Legacy-to-POA-Ansatz sollte diesen Bruch zum Beispiel wie folgt adressieren:

- Für die Modellierung auf hoher Abstraktionsebene, mit Ereignis-Prozessketten
- das automatische Mapping auf technische Modellebene mit UML
- die Aufarbeitung der resultierenden Modelle durch technische Fachexperten
- die Auslegung verschiedener Modellsegmente auf die unterschiedlichen Schichten der SOA: GUI, BPMS, Rules Engine, Basisdienste etc.

Die Durchführung von Geschäftsprozessen wird schon lange durch Informations- und Kommunikationstechnologie unterstützt. Problematisch an existierenden Systemen ist jedoch nach die Abbildung nicht formalisierbarer und standardisierter Abläufe. Agenten bieten hier eine Alternative, indem autonome Softwareagenten die Überwachung von Geschäftsprozessen übernehmen (b), anstelle dieser von einer zentralen Instanz (a) verwalten zu lassen. Autonome Agenten können sich aufgrund der Orientierung an einer Ontologie und deren Regelbasis schneller auf neue Situationen einstellen und entsprechend handeln.

Für die Erarbeitung des Konzepts werden verschiedene Szenarien vorgestellt. Im ersten Szenario handelt es sich um die typische Verwaltung von Produktstrukturen in drei Unternehmen.

3.3.7 Verwaltung von Produktstrukturen

Die drei Produktstrukturen müssen Unternehmen A zugänglich sein. Das Endprodukt kann beispielsweise ein Rechner sein, dessen Komponente, der Monitor, wiederum seine eigene Struktur besitzt. Im Monitor sind wieder Zulieferteile eingebaut. Um die gesamte Struktur zu präsentieren, sollen logische Verknüpfungen zwischen den Produktstrukturen der Unternehmen A, B und C hergestellt werden. Es ist angenommen, es sei eine Verbindung zwischen A und B, und B und C. Dabei ist kein direkter Zugriff zwischen A und C nötig. Der traditionelle Ansatz mit starren Verknüpfungen zwischen den Komponenten wird mit einem agentenbasierten Ansatz ersetzt, der weitgehend der heutige Stand der Technik ist.

Ein Kunde, der an dem System im Unternehmen A arbeitet, will die Struktur seines Rechners durchblättern. Dabei stehen nur die Identifikationsdaten des Monitors in seinem System. Aus Sicht von Unternehmen A treten die folgenden Aktionen auf, wobei angenommen wird, dass keine Ausnahmesituationen oder Fehler auftreten:

- Die Produktstruktur des Monitors im System A wird von dem Benutzer angefordert.

- System A findet die Adresse des Systems vom Hersteller des Monitors anhand der Identifikationsdaten, indem es in seinem lokalen Verzeichnis sucht und beim Nichttreffer weiter in einem öffentlichen Verzeichnis (z.B. gelbe Seiten).

- Die gefundenen Systeme werden mit den Identifikationsdaten angesprochen.

- Das zurückgegebene Element mit der dazugehörigen Struktur wird angezeigt und die Adresse des Unternehmens B mit den dazugehörigen Beschreibungsdaten wird im lokalen Verzeichnis gespeichert.

- Der Benutzer fordert die Struktur des Kabels an.

- Nach den Identifizierungsdaten des Kabels wird die Adresse im lokalen Verzeichnis gefunden.

- System B wird wieder angesprochen.

- Das System B findet die Adresse von System C anhand der Abfrage und leitet sie weiter.

- Nach der Antwort werden die Ergebnisse an A geleitet.

- A bekommt die Struktur und zeigt sie an.

Dabei ist hier zu beachten, dass ein Element immer mit seinen Daten zurückgegeben werden muss. Die zugehörige Struktur ist nur auf eine nachfolgende Ebene beschränkt. Die Elemente der Struktur werden mit den Daten zurückgegeben, die nötig sind, um sie zu identifizieren und darzustellen. Laden bei Bedarf ist deshalb zu bevorzugen, weil hier nicht alle Elemente benötigt werden. Eine Produktstruktur kann aus mehr als 100 Ebenen bestehen und mehr als 100 MB umfassen und für effiziente Bearbeitung würde sie auf heutzutage gängigen Rechner unnötig viel Zeit beanspruchen.

So liefe der Vorgang unter idealen Bedingungen ab. Es gibt aber einige Fehlersituationen oder Ausnahmesituationen, die zu berücksichtigen wären:

- Keine Adresse vorhanden.

  Wenn keine Adresse gefunden werden konnte, kann dementsprechend keine Struktur zurückgegeben werden.

- Mehrere Strukturen gefunden.

  Die Strukturen müssen ausgefiltert werden. Hier wird ein Resultat erzielt, das entweder eine Struktur enthält oder nicht. Wenn die Resultate über einer bestimmten Anzahl liegen, wird angenommen, dass die Anfrage zu ungenau ist und keine vernünftigen Ergebnisse erreicht werden können. Ansonsten wird versucht, die Zahl der Produktstrukturen möglichst zu minimieren. Bei mehr als zwei Endergebnissen wird den Benutzer gefragt.

- Verschiedene Formate und Schnittstellen.

  Bei Verbindungen zu PDM-Systemen verschiedener Art, sind meistens die Schnittstellen sowie die Übertragungsformate auch verschieden. Für Systeme, die ISO

10303 unterstützen, kann man durch die Standardschnittstelle zugreifen. An andere müssen die Funktionen angepasst werden. Konvertierung ist in diesem Fall ebenso notwendig. In manchen Fällen sind die STEP Schnittstellen nur teilweise implementiert, infolge dessen können sie semantische Verluste bei der Konvertierung verursachen. In diesem Fall ist auch eine direkte oder eine externe Konvertierung erwünscht, die qualitativer sein kann.

Dieses Szenario deckt den Ablauf der beiden vorgestellten Anwendungsfälle mit dem Unterschied, dass die Navigationsrichtungen gegenläufig sind.

Ermittlung der einzelnen Funktionen

Das frühere Szenario hat uns geholfen, alle Möglichkeiten zu decken und die einzelnen Aufgaben zu trennen. In der folgenden Tabelle werden die abgeleiteten Funktionen mit den zugehörigen Input- und Output-Parameter aufgelistet:

Funktion	Eingabe	Ausgabe
Ermittlung von Adressen	Produkterkennungsdaten	Agenten-Adresse [0..n]
Anfrage eines anderen Agenten	Produkterkennungsdaten Agenten-Adresse	Produktstruktur [0..n]
Holen von Produktstrukturen	Produkterkennungsdaten PDM-System-Adresse	Produktstruktur [0..n]
Konvertierung von Produktstrukturen	Produktstruktur Zielformat [1..n]	Produktstruktur [0..1]
Filterung von Produktstrukturen	Produktstrukturen [0..n]	Produktstruktur [0..n]
Abfrage Interface	Produkterkennungsdaten Zielformat [1..n]	Produktstruktur [0..n]

Tabelle 3-2 Ermittelte Funktionen mit ihren Ein- und Ausgabeparametern

Aus den ersten fünf Funktionen werden die nötigen Abfragedaten abgeleitet. Außer den wichtigen Produkterkennungsdaten werden noch die unterstützenden Dateiformate geschickt. Im unteren Bild werden diese Funktionen in einem verbundenen Ablauf wiedergegeben.

Das Modul und die einzelnen Komponenten

Die aufgelisteten Funktionen bilden eine Erweiterung der PDM-Systeme. Diese Erweiterung benötigt Selbstständigkeit und Kommunikationsfähigkeit. Deshalb wird sie als separates Modul realisiert. Für dessen Umsetzung werden Software-Agenten als Basis genommen, da sie die gestellten Anforderungen erfüllen können. Die einzelnen Funktionen können in separaten Komponenten implementiert werden, die weiter in dem neuen Agenten gekapselt werden:

Verzeichnissuche-Komponente: Hier werden Adressen von anderen Modulen gleicher Art. Mit den Adressen werden auch Daten gespeichert, die die Adresse beschreiben und bei Suchanfragen benutzt werden können. Hier soll eine Ablage erstellt werden. Datenbanken sind sehr gut dafür geeignet.

externe Verzeichnissuche-Komponente: Diese Komponente besitzt keinen Zustand, sondern enthält nur Funktionen. Sie wird an das zugehörige externe Verzeichnis angepasst, an das sie die Abfrage über Adressen weiterleitet. Sie kann z.B. Suche in UDD-Verzeichnisse realisieren.

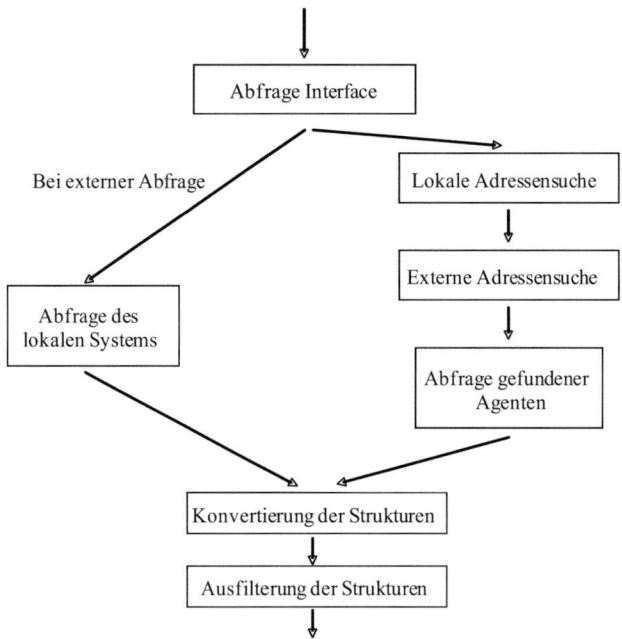

Bild 3-6:   Verknüpfung der Funktionen in dem gesamten Ablauf

Entscheidungskomponente: Dieses Modul besitzt die Intelligenz, Produktstrukturen auszufiltern. Dabei ist es auch lernfähig, sowohl durch Anfragen als auch durch die Benutzerkorrekturen. Hier müssen aber die Dateiformate der zu filtrierenden Produktstrukturen gelesen werden.

PDM-System-Abfrage Komponente: Die Funktionen, die nötig sind, um sich in Verbindung mit einem PDM-System zu setzen und Abfragen zu erstellen, werden hier gekapselt. Dieses Modul muss an das zugehörige PDM-System oder an die SDAI Schnittstelle angepasst werden. Hierbei ist zu vermeiden, dass das auftragstellende System selbst abgefragt wird.

Konvertierungskomponente: Sie ist optional und dann nötig, wenn die Produktstrukturen unterschiedliche Formate besitzen. Sie soll in der Lage sein, die Frage beantworten zu können, ob eine Produktstruktur von einem bestimmten Format in eine der Zielformate konvertiert werden kann.

Abfrage-Interface: Diese Komponente ermöglich einen Zugriff von außen, um Anfragen zu bekommen und Ergebnisse zurückzugeben. Ohne diese Komponente ist das Modul praktisch unbrauchbar, da es geschlossen für die Außenwelt fungieren würde.

Kommunikationskomponente: Dieses Modul hat die Fähigkeit, einen Auftrag an andere Agenten weiterzuleiten. Als Auftrag ist hier nicht nur die Abfrage an Produktstrukturen vorgesehen, sondern auch die Konvertierung von Produktstrukturen, das Aufsuchen von Adressen von anderen Agenten und PDM-Systemen. Hier muss sehr sorgfältig implementiert werden, wann andere Agenten angesprochen werden können. Es besteht die Gefahr, eine Kettenabfrage zu starten und Zyklen zu bilden. Als Möglichkeiten stehen hier die schon vorhandenen Lösungen aus dem Peer-to-Peer Bereich zur Verfügung. Eine Alternative besteht im expliziten Definieren von Agenten an denen die Abfrage weitergeleitet werden kann.

Als Steuerung von aufgelisteten Komponenten wird eine Koordinationskomponente benötigt, die als Container implementiert werden kann, um beliebige Kombinationen von Komponenten zu ermöglichen. Dabei ist zu beachten, dass alle diese Komponenten in verschiedenen Variationen in einem Modul vorhanden sein können.

Als Beispiel kann ein Modul die folgende Komponente enthalten:

• Konvertierungskomponente von STEP zu MiniPLM

• Konvertierungskomponente STEP zu MiniPLM

• MiniPLM-Abfrage Komponente

• SDAI-Abfrage Komponente

• PDM Enabler Komponente

Bei der Kombinierung der Komponenten können unterschiedliche Hilfsmodule erzeugt werden. Die Hilfsmodule können unterschiedliche Rollen einnehmen.

Verzeichnis: Enthält Verzeichniskomponente und bietet öffentliche Suchdienste. Hier kann auch eine Zusammenarbeit mit anderen Verzeichnissen erstellt werden.

Konvertierungsmodul: Dieses Modul enthält ein oder mehrere Konvertierungskomponenten, die Aufträge in einem unternehmensinternen Netz ausführen. Dabei kann dieses Hilfsmodul öffentliche Dienste anbieten, jedoch ist hier die Sicherheit von Bedeutung, weil das Modul möglicherweise vertrauliche Produktstrukturen bekommen kann.

Agent mit Fähigkeit zum Weiterleiten: Dieses Modul besitzt die Kommunikations-komponente und kann Aufträge gezielt weiterleiten. Dabei kann es z.b. andere Ver-zeichnisse abfragen, um Adressen herauszufinden. Z.B. kann dieses Modul in einem unternehmensinternen Netz als Proxy für die anderen internen Agenten agieren. Die anderen Agenten werden über ihn seine Abfragen nach außen weiterleiten. Hier kann auch einige Konvertierungskomponente eingefügt werden und das Hilfsmodul kann in einen Zentralverteiler des Unternehmens umwandelt werden. Der Vorteil ist hierbei eine leichtere Verwaltung und Konfiguration. Das wäre aber ein Verstoß gegen die Agentenprinzipien, da bei einem Ausfall dieses Moduls die Funktionalität des ganzen Agentennetzes schwer belastet werden würde.

Agent mit Verbindung zu PDM-Systemen: Mit Hilfe von diesem Modul wird eine Kommunikation zu einem oder mehreren PDM-Systemen ermöglicht. Dabei sollen die PDM-System-Abfrage-Komponenten an das PDM-System angepasst werden. Es ist grundsätzlich möglich, dieses Modul in einem PDM-System zu integrieren und die Abfrage-Komponente als Ausführung interner Funktionen zu implementieren. Das Modul wäre bei einem Ausfall des dazugehörigen PDM-Systems aber dann ebenfalls betroffen. Es wird erwünscht, dass das Modul auf separaten Rechnern laufen kann.

Eine mögliche Verteilung von einzelnen Agenten im Netz ist im unteren Bild zu se-hen. Dabei sind Agenten A, B und C für Verbindungen mit PDM-Systemen geeignet. Die Zusammenarbeit wird von einem Agent-Verzeichnis und Konvertierungsagent unterstützt. Dabei stehen z.b. PDM-Systemen A und C im lokalen Netz und sind nur durch Agenten A und C zugreifbar.

Es wird eine maximale Flexibilität erzielt, wenn die Kommunikation zwischen den einzelnen Hilfsmodulen über das Internet realisiert werden kann. Auch die Kommuni-kation zwischen einem PDM-System und einem Agenten sollte auf einem Internetpro-tokoll höherer Schichten erfolgen.

Die Vorgehensweise des ermittelten Szenarios enthält keine Schleifen oder Zyklen. Das bedeutet, die einzelnen Funktionen erfolgen streng sequentiell und können nach-einander ausgeführt werden. Die ermittelten Komponenten spiegeln diese Funktionen und können deshalb auch sequentiell auf der Ausführungsreihenfolge platziert werden.

Aufgrund der großen Flexibilität der Architektur wird die Koordinationskomponente bei jedem Agenten benötigt. Sie pflegt die Liste, welche Komponenten installiert und funktionsfähig hält. Die Reihenfolge der Komponenten wird dort ebenfalls festgelegt. Bei einer dynamischen Architektur können die einzelnen Module auch zur Laufzeit eingefügt oder entfernt werden. Dabei werden die zurzeit erfolgten Aufträge nicht be-troffen. So können Aktualisierungen mit neueren Versionen von Komponenten leichter erfolgen.

Die Koordinationskomponente steuert auch die Fragestellung, welche Komponente unter welchen Bedingungen starten kann. Dabei muss sie prüfen, ob eine Komponente innerhalb des gestellten Auftrags ihre Aufgabe erfüllen kann. Als Beispiel können mehrere Konvertierungskomponenten in einem Agent installiert werden. Die Koordinationskomponente muss diejenige wählen, die für den Auftrag die passende Umwandlung leisten kann.

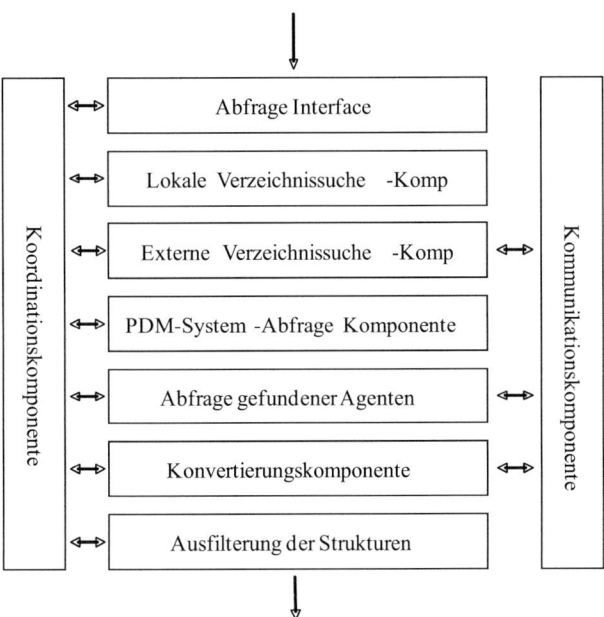

Bild 3-7:   Komponentenstruktur

Wenn die einzelnen Dienste nicht als agenteninterne Module realisiert werden können, aber der Prozess geleistet werden sollte, muss entsprechend erkannt werden, ob der Auftrag nach außen weiterleitet werden soll und wenn ja, welche Adresse er erreichen muss. Hier wird eine Pseudokomponente für jeden Dienst erstellt, die extern realisiert werden soll. Die Pseudokomponente muss die Adresse des Agenten ausfindig machen, die den zugehörigen Dienst anbietet und für ihn eine Abfrage erstellen um diese an die Kommunikationskomponente weiterleiten zu können.

Hier kann schon die Informationen ermittelt werden, die zwischen den einzelnen Modulen ausgetauscht werden soll. Diese Informationen sind nicht nur die Abfrage selbst sondern auch deren Ergebnisse sowie die Rahmenbedingungen wie z.B. das Format der gewünschten Daten. Da bei einer Abfrage mehrere Ergebnisse möglich sind, werden die beiden Informationen in getrennten Datenstrukturen erfasst:

Abfrage

Die Abfrageinformation: Hier werden Identifikations- oder Beschreibungsinformationen gespeichert, die für die Abfrage nützlich sein könnten. Dieses Feld wird von der Verzeichniskomponente oder der PDM-Abfrage-Komponente benötigt.

Gewünschte Formatkennung: Da der Abfragende im allgemeinen Fall nicht alle Formate lesen kann, werden hier die zulässigen Formatkennungen aufgelistet. Dieses Feld wird von den Konvertierungskomponenten benötigt, um die passende Umwandlung auszuführen. Wenn das zugehörige PDM-System die Option besitzt, die Daten direkt in das gewünschte Format zurückzugeben, wird das Feld von der PDM-Abfrage-Komponente verarbeitet. Als Format selbst kann auch die Adresse vom Agenten gewählt werden, die an anderen Agenten weitergegeben werden kann.

Sender: Das Feld zeigt den Abfragenden. Der Agent kann für bestimmte Sender spezielle Dienste anbieten. Z.B. wird die Weiterleitung von Abfragen an andere Agenten nur für privilegierte Sender ausgeführt. Das Feld wird von der Kommunikationskomponente und der PDM-Abfrage-Komponente benutzt. Selbst die PDM-Abfrage-Komponente kann verschiedene Benutzerkonten für die Kommunikation zum PDM-System in Abhängigkeit vom Sender benutzen.

Ergebnis

Typ: Hier wird die Formatkennung des Resultates gespeichert. Der Typ kann selber Adresse oder Produktstruktur sein. Das Feld wird z.B. von Konvertierungskomponenten gelesen, um die passende Umwandlung zu wählen. Es können auch weitere Formate definiert werden. Ein Agent, der die Formate nicht erkennt, wird die Ergebnisse verwerfen.

Daten: Hier wird das eigentliche Resultat geschrieben.

Zusätzlich zu den beiden Datenstrukturen wird noch eine Beziehung benötigt, die zwischen Abfrage und Ergebnis aufgebaut wird und von den beiden Seiten geschrieben wird.

Sicherheit

Ein wichtiger Aspekt für die Akzeptanz bei den Unternehmen ist heutzutage die Sicherheit. Bei einem über Internet verteilten Multi-Agenten System steht an erster Stelle die sichere Übertragung von Daten zwischen den Kommunikationspartner. Heute gibt es viele Ansätze und Standards, die einen sicheren Datentransfer ermöglichen. Die Lösung ist von der Wahl der Transportprotokolle abhängig.

Ein anderer wichtiger Punkt ist die Berechtigungsvergabe. Im normalen Fall verfügen nicht alle Agenten auf alle externen Dienste. PDM-Systeme besitzen schon Berechtigungssysteme, die die Zugriffe in Abhängigkeit von den Anmeldedaten einschränken.

In einem unternehmensinternen vertraulichen Agentennetz sollen die Operationen auf den einzelnen verknüpften PDM-Systemen viel mehr Rechte besitzen, wenn der Abfragende aus dem internen Netz stammt. Anderseits sollen externe Zugriffe eingeschränkt werden, damit keine vertraulichen Informationen ausgetauscht werden können. Nur in bestimmten Fällen z.B. bei Anfragen vom kooperierenden Partner soll es möglich sein, die Anfrage unter Nutzung erweiterte Rechte durchzuführen.

Das Erstellen eines verteilten Rechtesystems ist ein bekanntes und schwer lösbares Problem. Deshalb wird innerhalb dieser Arbeit nur eine einfache Lösung vorgestellt. Statt globalgültigen Rechten werden immer Beziehungen zwischen zwei Agenten behandelt.

Dabei definiert der Agent für welche Zugriffe welche Anmeldedaten mit der Abfrage an das zugehörige PDM-System geschickt werden sollen. Dafür werden Rollen dazwischen eingefügt, die diese Verknüpfung erleichtern. Jedem Agenten wird eine Reihe von Rollen zugewiesen, die er benutzen kann. Jedes Anmeldedatum wird mit einer Rolle verknüpft. Nicht nur für die Kommunikation zu PDM-Systemen sind die Rollen brauchbar, sondern sie können auch entscheiden, ob eine Weiterleitung zu einem bestimmten Agenten stattfinden kann und unter welchen Bedingungen dieses geschehen soll. Der Agent enthält am Ende die folgenden Datenstrukturen:

- Eine Tabelle in dem Abfrage-Interface: Agenten-Rollen-Beziehung, dabei kann ein Agent über mehreren Rollen verfügen. Es wird am Eingang geprüft, ob der Agent die gewünschte Rolle benutzen darf.

- Eine Tabelle in jeder PDM-System-Abfrage-Komponente, die für eine bestimmte Rolle genau eine Anmeldeinformation für das zugehörige PDM-System zuweist. So werden hier Abfragen an PDM-System in Abhängigkeit vom Abfragenden ausgeführt.

- Eine Matrix in jeder Weiterleitungskomponente, in der für jede Rolle und für jeden externen Agenten (der angesprochen wird) eine für ihn gültige Rolle steht. Dabei zeigt das leere Feld eine unzulässige Weiterleitung. So werden die Rechte entsprechend weitergeleitet.

Als zusätzliche Rolle wird die „Anonymous" Rolle genannt. Sie ist vordefiniert, kann aber ausgeschaltet werden. Sie erlaubt, die eingeschränkten Berechtigungen sowohl in PDM-Systemen als auch für die Weiterleitung. Sie wird extra definiert, wobei an einem Agent diese Rolle zugewiesen wird, wenn er keine andere Rolle nutzen darf.

Das ganze Funktionieren des Berechtigungssystems ist im folgenden Bild anhand eines Beispiels dargestellt. Dabei werden die (unvollständigen) Rechtetabellen vom Agenten B auch angezeigt.

Bei einer Abfrage von A wird diesem anhand der Tabelle die Rolle R1 zugewiesen. Diese Rolle kann später bei Abfrage auf dem zugehörigen PDM-System mit Benutzer Name X und Passwort Y ausgeführt werden. Bei Weiterleitung zu Agent C wird die

Rolle R1 in eine für Agenten C eigenen Rolle CR1 umgewandelt. Entsprechend wird an D als DR geschickt.

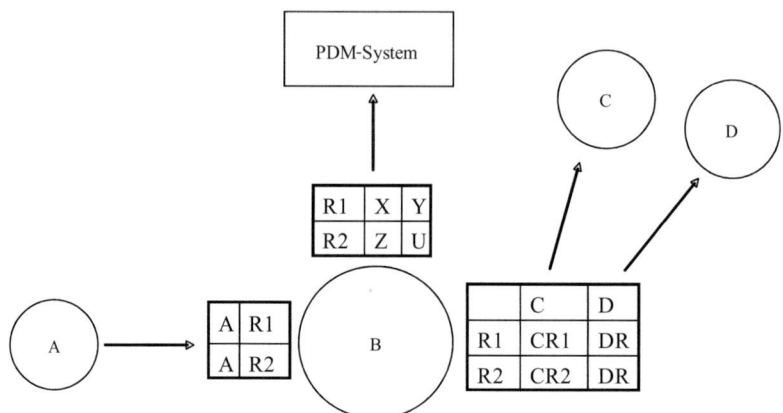

Bild 3-8:   *Beispiel für Rollentabellen eines Agenten*

Dieser Algorithmus erlaubt einen geschachtelten Rechtetransfer, indem die Rechte transformiert werden. So kann ein Agent durch Abfrage an einem anderen größeren Zugriff erzielen. Das untere Bild verdeutlicht dies in einem Beispiel.

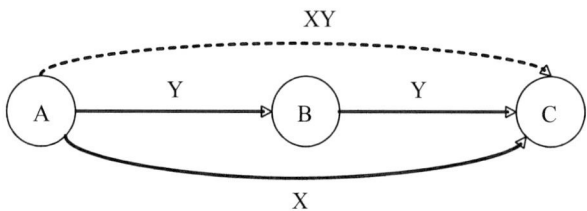

Bild 3-9:   *Beispiel für Rechteerweiterung durch dritten Agent*

Dort kann Agent A auf Agent C direkt auf Objekte X zugreifen. Er kann auch durch B auf Agent C auf Objekt Y zugreifen. So kann er insgesamt auf Objekte X und Y in Agent C zugreifen. So kann er seine Rechte durch anderen Agenten erweitern.

Die notwendigen Tabellen sind bei mehreren Beteiligten zu aufwendig aufzubauen, können aber vom schon vorhandenen System mit Ansatz passender Werkzeuge importiert werden. Als Beispiel kann eine Firma alle seinen Kunden von seinem Wirtschaftswarensystem extrahieren, deren Agenten aussuchen und Rechte in Abhängigkeit vom erlaubten Zugriff auf dem PDM-System erstellen.

3.3.8 Integration von as-maintained Produktdaten

In diesem Kapitel wird das Konzept für die Integration von as-maintained Produktdaten detailliert. Das Konzept berücksichtigt dabei die Anforderungen aus dem vorherigen Kapitel. Zuerst soll ein Überblick über das Gesamtkonzept gegeben werden. Danach werden zwei Möglichkeiten vorgestellt, as-maintained Produktdaten zu übertragen. Anschließend wird jeder Übertragungsmodus einzeln vorgestellt.

As-maintained Produktdaten sollen von einer Maschine in ein PDM-System integriert werden. Das Integrations-Modul dient zur Übertragung der Daten von einer Maschine zu einem PDM-System (Integrationsvorgang). Das Persistenz-Modul dient zur Speicherung der eingelesenen Daten in eine Datenbank. Die Daten in der Datenbank alleine sind für den Nutzer eines PDM-Systems noch nicht ausreichend. Die Daten aus der Datenbank müssen aufbereitet werden und dem Nutzer ansprechend dargestellt werden. Dazu ist das Aufbereitungsmodul zuständig. Das Aufbereitungsmodul ermöglicht es, die Daten in graphischer oder in Textform darzustellen. Für das Aufbereitungs-Modul, das Integrations-Modul und das Persistenz-Modul werden in den folgenden Kapiteln Konzepte entworfen. Außerdem wurden diese Module prototypenhaft implementiert. Im nächsten Kapitel wird näher auf die Implementierung der Module eingegangen. Konzepte für Maschinen, Datenbanken und PDM-Systeme sind nicht Teil der Arbeit.

Übertragungsarten

Bei der Kommunikation zwischen Maschine und PDM-System gibt es zwei grundsätzlich verschiedene Arten Daten zu übertragen. Beim ersten Übertragungsmodus agiert das PDM-System als Client. Dieser Fall ist im unteren dargestellt und wird im Folgenden als „Client Modus" abgekürzt.

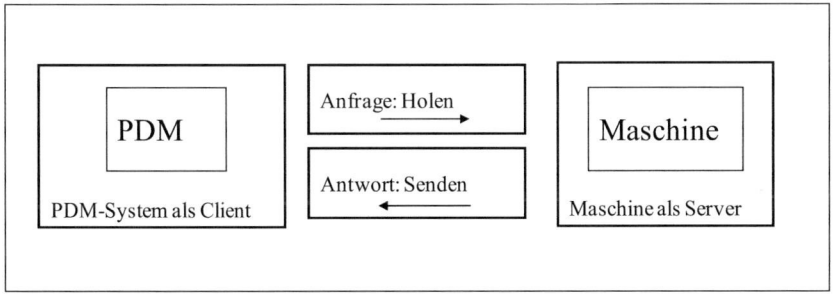

Bild 3-10: PDM-System im Client Modus

Im Client Modus schickt ein PDM-System per Internet eine Anfrage nach as-maintained Produktdaten an eine Maschine. Die Maschine nimmt die Anfrage entgegen. Die Maschine kann ihre Verbindung zum Internet herstellen.

Wenn die Maschine die Anfrage erfolgreich entgegengenommen hat, verarbeitet sie die Anfrage und liest die angefragten Daten ein. Die Daten können dabei, je nach Art der Anfrage, von einem Sensor, einer internen Log Datei der Maschine oder einer sonstigen Quelle eingelesen werden. Hat die Maschine die angefragten Daten korrekt eingelesen, schickt sie diese als Antwort an das PDM-System zurück. Nachdem das PDM-System die Daten empfangen hat, speichert es die Daten für spätere Benutzung ab.

Kann die Maschine die angefragten Daten aufgrund eines Fehlers nicht einlesen, wird als Antwort eine Fehlermeldung zurückgeschickt. Ein Fehler kann z. B. dadurch entstehen, dass die Maschine auf einen Sensor zugreifen will, der zurzeit nicht angeschlossen oder beschädigt ist. Die Maschine muss zum Zeitpunkt der Anfrage mit dem Internet verbunden sein, um die Anfrage entgegenzunehmen. Um den Internetzugang der Maschine sicherzustellen, gibt es zwei Strategien:

- Die Maschine muss ständig mit dem Internet verbunden sein. Der Vorteil dieser Strategie ist ihre Einfachheit, der Nachteil sind jedoch die eventuell höheren Internetverbindungskosten.

- Die Maschine kennt den ungefähren Zeitpunkt, zu dem das PDM-System seine Anfrage an die Maschine stellt und wählt sich davor ein. Nach Erhalt der Anfrage und Beantwortung der Anfrage trennt die Maschine ihre Internetverbindung wieder automatisch. Der Vorteil dieser Strategie ist, dass sie eventuell nicht so hohe Internet-Verbindungskosten verursacht. Jedoch ist sie weitaus aufwändiger und außerdem auch dadurch fehleranfällig, dass das PDM-System nur zu bestimmten Zeitpunkten auf die Maschine zugreifen kann.

Bei dem zweiten Übertragungsmodus agiert das PDM-System als Server. Dieser Fall ist im Bild dargestellt und wird im Folgenden als „Server Modus" abgekürzt.

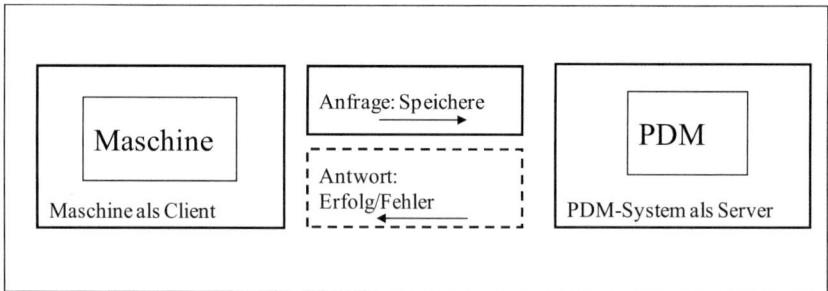

Bild 3-11:   PDM-System im Server Modus

Jetzt ist die Maschine der Client und das PDM-System der Server. Die Maschine liest ihre as-maintained Produktdaten ein und sendet die Daten an das PDM-System. Die Speicherungsanfrage wird vom PDM-System entgegengenommen und ausgeführt. Das

PDM-System speichert die von der Maschine gesendeten Daten ab. Danach kann das PDM-System eine Antwort zurückschicken. Es muss diese Antwort aber nicht unbedingt schicken, weswegen die Antwort im oberen Bild „gestrichelt" dargestellt ist. Die Antwort muss nur dann geschickt werden, wenn eine Bestätigung in Form einer Erfolgsmeldung oder eine Fehlermeldung erfolgen soll.

Client Modus

Im Client Modus agiert das PDM-System als Client und die Maschine als Server. Die Integration von as-maintained Produktdaten (Integrationsvorgang) in ein PDM-System besteht aus drei Teilen: Festlegung des Abholzeitpunktes, Abholvorgang und der Präsentationsteil. In den folgenden Kapiteln werden diese drei Teile genauer erklärt.

Festlegung des Abholzeitpunktes

Der erste Teil ist die Festlegung des Abholzeitpunktes. Hier wird festgelegt, wann die Anfrage des PDM-Systems an die Maschine gesendet wird. Dafür gibt es verschiedene Strategien:

- Der Anfragezeitpunkt wird durch **Scheduling** gesteuert. Der Benutzer hat feste Intervalle bestimmt, zu denen Anfragen durchgeführt werden sollen.

- Der Anfragezeitpunkt wird direkt durch den **Nutzer gesteuert**. Dies kann z. B. durch einen „Update" Button auf Anwendungsebene geschehen. Drückt der Benutzer auf den „Update" Button, so wird eine neue Anfrage an die Maschine gesendet.

- Der Anfragezeitpunkt wird **bedarfsgesteuert** festgelegt. Sobald der Benutzer sich die Daten einer Maschine ansehen will, werden sie automatisch abgefragt.

Falls der Nutzer an dem Verlauf interessiert ist und nicht an Momentaufnahmen für die as-maintained Produktdaten, wird das Scheduling am besten sein, da es Anfragen zu festen Zeitpunkten generiert. Sind jedoch die aktuellen Werte von höherer Bedeutung, so kann eine der zwei anderen Strategien gewählt werden, um die Anzahl der Anfragen zu senken und somit den Aufwand für Anfragen zu reduzieren.

Der detaillierte Verlauf des Scheduling wird nun hier genauer beschrieben. Beim Start des PDM-Systems wird der Schedule Thread gestartet. Zuerst muss der Schedule Thread eine Datenbank nach Schedule Ereignissen durchsuchen. Es werden alle Daten der Ereignisse gesammelt, die regelmäßig durch Scheduling ausgeführt werden müssen. Sind diese Daten gesammelt, ist der Thread initialisiert. Nun berechnet der Schedule Thread wann das nächste Ereignis eintritt. Danach „schläft" der Schedule Thread bis zu dem nächsten Ereignis oder bis zu dem Zeitpunkt, an dem der Benutzer ein neues Ereignis einträgt oder bis der Thread beendet wird. Ist der nächste Zeitpunkt für das nächste Ereignis erreicht, wird der Schedule Thread wieder aktiviert und er führt die für das Ereignis erforderlichen Operationen aus (z. B. neue Anfrage an eine Maschine). Nach einer erfolgreichen Anfrage errechnet der Schedule Thread den nächsten Anfragezeitpunkt, wechselt wieder in den Zustand „Schlafen" und wartet wieder, bis der Zeitpunkt für das nächste Ereignis erreicht ist oder der Schedule Thread beendet wird.

Wenn der Nutzer nun ein neues Ereignis anlegt, das auch durch Scheduling gesteuert werden soll, muss der Schedule Thread natürlich informiert werden. Es gibt zwei Gründe, wieso der Schedule Thread über ein neues Ereignis informiert werden muss:

- Der Schedule Thread hat eine Liste mit Ereignissen. Diese Liste wird am Anfang einmal erstellt. Um bei der Berechnung des nächsten Ereignisses nicht wieder die gesamte Liste aus der Datenbank zu lesen, muss der Schedule Thread also über neu eingetragene Ereignisse informiert werden.

- Wenn man den Thread nicht „wecken" würde, sondern den neuen Schedule Eintrag erst beim nächsten automatischen Aufwachen des Schedule Threads in die Schedule Liste hinzufügen würde, dann könnte es sein, dass Anfragezeitpunkte für den neuen Schedule Eintrag „verschlafen" werden.

Wenn der Nutzer also ein neues Ereignis einträgt, wird der Schedule Thread aufgeweckt und das neue Ereignis wird in die Liste aller Ereignisse eingetragen. Dann berechnet der Schedule Thread das nächste Ereignis. Nachdem das nächste Ereignis berechnet wurde, wird der Schedule Thread wieder in Wartezustand versetzt.

Integrationsvorgang

Nachdem der Zeitpunkt für die Anfrage an eine Maschine berechnet wurde, muss nun diese Anfrage durchgeführt werden und die angefragten Daten müssen in ein PDM-System integriert werden. Die Anfrage und Übertragung bis hin zur Speicherung der Daten wurde im vorherigen Kapitel als Integrationsvorgang bezeichnet und wird in diesem Kapitel genauer erklärt. Im Integrationsvorgang sollen also die Daten einer Maschine in ein PDM-System integriert werden. Der Integrationsvorgang lässt sich in fünf Phasen unterteilen, die hier detailliert beschrieben werden:

Get-Phase: In dieser Phase schickt das PDM-System eine Anfrage an eine Maschine und wartet auf den Empfang einer Antwort. Bei erfolgreichem Empfang wird zu Phase zwei übergegangen.

Filter-Phase: In dieser Phase werden die in der Get-Phase empfangenen Daten gefiltert. Wenn die Maschine z. B. einen Temperaturwert von einem Sensor auf fünf Stellen genau einliest, aber die Daten nur auf drei Stellen genau in der Datenbank gespeichert werden sollen, dann werden die Daten in dieser Phase auf die benötigte Anzahl von Stellen gerundet. Auch denkbar ist, dass die Maschine einen XML Baum zurückgibt, aus dem aber nur der Wert eines Blattes benötigt wird.

Add-Phase: Hier werden Informationen zu den Daten aus der Filter-Phase hinzugefügt. Ist z. B. bei den Daten von der Filter-Phase keine Information über das Datum oder die Uhrzeit dabei, so kann in dieser Phase die gewünschte Information hinzugefügt werden.

Trigger-Phase: Diese Phase lässt sich in zwei Teile untergliedern: den Überprüfungsteil und den Aktionsteil. Im Überprüfungsteil werden die Daten, die von der Add-Phase empfangen wurden überprüft. Wird z. B. ein überhöhter Temperaturwert von einer Maschine empfangen, der auf eine Beschädigungsgefahr der Maschine hindeutet, wird zum Aktionsteil der Phase gesprungen. Die Daten werden also überprüft, ob sie gewisse Regeln einhalten. Im Aktionsteil kann jetzt eine Aktion ausgeführt werden, die eine Reaktion auf die Messergebnisse darstellt. Bei dem Beispiel des erhöhten Temperaturwerts wird eine E-mail oder eine SMS an einen Techniker gesendet, der sich dann genauer um die Maschine kümmert und gegebenenfalls weitere Schritte einleitet. Manche Maschinen lassen sich auch über das Internet steuern. So könnte im Aktionsteil die Leistung der Maschine bei überhöhter Temperatur gedrosselt werden. Sind die empfangenen Daten „in Ordnung", wird kein Aktionsteil ausgeführt.

Save-Phase: In dieser Phase werden die Daten gespeichert. Beim Speichern kann man den alten Wert löschen und immer nur den aktuellsten gespeichert haben, oder man protokolliert alle Werte. Eine weitere Möglichkeit ist, z. B. nur die letzten N Werte in der Datenbank zu speichern.

Flexibilisierung der Phasen des Abholvorgangs

Ein statisches Konzept ist fest auf einen Anwendungsfall einer Maschine zugeschnitten. Das Gegenteil eines statischen Konzepts ist ein dynamisches Konzept, das für alle Anwendungsfälle und Maschinen nutzbar ist. In diesem Kapitel soll erläutert werden, wie man die fünf Phasen des Abholvorganges flexibel gestalten kann. Dabei wird zuerst ein statisches Konzept erklärt und dann daraus ein dynamisches Konzept entwickelt.

Ein statisches Konzept gibt für jede einzelne Phase eine Technologie vor und engt deshalb das Konzept auf einen bestimmten Anwendungsbereich bzw. eine bestimmte Maschine ein.

Als Beispiel dient ein Temperatursensor einer Maschine. Die Daten des Temperatursensors sollen in ein PDM-System integriert werden. Die Maschine ist über einen Webservice ansprechbar. Die Daten, die die Maschine als Antwort sendet, sind z. B. in einem XML Format codiert und enthalten nicht nur die Temperatur sondern noch viele andere Informationen über den Sensor. Der Ablauf eines Abholvorganges, wie er beispielhaft im oberen Bild dargestellt ist, wird nun genauer beschrieben.

- Das Webservice Modul der Get-Phase ruft die Daten von einer Maschine ab.

- Die von dem Webservice Modul empfangenen XML Daten werden dann zum Modul der zweiten Phase (Filter-Phase) weitergereicht. In dieser Phase werden nicht benötigte Informationen über den Sensor entfernt. Diese Aufgabe wird mit einem XSLT Modul durchgeführt.

- Nun werden die gefilterten XML Daten an das Modul der Add-Phase weitergeleitet. Da bei diesen Daten das Datum und die Zeit des Eintreffens der Daten wichtig ist, wird diese Information hinzugefügt.

- In der Trigger-Phase wird überprüft, ob die Temperatur unter drei Grad gefallen ist. Ist dies der Fall, so wird eine Email an einen Techniker geschickt.

- Schließlich werden die erfassten Daten noch in die Datenbank geschrieben.

Die fünf Phasen des Abholvorganges sind statisch. Sie sind genau auf eine Maschine zugeschnitten. Doch dieses Konzept ist nicht auf alle Maschinen anwendbar. Eine Maschine, die beispielsweise nur über CORBA ansprechbar ist, kann nicht über Webservice angesprochen werden. Mit einem statischen Konzept ist es nicht möglich, eine Maschine über eine andere Middleware als die fest vorgegebene Middleware anzusprechen.

Mit einem dynamischen Konzept können jedoch beliebig verschiedene Technologien verwendet werden. Ein dynamisches Konzept ermöglicht es dem Benutzer, eigene Technologien für die einzelnen Phasen auszusuchen. Ein dynamisches Konzept ist daher flexibler, da es keine Technologien fest (statisch) vorgibt, sondern dem Benutzer die Möglichkeit gibt, auch andere Technologien zur Laufzeit (dynamisch) auszusuchen. Deswegen werden die einzelnen Phasen dynamisch gestaltet, um so das Konzept flexibler zu machen.

Bei dem flexiblen Konzept stehen jeder Phase mehrere Module zur Verfügung. Der „Get-Phase" stehen, wie im oberen Bild zu sehen ist, die zwei Module „Corba" und „Webservice" zur Verfügung. Der Benutzer kann also zu jeder Phase ein Modul auswählen, wodurch ein Pfad durch die fünf Phasen entsteht.

Von Vorteil hierbei ist, dass der Benutzer nichts Neues mehr programmieren muss, wenn es für seine Maschine einen geeigneten Pfad durch die fünf Phasen gibt. Natürlich kann dabei nicht jeder Wunsch abgedeckt werden. Will ein Benutzer beispielsweise in der Trigger-Phase per Fax benachrichtigt werden, so müsste dafür ein neues Modul implementiert werden. Ist dieses neue Modul jedoch einmal implementiert, steht es auch künftig allen anderen Abholvorgängen zur Verfügung. Je mehr Module schon implementiert sind, umso größer ist die Anzahl der Pfade, die ein Benutzer wählen kann. Durch eine hohe Anzahl an Pfaden können mehr Anwendungsfälle abgedeckt werden und es muss weniger neu programmiert werden.

Parameter der fünf Phasen

Die fünf Phasen des Abholvorganges wurden bereits festgelegt. Jedes Modul dieser Phasen hat eine beliebige Anzahl an Parametern. Die Parameter eines Moduls lassen sich in die zwei Klassen, statische und dynamische Parameter, aufteilen. Diese Aufteilung in zwei Klassen wird nun beispielhaft an der Aufteilung des Email- Moduls der Trigger-Phase erklärt:

Statische Parameter: Für das Email-Modul muss man angeben, an welche Adresse eine Email geschickt werden soll. Außerdem muss angegeben werden, ab welchem Grenzwert eine Email verschickt werden soll. Diese Informationen legt der Benutzer einmal fest. Diese Festlegung geschieht, wenn der Benutzer die Module für die einzelnen Phasen festlegt. Die Parameter werden für das Modul fest in die Datenbank geschrieben. So bleiben diese Parameter bei jedem Aufruf des Email Moduls gleich. Die Parameter verändern sich nicht mehr, sie sind also statisch. (Bei der Bezeichnung „statisch" wird unterschlagen, dass der Benutzer zu einem späteren Zeitpunkt den Datenbankeintrag für einen Parameter ändern kann, falls der Benutzer die Emails an eine andere Adresse schicken lassen will, oder falls er den Grenzwert ändern will).

Dynamische Parameter: Das Email-Modul der Trigger-Phase muss überprüfen, ob der vom Modul der Get Phase eingelesene Wert unter dem Grenzwert liegt. Wenn das Modul nur statische Parameter hätte, könnte das Email Modul das Einhalten des Grenzwertes nicht überprüfen, da der eingelesene Wer nicht als Parameter verfügbar ist. Deswegen braucht das Modul auch noch einen dynamischen Parameter. Dieser dynamische Parameter ist der Wert der von der Maschine eingelesen wurde. Der Parameter kann bei jedem Einlesen aus der Maschine unterschiedlich sein, er ist also dynamisch. (Statische Parameter können sich auch ändern. Doch im Gegensatz zu statischen Parametern kann sich ein dynamischer Parameter auch ohne Änderung der Datenbankeinträge ändern)

Vorhin wurde beispielhaft ein Pfad schon gewählt, der mit einem Webservice bei der Get-Phase anfängt und mit einem Speichern in der Datenbank aufhört. Im Folgenden wird erklärt, was die statischen Parameter der Module bedeuten.

Web-Service: Um Daten von der Maschine abrufen zu können, muss ein PDM-System wissen, unter welcher Internetadresse sie die Maschine ansprechen kann. Diese Information wird im Parameter „Maschinenstandort" angegeben. Dann muss auch noch bekannt sein, welche Methode zum Auslesen der as-maintained Produktdaten aufgerufen werden soll. Diese Information wird in dem Parameter „Operationsname" angegeben. Schließlich müssen noch die Parameter für die Operation spezifiert sein, was in „mehreren Operations Parametern" geschieht.

XSLT: Um die Daten im XSLT Modul umzuwandeln muss der Pfad einer XSLT Datei angegeben werden. Dies geschieht in dem Parameter „XSLT Location".

Timestamp: Das Timestamp-Modul speichert Datum und Uhrzeit. So kann später genau nachvollzogen werden, von wann die eingelesenen Daten stammen.

Email: Bei dem Email-Modul wird überprüft, ob ein Wert eine Grenze überschreitet. Es muss also die Grenze angegeben werden. Dies wird im Parameter „Triggerwert" getan. Die Emailadresse, an die die Nachricht gesendet werden soll, wird im Parameter „Emailadresse" angegeben.

Datenbank: Die Datenbank kann entweder die Daten protokollieren. Das heißt, sie speichert alle Werte, die in der Vergangenheit eingelesen wurden. Oder sie speichert immer nur den zuletzt eingelesenen aktuellsten Wert. Ob protokolliert werden soll oder nicht wird im Parameter „Protokollierung / Momentaufnahme" entschieden.

Das Problem dabei ist, wenn man in einer Phase ein anderes Modul nimmt, kann es nötig sein, dass man neue statische Parameter benötigt. Will man beispielsweise in der Trigger-Phase statt einer Email ein Fax abschicken, dann benötigt man statt des statischen Parameters Emailadresse die statischen Parameter „Vorwahl" und „Faxnummer".

Legt man die statischen Parameter für eine Phase fest, so kann man kein neues Modul in die Phase einfügen, welches andere statische Parameter erfordert. Deswegen ist es besser das Modul selbst flexibel festlegen zu lassen, welche statischen Parameter es braucht, als wenn dies für jedes Modul einer Phase festgelegt ist.

Das Webservice-Modul benötigt zum Beispiel drei Eingabeparameter. Jeder Eingabeparameter wird durch einen Namen, und einen Typ beschrieben. Im Beispiel wird die Operation „getSensor(tmpSensor)" eines WebService mit der Adresse „http://..." aufgerufen. Das Ergebnis (out) ist auch durch das Modul festgelegt. Im obigen Beispiel ist es eine XML Datei.

Es muss also zu jedem statischen Parameter eines Moduls Name, Typ und Wert in der Datenbank gespeichert sein. So kann jedes Modul seine eigenen Parameter bestimmen und zukünftige Module werden nicht eingeschränkt.

Übergabe von dynamischen Parametern zwischen Modulen

Ein Modul kann mehrere Parameter von der Datenbank bekommen. Aber ein Modul hängt nicht nur von den Parametern aus der Datenbank ab, sondern auch aus Daten, die in vorangegangen Modulen erstellt wurden. Das Trigger-Modul braucht z. B. nicht nur Parameter aus der Datenbank, sondern auch die Daten, die von der Maschine eingelesen wurden. Die von der Maschine eingelesenen Daten sind also Parameter für das Trigger-Modul. Die Übergabe von Parametern zwischen Modulen ist im unteren Bild dargestellt.

Anfangs werden die Parameter, die für die einzelnen Module in der Datenbank gespeichert sind, aus der Datenbank ausgelesen. Die Parameter aller Module werden in einer Liste gespeichert und an das Get-Modul übergeben. Das Get-Modul liest Daten aus der Maschine und fügt diese Daten der Parameterliste hinzu. Das Filter-Modul kann jetzt auf die Daten, die das Get-Modul der Parameterliste hinzugefügt hat, zugreifen und die Daten filtern.

Ändern der Phasenanzahl

In den vorangehenden Kapiteln wurde der Abholvorgang immer beispielhaft als ein Prozess mit fünf Phasen dargestellt. Das heißt aber nicht, dass fünf Phasen für jeden Anwendungsfall die beste Anzahl an Phasen ist. Es ist zum Beispiel möglich, dass eine Trigger-Phase vom Benutzer nicht gewünscht ist. Dann wäre der Abholvorgang besser in vier Phasen anstatt fünf Phasen eingeteilt. Auch ist es möglich, dass der Benutzer noch mehr als fünf Phasen benötigt.

Um den Abholvorgang noch flexibler zu machen, sollen also auch noch die Anzahl der Phasen variieren können. Dazu muss zu jedem Modul gespeichert sein, welche Klasse für die Ausführung zuständig ist und an welcher Position das Modul in der Pipeline steht. Bei der Ausführung der Pipeline wird mit dem ersten Modul gestartet und nach der Ausführung des letzten Moduls gestoppt.

Präsentationsteil

Der Präsentationsteil ist für die Darstellung der as-maintained Produktdaten zuständig. Es gibt verschiedene Möglichkeiten as-maintained Produktdaten darzustellen, die sich in zwei grundlegende Arten aufteilen lassen: Die Darstellung in Textform und die Darstellung in Graphik. Nicht alle as-maintained Produktdaten, die sich in Textform darstellen lassen, lassen sich auch graphisch darstellen. Eine Fehlermeldung kann nicht sinnvoll graphisch dargestellt werden. Eine Reihe von Messungen eines Temperatursensors kann jedoch sowohl in Tetxform als auch graphisch dargestellt werden.

Eine Darstellung in Textform lässt sich z. B. einfach durch eine Tabelle realisieren. In einer Spalte der Tabelle steht der Zeitpunkt an dem die as-maintained Produktdaten eingelesen wurden. In einer anderen stehen die as-maintained Produktdaten selber. Die graphische Darstellung lässt sich z. B. durch einen Chart realisieren. Der Vorteil hierbei ist, dass man auch lange Messreihen auf einen Blick erfassen kann. Außerdem kann man mehrere Messreihen miteinander in einem Chart verknüpfen.

Ein Problem bei der Erstellung von Graphiken ist die Skalierung. Wenn über einen längeren Zeitraum Daten gesammelt werden, dann kann die Datenmenge recht groß sein. Nun ist es aber so, dass die Linien von Graphen als Pixel dargestellt werden. Hat man beispielsweise auf der X-Achse nur 300 Pixel zur Verfügung, jedoch mehrere tausend gemessene Daten, so kann die Graphik nicht mehr alle Informationen der Daten darstellen. Wie die Erstellung von Graphiken mit großen Datenmengen realisiert werden soll lässt diese Arbeit offen.

Wenn nur ein neuer Datenpunkt zu einer Graphik hinzukommt, dann muss die Graphik ganz neu erstellt werden. Dazu müssen die gesamten Daten aus der Datenbank gelesen werden. Dies führt dazu, dass die Erstellung einer Graphik, abhängig von der Menge der Daten, die zu einer Graphik in der Datenbank gespeichert sind, rechenintensiv werden kann. Ein Konzept mit dem man den Rechenaufwand bei der Erstellung von Graphiken reduzieren kann wird in dieser Arbeit nicht vorgestellt.

Es stellt sich jedoch die Frage, wann die Graphiken erstellt werden sollen. Hierfür gibt es mehrere Strategien:

Ereignisgesteuerte Aktualisierung: Jedes mal wenn neue Daten eingelesen werden wird auch die Graphik neu erstellt. Dies hat den Vorteil, dass die Graphik immer auf dem neuesten Stand ist. Der Nachteil ist, dass jedes Mal Rechenzeit in Anspruch genommen wird, um die Graphik zu erstellen. Hat man nur wenige Graphiken mit geringer Datenmenge, deren Daten nur selten aktualisiert werden, so hält sich die benötigte Rechenzeit in Grenzen.

Bedarfsgesteuerte Aktualisierung: jedes Mal wenn der Nutzer sich die Graphik ansehen will wird sie aktualisiert. Vorteil hierbei ist, dass die Graphik nicht so oft wie bei der ereignisgesteuerten Aktualisierung neu erstellt werden muss. Das bedeutet auch, dass weniger Rechenzeit benötigt wird. Der Nachteil ist aber, dass es zu Verzögerungen beim Anzeigen der Graphik kommt, da die Graphik vor dem Anzeigen neu erstellt werden muss. Bei einfachen Graphiken ist die Rechenzeit nicht so hoch wie bei Graphiken, in denen mehrere Messreihen miteinander verknüpft sind.

Lastengesteuerte Aktualisierung: Die Graphiken werden zu einem Zeitpunkt erstellt, zu dem Rechenkapazität frei ist. Die Graphiken könnten z. B. nachts erstellt werden, wenn nur wenige Benutzer auf das PDM-System zugreifen. Vorteilhaft dabei ist, dass den Graphiken dadurch Daten aus der Datenbank von höchstens einem Tag fehlen. Außerdem wird keine zusätzliche Rechenkapazität zu Lastzeiten benötigt. Der Nachteil ist jedoch, dass dem Benutzer nicht die neuesten Daten zur Verfügung stehen.

Benutzergesteuerte Aktualisierung: Der Benutzer bekommt die zuletzt erstellte Graphik angezeigt. Falls der Benutzer aktuellere Daten wünscht, kann er das Aktualisieren der Grafik auslösende Graphik neu erstellen. Vorteil ist die seltenere Erstellung einer Graphik. Dadurch wird weniger Rechenzeit benötigt. Nachteil hierbei ist, dass falls eine Graphik neu erstellt wird, dies höchstwahrscheinlich zu Lastzeiten geschieht.

Eine weitere Strategie ist eine **hybride** Strategie, welche die Vorteile der benutzergesteuerten und lastengesteuerten Aktualisierung verbindet. Diese Kombination der Strategien entlastet das PDM-System, indem sie nur zu Zeiten Graphiken erstellt, in der freie Rechenleistung zur Verfügung steht. Gleichzeitig ermöglicht es dem Benutzer die Aktualisierung der Graphiken anzustoßen und so eine Graphik mit allen Daten, die bis zu dem Zeitpunkt der Aktualisierung im PDM-System integriert wurden, zu erhalten.

Reporting im Präsentationsteil

In der Datenbank sind die Nutzdaten gespeichert. Zuerst werden die Nutzdaten aus der Datenbank gelesen und dann in Objekte der verwendeten Programmiersprache umgewandelt (z. B. Java). Dieses Mapping zwischen Datenbank und Objekten kann mit Hilfe von Objekt Relationalen Mapping Tools realisiert werden. Die Objekte, die aus den Nutzdaten der Datenbank erstellt wurden, werden dann in XML exportiert. In der XML Darstellung sind noch keinerlei Informationen über die Visualisierung (Schriftart, Schriftgröße,...) des zu erzeugenden Dokuments enthalten. Um diese Informationen wird die Extensibel Stylesheet Language XSL verwendet die aus zwei Teilen besteht:

- **XSL Transformation (XSLT)**: XSLT ist eine Transformationssprache, die dazu geschaffen wurde XML Daten in ein anderes XML Format zu überführen. Dazu werden mit Hilfe sogenannter XSLT Stylesheets, das sind spezielle XML Dokumente, Formattransformationen durchgeführt [Burk-02].

- **XSL Formatting Objects (XSL-FO)**: XSL-Fo ist eine Stilsprache im XML Format, die Informationen über die Darstellung enthält. Aus XSL-FO können, mit Hilfe von im Internet frei verfügbaren Tools, direkt Dokumente verschiedenen Formats (z. B. PDF, Word, ...) generiert werden.

Mit XSLT kann XML in XSL-FO transformiert werden [ABCD-01]. Wenn die Daten im XSL-FO Format sind, dann enthalten die Daten auch schon die Informationen über die Visualisierung. Das bedeutet, dass die eigentlichen Visualisierungsinformation in der XSLT Datei gespeichert sind [Popp-03]. Nutzdaten und Visualisierungsinformationen werden also getrennt voneinander gespeichert. Im Letzten Schritt kann dann aus XSL-FO ein Dokument generiert werden.

4 Verifizierung des Konzepts

Das vorliegende Kapitel beschreibt die prototypenhafte Realisierung des Konzepts in drei Anwendungsfällen, wobei zuerst das zu benutzende PDM-System kurz erläutert wird. Im Kapitel werden auch die notwendigen Ergänzungen innerhalb des PDM-Systems zum Exportieren von Daten erklärt. Weitere Unterkapitel geben die Architektur der einzelnen Module wider und stellt eine Beschreibung der einzelnen Komponenten dar. Schließlich wird anhand der Anwendungsszenarien Beispielabläufe durchgeführt.

4.1 Anwendungsszenarien

Zur Verifizierung des erstellten Konzeptes werden drei Szenarien angewendet, worauf in diesem Kapitel eingegangen wird.

Bereitstellung von Produktstrukturinformationen

In mehreren Fällen, wo gemeinsame Sicht auf Produktdaten zwischen mehreren Unternehmen besteht, werden die Produktdaten/-strukturen nicht immer zentral zugänglich zur Verfügung gestellt. Wenn z.B. das Produkt ein Rechner ist, werden selten die genaueren Strukturen der Rechnerkomponenten nötig. Bei Reparaturen oder Ausrüstung ist es aber nötig, die Daten einzelner Komponenten zu wissen, um z.B. kompatible Ersatzteile finden zu können. Wenn der Hersteller des Endproduktes die Daten selber nicht besitzt, müssen dementsprechend die einzelnen Produktdatenmanagementsysteme angesprochen werden.

Auf der anderen Seite steht ein Zulieferer, der Produkte an vielen Unternehmen liefert. Diese Produkte werden als Komponenten zu anderen eingesetzt. Für die Analyse und die Verbesserung des Produktes ist dessen Einsatz erwünscht. Z.B. möchte der Konstrukteur detaillierte Daten über der Ausfallrate seines Produktes und deren Gründe sammeln. Auch Erfahrungsberichte können hier nützlich sein. In Unterschied zum obigen Fall fehlen die Verbindungen zu den Oberprodukten in diesem PDM-System, da die Produktion nicht von ihnen abhängt. Hier muss zuerst ein Auffinden der Adressen durchgeführt werden, damit die einzelnen PDM-Systeme abgefragt werden können.

Bei dem ersten Anwendungsfall handelt es sich um eine Ergänzung der Struktur in Richtung „besteht aus". Bei dem zweiten wird versucht die Struktur in Richtung „ist Teil von" zu er-zeugen. Eigentlich sind die beiden Fälle vom Ablauf her identisch.

Bereitstellung von as-maintained Produktdaten

Im letzteren Anwendungsfall wird effiziente Integration von Zustands- und Konfigurationsdaten, sog. as maintained Produktdaten, in ein PDM-System demonstriert. Da eine manuelle Pflege der as-maintained Produktdaten in einem PDM-System sehr zeit-

und kostenaufwändig wäre, soll das Ergebnis der Arbeit eine automatische Integration von as-maintained Produktdaten in ein PDM-System ermöglichen. Mit Hilfe dieser Produktdaten können Unternehmen ihren Kunden neue und verbesserte Dienstleistungen wie zustandsabhängige Wartung und Instandhaltung anbieten. Dies bedeutet, dass Wartungs- und Instandhaltungsarbeiten gezielt eingeleitet werden, wenn der Zustand einer Maschine es erfordert und nicht, weil der Betriebsstundenzähler es vorschreibt.

In diesem Zusammenhang werden die Agenten Web-Services unterstützen und folgende Aufgaben übernehmen:

Agentenbasiertes Finden von Web-Services: Um der heutigen Informationsüberflutung gerecht zu werden, reicht eine reine Volltextsuche nicht mehr aus [Klim-03]. Notwendige Informationen in einem produzierenden Netzwerk müssen mit computerinterpretierbaren semantischen Markup beschreiben, sodass Agent dieses auswerten kann und Web-Services automatisch findet. Die automatische Suche von Web-Services beinhaltet die Lokalisierung eines Dienstes, der die vom Benutzer spezifizierten Eigenschaften erfüllt. Web-Services müssen also mit computerinterpretierbaren Beschreibungen versehen werden können. Diese können entweder über eine zentrale Service Registry, vergleichbar mit den gelben Seiten, oder über eine Suchmaschine zugänglich sein.

Agentenbasierte Kopplung von Web-Services: Um komplexere Aufgabe für auszuführen, müssen Agenten mehrere Web-Services miteinander verbinden können. Man spricht in diesem Zusammenhang von automatischer Web-Service-Komposition. Komposite Services sind zu erzeugen, die Geschäftsprozesse automatisieren und innovativ erneuern.

Agentenbasierte Ausführung von Web-Services: Die Beschreibung von Web-Services soll ermöglichen, dass Agenten diese ausführen können. Der Agent soll in der Lage sein, anhand des Markup zu verstehen, wie er den Web-Service aufruft, welche Inputs dabei notwendig sind und welches Ergebnis/welche Ergebnisse er erwarten kann.

Agentenbasierte Überwachung (Monitoring) und Reporting der Ausführung von gekoppelten Web-Services: Status der Ausführung soll überwacht werden. Agenten sollen dabei den Ablauf der Ausführung verfolgen. Die Reporting-Funktion liefert Informationen über verwaltete Web-Services und gibt Auswertungen über Service-Nutzung, erfolgreiche oder fehlerhafte Anfragen, Antwortzeiten. Darüber hinaus sollen zu bestimmten Systemereignissen Benachrichtigungen definiert werden, die dann beispielsweise per e-Mail an einen definierbaren Empfänger verschickt werden.

4.2 PDM-System „MiniPLM" als Basisplattform

Als Basis steht ein Prototyp-PDM-System – MiniPLM, das im Rahmen von Projekt „Burma X" entwickelt wurde. Die Realisierung erfolgte in der Abteilung Prozess- und Datenmanagement im Engineering (PDE) im Forschungszentrum Informatik (FZI) an der Universität Karlsruhe (TH) und wurde von der Europäischen Kommission gefördert.

MiniPLM besitzt die Grundfunktionen eines PDM-Systems wie z.B.:

- Produktstammdatenverwaltung – es sind Eigenschaftsgruppen definiert, wobei jedem Produkt/jeder Produktkomponente ein oder mehrere Eigenschaftsgruppen zugeordnet sind.

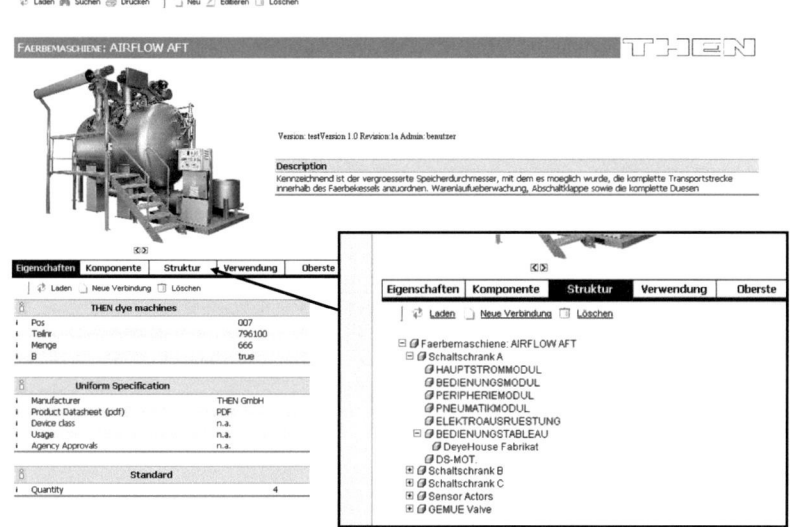

Bild 4-1:   Stammdaten und Produktstruktur im MiniPLM-System

- Produktstrukturverwaltung – Die Verknüpfungen „ist Teil von" und „besteht aus" geben die Möglichkeit an, dass man Produktstrukturen bildet sowie auch Verwendungsnachweistabellen. Navigation in beiden Richtungen wurde graphisch und tabellarisch realisiert.

- Dokumentmanagement – Alle Dokumente (Text, Graphiken, Tabellen und Modelle) werden mit spezifischen Stammdaten verwaltet. Die Bildung von Strukturen von Dokumenten ist realisiert sowie auch die Darstellung der meistverwendeten Dokumenttypen.

- Verknüpfung Produkt/Dokumentenstruktur – Mit dieser Verknüpfung können zu den Produktstammdaten Dokumente angehängt werden (z.B. CAD-Modelle).

- Exportieren in eigenem XML Format

- Einfaches Benutzermanagement

162

Bild 4-2 stellt einen Architekturüberblick über das am FZI entwickelte PDM-System MiniPLM dar. Das MiniPLM System ist in mehrere Schichten unterteilt. In der untersten Schicht befindet sich eine relationale Datenbank, in der die Daten gespeichert werden. Die PLM Logik übernimmt Aufgaben, wie die Überprüfung der Zugriffsrechte oder stellt ein Versionierungssystem bereit. Außerdem übernimmt die PLM Logik das Auslesen von Daten aus der Datenbank und wandelt diese Daten in Java Objekte um (Objekt relationales Mapping). In der Schicht Graphical User Interface (GUI) wird aus den Java Objekten der PLM Logik Schicht XML erzeugt. Dieses XML wird dann in die Hyper Text Markup Language (HTML) umgewandelt. Der HTML Server (die oberste Schicht) übernimmt die Aufgabe Anfragen des Benutzers entgegenzunehmen und auf diese Anfragen HTML Seiten, die von den unteren Schichten erstellt wurden, zum Browser des Benutzers zurückzuschicken. Außerdem verwaltet der HTML Server die Benutzersitzungen.

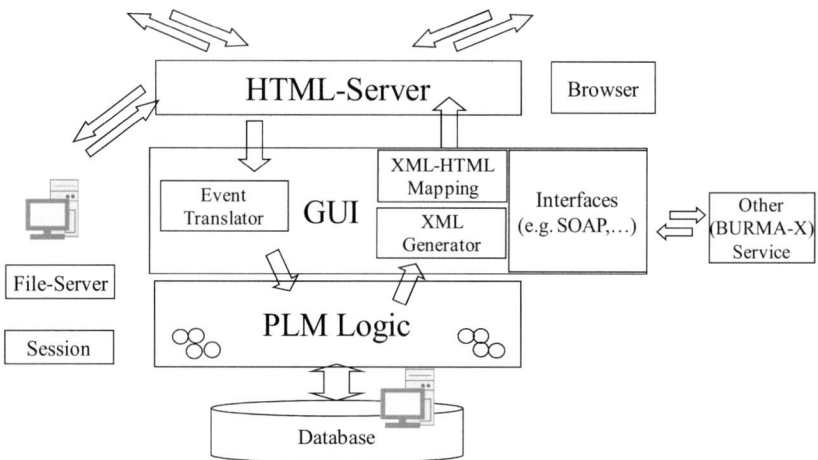

Bild 4-2:   Architekturüberblick des PDM-Systems MiniPLM

Das MiniPLM System kann auch mit anderen Systemen über seine Webservice Schnittstelle interagieren. Dabei kann das PDM-System sowohl ein Client als auch ein Server sein.

4.3   Auswahl von Entwicklungsplattformen

Web-Services ist eine Technologie, die Systemen die Möglichkeit eröffnet, miteinander zu kommunizieren. Sie hilft jedoch weder bei der Einigung der beteiligten Systeme über eine gemeinsame Semantik, noch trägt sie dazu bei, die Kernkomponente dieser Systeme zu gestalten. Diese Kernkomponente sind heute die Domäne von Komponentenmodellen und dazugehörigen Infrastrukturen und Diensten, wie sie durch Sun ONE und .NET bereitgestellt werden. Beide Plattformen bieten eine integrierte Unterstützung für Web-Services, auf die es im folgenden Abschnitt eingegangen werden soll.

Entwicklungsplattformen für Web-Service basierte Integration

Bei der Entwicklung von Web-Services haben sich zwei Plattformen herausgebildet. Dabei handelt es sich einerseits um Sun[40] ONE (Open Net Environment), die eine plattformunabhängige Strategie verfolgt und andererseits um Microsoft, die seine Kräfte in seinem Framework .NET konsolidiert. Als Grundlage zu Sun ONE dient J2EE (Java 2 Enterprise Edition) mit einer Reihe von Standards und Spezifikationen für Java Technologien. Die J2EE Plattform wurde unter Mitwirkung verschiedener Technologiefirmen entwickelt. Mehrere Anbieter von Entwicklungstools erschließen im Moment den Web-Service Bereich auf Grundlage dieser Technologie. Im Kern von J2EE arbeiten jedoch keine Web-Services, sondern objektorientierte Verteilungsmechanismen auf Basis des Corba-Protokolls IIOP. Web-Services kommen an den Außengrenzen der Komponenten zum Einsatz.

Auch in .NET-Plattform von Microsofts spiegeln Web-Services eine von vielen Techniken wider. .NET-Komponenten interagieren durch beliebige Kommunikationsmechanismen. SOAP ist nur einer davon. Für den internen Bedarf stehen Mechanismen wie DCOM bereit.

In diesem Abschnitt werden beide Lösungen sowohl untersucht und Unterschiede gezeigt als auch ein Vergleich gemacht, der für die Auswahl der geeigneten Plattform für die Web-Service basierte Integration von Standardsoftwaresystemen dienen soll.

Web-Services mit J2EE Entwicklungsplattform

Die J2EE Architektur basiert auf der Programmiersprache Java. Der Vorteil bei der Verwendung von Java besteht darin, dass ein Programm einmal geschrieben wird und auf einer beliebigen Plattform eingesetzt werden kann.

J2EE wurde ursprünglich als Architektur für serverseitige Anwendungen unter Verwendung von Java entwickelt. Die Plattform wurde für den Aufbau von herkömmlichen Websites, Softwarekomponenten oder Applikationen verwendet. Sie wurde ausgebaut, um XML basierte Web-Services zu unterstützen. Diese können mit anderen Web-Services zusammenwirken, welche nicht unbedingt dem J2EE Standard entsprechen müssen.

Die J2EE Applikation wird innerhalb eines Containers betrieben, welcher die Qualität von Enterprise Applications, wie Transaktionen, Sicherheit und Persistenz gewährleistet. Der Business Layer beinhaltet dabei die Business Logik, welche mit EJB (Enterprise Java Beans) Komponenten realisiert wird. Dieser Layer beinhaltet die Geschäftsprozesse und die Datenlogik. Er stellt die Verbindung zu Datenbanken mittels JDBC

---

[40] Sun wurde in 2009 von Oracle gekauft.

(Java Database Connectivity) her und kann ebenfalls auf externe Web-Services zugreifen. Partner werden mit J2EE Applikationen unter der Verwendung von Web-Service Technologien (SOAP, UDDI, WSDL) verbunden. Web-Service Anfragen werden durch Servlets bearbeitet. Herkömmliche Clients wie Applets oder Applikationen können parallel dazu wie gewohnt direkt auf EJB Komponenten zugreifen. Web Browser und drahtlose Geräte werden üblicherweise über JavaServer Pages (JSP) mit EJB Komponenten verbunden.

Web-Services mit .NET Entwicklungsplattform

Microsoft.NET ist ein Produkt, welches die Entwicklung von professionellen Web-Services unterstützt. Es handelt sich dabei größtenteils um eine Neuauflage von Windows DNA (Distributed interNet Applications Architecture). Windows DNA beinhaltet viele bewährte Technologien, welche heute eingesetzt werden. Diese werden nun durch Microsoft.NET ersetzt, welches einen Service Layer für Web-Services beinhaltet. Microsoft.NET ermöglicht zudem die sprachunabhängige Entwicklung von Web-Services. Eine einzelne Komponente kann z.b. teilweise in VB.NET, die .NET Version von Visual Basic, und C#, die neue objektorientierte Sprache von Microsoft, geschrieben werden.

Die .NET Applikation wird in einem Container beherbergt, welcher die notwendige Servicequalität für Enterprise Applications wie Transaktionen, Sicherheit und Messaging Services unterstützt. Der Business Layer wird mit .NET Managed Componets abgedeckt. Dieser Layer stellt die Verbindung zu Datenbanken mittels Active Data Objects (ADO.NET) her. Er erlaubt die Anbindung von existierenden Systemen mit Hilfe des Host Integration Server 2000. Die Anbindung an bestehende Web-Services, unter Verwendung der entsprechenden Technologien (SOAP, UDDI, WSDL), ist ebenfalls gewährleistet. Partner verbinden sich mit der .NET Applikation über dieselben Web-Service Technologien. Herkömmliche Clients, Web Browser und drahtlose Geräte werden über Active Server Pages (ASP.NET) miteinander verbunden. Ein weiterer Zugriff besteht zudem über Windows Forms.

Vergleich der Plattformen J2EE und .NET

Im Unterschied zu Microsofts XML-Web-Services, die auf der Technologie (.NET) und dem Microsoft Betriebssystem basieren und lediglich auf Intel-Plattformen laufen, stellen Web-Services unter J2EE eine Spezifikation von XML-basierten Frameworks dar, die von verschiedenen Herstellern implementiert werden. Dabei wird eine Reihe von standardisierten APIs definiert, die es erlauben, eine vorhandene Geschäftslogik - implementiert etwa als Java-Klassen oder Enterprise JavaBeans (EJBs) - als Web-Services zur Verfügung zu Stellen. Zu den maßgeblichen APIs gehören: das Java API für XML-Parsing (JAXP) und darauf aufbauende Java API für XML-basierende RPCs (JAX-RPC), das Interface für XML Registries (JAXR) sowie die Java Architektur für XML Binding (JAXB).

Der wichtigste Unterschied zwischen J2EE und .NET besteht darin, dass J2EE ein Markt, .NET hingegen ein Produkt ist. In der J2EE-Welt arbeiten Hunderte Firmen, die Komponenten, Werkzeuge und Applikations-Server anbieten. Die Community bestimmt, wie die Entwicklung weitergeht. Aus sozioökonomischer Sicht ist es daher anders als .NET.

Mit ihren zahlreichen APIs und Werkzeugen ist J2EE technisch gesehen auch viel reichhaltiger als .NET. Es bietet breite Unterstützung an die ganzen XML-Technologien und auch CORBA und RMI sowie eine Vielzahl anderer Internet-Protokolle und schließlich an Agentenplattformen, die für dieseArbeit entscheidend ist. Aus diesen Gründen wird in dieser Arbeit wird J2EE als Plattform verwendet.

Zu den großen Vorzügen von J2EE gegenüber .NET zählt die Portabilität von Anwendungen. So ist es ein Leichtes, Java-Anwendungen auf Applikations-Servern verschiedener Hersteller laufen zu lassen. Mussten früher Anwendungen auf vielen verschiedenen Betriebssystem-Umgebungen getestet werden, reicht heute ein Test auf der Referenzimplementierung von Sun. Andererseits gibt es hier laut Hailstone gewisse Einschränkungen: Zum einen wichen viele Hersteller bei ihren Applikations-Servern von den Spezifikationen ab, um beispielsweise die Leistung zu optimieren. Zum anderen wandle sich der J2EE-Standard schnell und verursache damit Portabilitätsprobleme.

Mit .NET ist der Kunde hingegen an Microsoft gebunden, da .NET-Software nur in Windows-Umgebungen läuft. Vorteile dieser Plattform sind hingegen die Integration der einzelnen Systembestandteile sowie die Nutzung spezieller Funktionen des Betriebssystems.

4.4   Bereitstellung von Produktstrukturinformationen

MiniPLM hat keine externe Export-Schnittstelle, besitzt aber intern die Funktion anhand eines Artikels alle Daten sowie die dazugehörige Produktstruktur im XML Format darstellen zu können. Diese Funktion wird selbst für das Erzeugen der HTML Seiten durch Parsen in der höheren Schicht von MiniPLM verwendet. Die schon vorhandene SOAP Schnittstelle wurde durch noch eine Klasse ergänzt – PLMQuery. PLMQuery beinhaltet zwei Funktionen:

- **GetIDsByInfoStr():** Diese Methode gibt alle Produkte mit deren identifizierenden und beschreibenden Daten an, bei dem der Suchbegriff enthalten ist.

- **GetObjectInfoByID():** Hier werden alle Produktdaten sowie die Struktur in beide Richtungen zurückgegeben – „besteht aus" und „ist Teil von".

Die beiden Funktionen geben ein XML formatierte Zeichenkette an. Als zweiter optionaler Parameter wird die TicketID eingefügt. TicketID bekommt man erst zugewiesen, wenn man durch die MiniPLM SOAP Interface die Anmeldungsfunktion computeTicket() aufruft. ComputeTicket() hat als Inputparameter Benutzername und Passwort, die innerhalb des MiniPLMs gelten. Bei einem erfolgreichen Aufrufen wird ein von Null differenter String zurückgegeben, welches das TicketID darstellt. Beim

Aufruf mit leerem Parameter TicketID wird die Gastanmeldung mit dem Benutzernamen „Anonymous" verwendet.

Beschreibung des Prototyps für Bereitstellung von Produktstrukturinformationen

Bei der Kommunikation zwischen Agenten und PDM-Systemen wird eine einheitliche Abfrage-Sprache gebraucht. Dabei sind alle Felder optional, aber mindestens eines muss vorkommen, damit eine Abfrage durchgeführt werden kann. Hier können mehrere Parameter von Type Keyword vorkommen.

Die Klassen PLMJob und PLMJobResult werden als Nachrichten sowohl innerhalb eines Agenten als auch zwischen den Agenten benutzt, deshalb implementieren die beiden Klassen die Schnittstelle. Dabei stellt PLMJob die Anfrage und PLMJobResult enthält genau ein Resultat dieser Abfrage. PLMJob steht in 1-zu-N Beziehung mit PLMJobResult.

Die Attribute von PLMJob dienen zum folgenden Zweck:

* **ID** – Globale Identifikation der Nachricht – beinhaltet den Agentennamen und den aktuellen Zeitstempel um Eindeutigkeit zu gewährleisten.

* **Query** – Hier wird die gestellte Abfrage mittels der schon vorgestellten Sprache gespeichert

* **SupportedFormats** – Hier werden alle Formate aufgelistet, die der Anfrager lesen kann, bzw. konvertieren kann.

* **Sender** – Hier wird die angeforderte Rolle geschrieben. Anhand dieses Feldes werden die Zugriffsdaten beim Einloggen in dem zugehörigen PDM-System ermittelt. Ein leerer Sender zeigt, dass die Abfrage von dem zugehörigen PDM-System erfolgte und diese deshalb nicht angesprochen werden sollte.

* **LastSend** – Dieses Feld wird mit einem Zeitstempel besetzt, der anzeigt, wann die letzte Anfrage zu einem externen Agent erfolgte. LastSend wird benutzt, um Zeitüberschreitungen abzufangen.

* **Relays** – Jede externe Abfrage wird hier gespeichert. Bei Antwort wird es von hier entsprechend gelöscht.

* **JobResults** – dieser Vector enthält alle Resultate aus Typ PLMJobResult.

Die Attribute von PLMJobResult sind:

* **ID** – Lokale Identifikation innerhalb der Abfrage

* **Job** – Pointer der zugehörigen Abfrage

* **Sender** – Hier wird der Name des Agenten geschrieben, der das Resultat zurückgegeben hat. Diese Eigenschaft ist für das Entscheidungsmodul von Bedeutung.

- **Format** – Die Formatkennzeichnung wird hier gespeichert. Das wird von der Konvertierungskomponente benötigt.
- **Data** – Die Produktstruktur wird hier als Zeichenkette beschrieben.

Hier werden die Plugins mit den dazugehörigen Prädikaten ausführlich beschrieben. Dabei ist das Input Parameter in Klammern dargestellt:

PLMQueryPlugin (PLMJob): Das Plugin wird alle externen Abfragen auf dem zu ihm zugehörige PDM-System ausführen. Hier wird bei der Konfiguration des Plugins die Adresse dieses PDM-Systems eingestellt. Die erfolgten Produktstrukturen werden als PLMJobResult an dem PLMJob angehängt und zusätzlich in dem Blackboard eingefügt. Hier muss eine Implementierung in Abhängigkeit des Typs des PDM-Systems stattfinden. In diesem Prototyp wird die PLMQueryPlugin an der Export-Schnittstelle von MiniPLM angepasst. Die Schnittstelle von MiniPLM ist als Web-Service durch SOAP zugreifbar und enthält zwei getrennte Funktionen für die Suche bzw. das Anfordern von Produktstrukturen. Die Funktionen können dabei mit einem zusätzlichen Parameter – TicketID aufgerufen werden. TicketID wird bei erfolgreichem Einloggen auf der MiniPLM Instanz erstellt. Nach dem Start des Plugins wurde zuerst die PLMJob.Query analysiert. Bei vorhandenen Identifizierungsdaten wurde die Funktion GetObjectInfoByID() direkt mit der extrahierte ID aufgerufen. Beim Fehlen dieser Information wird anhand der bereitgestellten Schlüsselwörter die Funktion GetIDsByInfoStr() aufgerufen. Sie gibt die Identifikationsdaten der Produkte, bei denen die Schlüsselwörter auftreten, zurück. Für jede dieser Identifizierungsdaten wird GetObjectInfoByID() aufgerufen.

Die Resultate von GetObjectInfoByID() werden in einem Objekt von Typ PLMJobResult verpackt. Es wird dann dem PLMJob zugewiesen. Als Format wird die Zeichenkette „MiniPLM" geschrieben. Direkt nach der Erstellung wird sie ins Blackboard eingefügt, damit ihm andere Plugins (z.B. ConvertionPlugin) weiterverarbeiten können.

ConvertionPlugin (PLMJobResult): Diese Reihe von Plugins sorgt dafür die Produktstrukturen innerhalb des Agents in ein lesbares Format zu bringen, da diese sonst unbrauchbar wären. Dabei wird geprüft ob das Plugin den Auftrag erfüllt hat, ein Ergebnis in ein Wunschformat zu konvertieren. Dafür sind in jedem dieser Plugins zwei statische Konstanten eingefügt, welche die zulässige Eingangsformate und Ausgangsformat anzeigen.

- InputFormats: Hashtable – speichert die möglichen Eingabeformate für den implementierten Algorithmus.
- OutputFormat: String – zeigt das Ausgabeformat als Ergebnis der Konvertierung.

Solche Plugins werden dann gestartet, wenn ein neues PLMJobResult-Objekt auf dem Blackboard eingefügt wird. Hier wird anhand der statischen Variablen und den unterstützten Formaten der zugehörigen Abfrage getestet, ob das Plugin brauchbar wäre.

Beim Ausführen wird der implementierte Konvertierungsalgorithmus auf dem PLMJobResult benutzt. Bei erfolgreichem Vorgang wird die neue Formatierung in dem Feld PLMJobResult. Data gespeichert und das Feld PLMJobResul. Format mit der statischen Konstante OutputFormat gesetzt. Schließlich wird das Objekt als geändert auf dem Blackboard markiert. In diesem Prototyp werden nur die Rahmen dieser Komponente erstellt, da es kein Bedarf besteht.

AddressSearchPlugin (PLMJob): Dieses Plugin sucht Adressen anderer Agenten in einer eigenen lokalen Ablage oder fragt die globalen Verzeichnisse. Beim Finden wird die Abfrage an den zugehörigen Agenten weitergeleitet. Hier wird das Plugin zu einer relationalen Datenbank verknüpft um deren Volltextsuchfunktion nutzen zu können. Die gefundenen Adressen werden in einzelnen PLMJobResult verpackt, das Format auf „Adress" gesetzt, mit dem PLMJob verknüpft und in das Blackboard geschickt.

Plugin	Prädikat
1. *PLMQueryPlugin*	(Einfügen von PLMJob) und (PLMJob.Sender nicht leer)
2. *AddressSearchPlugin*	Einfügen von PLMJob
4. *AgentQueryPlugin*	(Einfügen von PLMJob) or ((Einfügen von PLMJobResult) and (PLMJobResult.Format = „Address") and („Address" not in PLMJobResult.PLMJob. SupportedFormats))
5. *Entscheidungsplugin*	Einfügen von PLMJobResult
6. AgentResponsePlugin	(Ändern von PLMJob) and (PLMJob.Relay.Count = 0) and (PLMJob.Sender != null)
7. *QueryServlet*	Dieser Plugin wird nur von Außen gesteuert.
8. *AgentQueryPlugin*	(Einfügen eines Relay) and (Relay.Target = Agent)

Tabelle 4-1 Die Plugins und deren Prädikaten

Entscheidungsplugin (PLMJobResult): Als Inputparameter wird PLMJobResult verwendet. Das Plugin trifft eine entscheidet, ob die Produktstruktur die Anfrage wirklich getroffen hat. Bei dieser Implementierung werden alle Resultate als richtig markiert.

AgentQueryPlugin (Relay): Dieses Plugin wird nach Einfügen von einer Abfrage aus anderen Agenten im Blackboard aufgerufen. Das String-Feld Relay.Query enthält die Klasse PLMJob serialisiert. Nach dem Erstellen dieses Objektes wird das Feld PLMJob.LastSend mit dem aktuellen Zeitstempel und PLMJob.Sender = Relay.getSource() aktualisiert und schließlich auf dem Blackboard eingefügt.

AgentResponsePlugin (PLMJob): Dieses Plugin überwacht die Ausführung externer Abfragen, welche aus Agenten herrühren. Dabei werden alle Objekte aus Typ PLMJob mit PLMJob.Sender nicht leer für Änderungen überwacht und bei Beendung der Abfrage mit den zugehörigen PLMJobResult Objekten zurückgeschickt. Dabei wird das passende Relay auf dem Blackboard gefunden und mit der Methode Relay.setReply() das PLMJob serialisiert eingefügt. Das Relay wird noch zu den PLMJob.Relays eingefügt.

QueryServlet: Das ist das einzige Plugin, welches von außen gesteuert wird. Es ist von *BaseServletComponent* abgeleitet und implementiert die *BlackboardClient* Schnittstelle um eine Kommunikation mit dem Blackboard zu erzielen. Da es sich um ein reines Servlet handelt, erfolgt die Übergabe der Parameter durch die Methoden GET oder POST. Als Input Parameter sind die QueryString und die unterstützten Formate vorgesehen. Beim Aufruf wird ein Objekt von Typ PLMJob erstellt und mit folgenden Werten beleget:

PLMJob.ID = Agent.Name + CurrentTimeStamp

PLMJob.Query = Params.Query

PLMJob.Format = Params.Format

PLMJob.Sender = null

Dabei überwacht das Plugin weiter die Änderungen auf dem Objekt und wartet, entweder auf Erfüllung aller verketteten Abfragen oder auf eine Zeitüberschreitung. Danach werden die Daten von PLMJobResult aufgelistet und als XML zurückgeschickt. Diese Tabelle stellt die Bedingungen dar, unter deren beim Änderung auf dem Blackboard, die Komponenten von JADE gestartet werden. Dabei ist die Reihenfolge der Plugins von Bedeutung. Es ist zu beachten, dass JADE zwischen Einfügen, Ändern und Löschen von Objekten unterscheidet. Anbei werden unter den Klassennamen die Objekte von den zugehörigen Klassen verstanden.

MiniPLM Agenteneinbindung

Damit MiniPLM das neue Modul benutzt, müssen entsprechende Funktionen auf dem Agenten aufgerufen werden. Diese Schnittstelle wird aus ähnlichen Funktionen wie die Exportschnittstelle gebaut. Diese beiden Funktionen werden in den MiniPLM Routinen implementiert, weil MiniPLM streng nach Suche und Anfordern unterscheidet.

* GetObjectsByInfoStr()

* GetObjectInfoByID()

Im Vergleich zu der Exportschnittstelle fehlt der TickeID Parameter und die Suchfunktion gibt ganze Strukturen zurück.

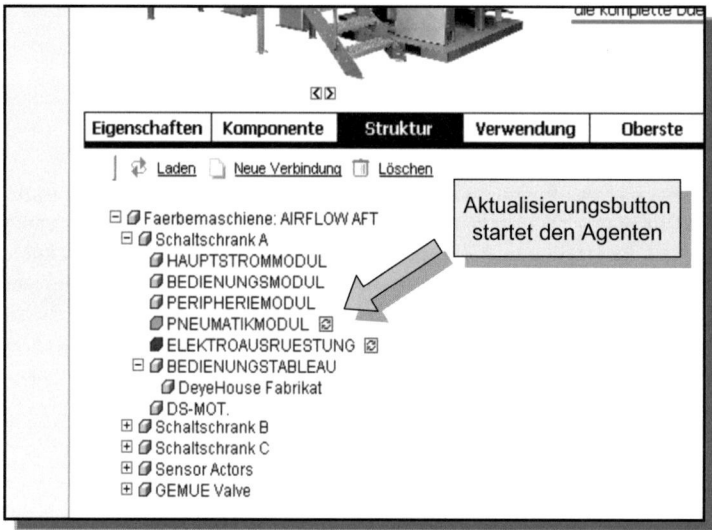

Bild 4-3:   Die visuellen Ergänzungen der Funktionalität in MiniPLM

Diese Funktionen rufen den HTTP Servlet des zugehörigen Agenten. Hier muss auch eine Einstellung der Agentenadresse erfolgen. Diese Funktionen werden nur explizit von dem Benutzer durch das Web-Interface aufgerufen. Fremde Artikel werden auch in der lokalen Datenbank gespeichert. Das bietet einheitlichen Zugriff und Realisierung von Cache. Zwischen lokalen, extern vollständigen und extern unvollständig geladenen Artikeln wird anhand einer Flagge in der Datenbank unterschieden.

Die vollständig geladenen Artikel können untersucht werden und haben die zugehörigen Struktur- und Stammdaten. Sie werden auf dem MiniPLM Interface in dunkelgrün gefärbt. Die unvollständig geladenen Artikel besitzen nur die Daten, die sie identifizieren und in einer Struktur darstellen können. Sie werden in hellgrün gezeigt. Noch ein Button – Aktualisieren ist links vom Namen dieser Artikel zu finden. Nach dem Drücken des Buttons wird der rechts stehende Artikel noch einmal angefordert und der darstellende Artikel mit der Struktur neu geladen. Dabei expandiert die Struktur möglicherweise. Intern wird die GetObjectsByInfoStr() nur bei expliziter Anforderung des Benutzers aufgerufen, wenn er die Suchabfrage von der Webseite startet. Die zweite Funktion GetObjectInfoByID() wird angerufen, wenn ein Artikel geladen werden soll, aber unvollständig in der Datenbank gespeichert ist. Der Benutzer kann auch explizit das Aktualisieren von einem externen Objekt anfordern, indem er den Button rechts vom Namen drückt.

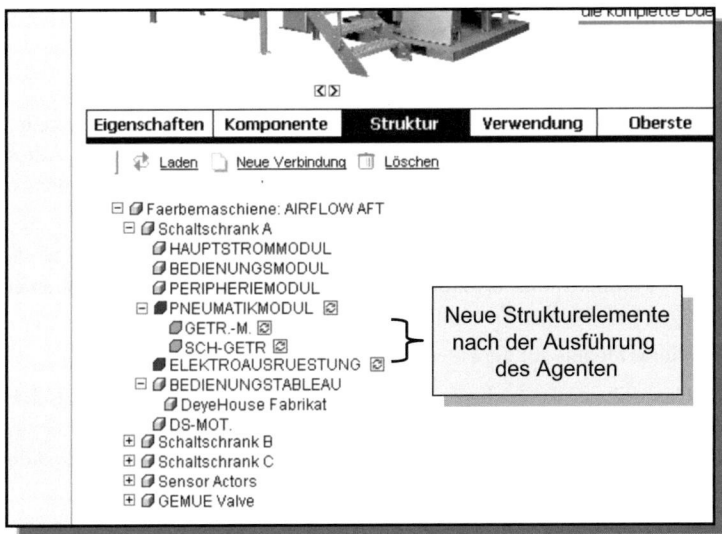

Bild 4-4:   Produktstrukturabgleich nach Ausführung des Agenten

Das obere Bild stellt dar, was nach dem Drucken des Aktualisierungsbutton von Artikel „PNEUMATIKMODUL" angezeigt wird. Dabei wird der Artikel vollständig geladen. Seine Struktur wird jedoch nur eine Ebene tiefer gezeigt. Beim durchsuchen müssen die neue Artikeln weiter angefordert.

Beispielablauf

Hier wird ein Ablauf in einem Agent dargestellt. Der Agent selber enthält nur AgentQueryPlugin, AgentResponsePlugin, ConvertionPlugin und PLMQueryPlugin. Nach dem ein Relay eingelegt wurde, startet sich das AgentQueryPlugin, da seine Prädikat auf Relay eingestellt ist. Das Plugin erstellt eine Abfrage. PLMQueryPlugin überwacht externen PLMJobs und startet direkt nach dem Einfügen von solchem Objekt. Diese Komponente setzt sich in Verbindung mit dem zugehörigen PDM-System, stellt seine Abfrage und gibt einige Ergebnisse zurück.

Die Antworten werden direkt von dem ConvertionPlugin geprüft, ob sie eine Konvertierung benötigen. Nach dem keine Plugin mehr startet, packt AgentResponsePlugin die Ergebnisse auf dem Blackboard als Antwort in dem Relay. Das Relay wird weiter von dem JADE Mechanismen zurückgeschickt.

4.5 Bereitstellung von as-maintained Produktdaten

In diesem Anwendungsfall wurde eine Maschine als Beispiel zur Verfügung gestellt. Aus der Maschine lassen sich Informationen per Webservice auslesen. Deswegen wurde bei der Realisierung als Middleware Webservice eingesetzt. Im Folgenden werden die implementierten Module für jede Phase vorgestellt:

Implementierte Module für die Get-Phase:

*   PLMDynamicWS: Ruft einen Webservice dynamisch auf. Es muss kein Client Stub generiert werden. Als Parameter verlangt das Modul eine URL Adresse für die WSDL Datei. Außerdem wird der Name der Methode, die aufgerufen werden soll, benötigt, sowie ein Parameter für den Aufruf.

*   PLMIlon: Ruft die Funktion „dataPointRead" der Maschine mittels Webservice auf. Als Parameter wird die Adresse der Maschine benötigt und ein Parameter der bestimmt, welcher DataPoint ausgelesen werden soll.

Implementierte Module für die Filter-Phase:

*   PLMCut: Filtert die erwünschte Zeichenkette aus einer Ursprungszeichenkette, indem aus der Ursprungszeichenkette alle Zeichen vor der Startposition und nach der Endposition weggelassen werden. Es werden die Parameter Startposition und Endposition benötigt.

Implementierte Module für die Add-Phase:

*   PLMTimestamp: Fügt einen Zeitstempel hinzu damit nachvollziehbar ist wann die Daten eingelesen wurden.

Implementierte Module für die Trigger-Phase:

*   PLMValueCheck: Überprüft den Wertebereich des Ergebnisses. Als Parameter wird eine obere Grenze angegeben. Falls der Werteberreich außerhalb des vorgesehenen Bereichs ist, wird eine Email verschickt. Die Empfängeradresse der Email wird in einem weiteren Parameter angegeben.

Implementierte Module für die Save-Phase:

*   **PLMDatabaseSave**: Speichert die Daten in die Datenbank.

Präsentation durch die graphische Darstellung

In diesem Kapitel wird beschrieben, wie eine Darstellung der Daten implementiert wurde. Sowohl eine graphische Darstellung als auch Darstellung in Textform der Daten wurde implementiert.

Graphische Darstellung: Das Konzept, wie man aus den Nutzdaten in der Datenbank Dokumente generieren kann, wurde bereits vorgestellt.

Zuerst werden die Nutzdaten aus der Datenbank gelesen und in Java Objekte umgewandelt. Für diese Umwandlung wurde das eigens für das MiniPLM erstellte Objekt relationale Mapping Framework verwendet, das im MiniPLM System für das objektrelationale Mapping verantwortlich ist. Dann werden die Daten mit Hilfe der PLMChartfactory in ein Bild umgewandelt. Das erstellte Bild zeigt die Daten graphisch in einem zweidimensionalen Koordinatensystem. Die X-Achse gibt den Zeitpunkt an, zu dem die Daten eingelesen wurden. Die Y-Achse gibt den eingelesenen Wert an. Es ist möglich mehrere Messreihen in einem Chart zu integrieren. Es können also auch Daten von mehreren Maschinen in einem Chart zusammengefasst werden.

Eine Graphik wird dann neu erstellt, wenn das Schedule Ereignis „PLMChartUpdate" eintritt. Am ehesten entspricht es der lastengesteuerten Aktualisierung, wenn man die Graphikerstellung nachts durchführt. Eine lastengesteuerte Aktualisierung ist das genau genommen nicht, da die Last des PDM-Systems nicht gemessen wird, sondern einfach angenommen wird, dass die Last nachts niedrig sei.

Beim Eintritt eines „PLMChartUpdate" Ereignisses werden aus der Datenbank alle Daten, die für den Chart benötigt werden, ausgelesen. Nach dem Auslesen werden die Daten in Java Objekte umgewandelt, die alle Informationen für einen Chart enthalten. Abbildung zeigt ein UML Diagramm der Java Klassen, welche die gesamte Information für einen Chart enthalten.

In PLMChartInformation sind der Titel des Charts, die Achsenbeschriftungen und die chartLocation (der Ort an dem der Chart gespeichert wird) festgelegt. Ein Objekt der Klasse „PLMChartInformation" hat 0 bis N Serien. Eine Serie ist in „PLMChartSerie" festgelegt. Eine Serie ist eine Kurve auf dem Chart. Eine Serie hat 0 bis N Punkte. Punkte sind in „PLMPointInChart" festgelegt.

Die Klasse PLMChartFactory kann aus einem PLMChartInformation Objekt ein Bild (im jpg Format) erstellen.

Die Klasse „PLMChartFactory" verwendet dazu das Open Source Tool JFreeChart. Genauere Informationen zu JFreeChart sind unter der Adresse http://www.jfree.org/jfreechart/index.html erhältlich. JFreeChart übernimmt die Anpassung der Graphik. Angenommen man hat man z. B. Werte gemessen, die alle in einem sehr kleinen Wertebereich sind, z. B. im Bereich von 100 bis 101. Dann würde man in einer Graphik, die den Wertebereich von 0-101 darstellt, kaum Veränderungen sehen können. Deshalb stellt JFreeChart automatisch den Wertebereich von 100 bis 101 auf der Y Achse dar. Der gesamte Prozess zur Erstellung eines Charts wird von der Klasse PLMChartManager erledigt. Ein UML Diagramm der Klasse PLMChartManager ist im Bild zu sehen.

Tritt ein PLMChartUpdate Ereignis ein, so ruft das Ereignis die Methode „update-Chart" auf.

Der Erstellungsvorgang des Charts wird im oberen Bild dargestellt. Der Schedule Thread stellt fest, dass ein PLMChartUpdateEvent eintreten soll. Zur Ausführung des Ereignisses ruft der Schedule Thread die Methode „execute" des PLMChartUpdateEvent auf. PLMChartupdate ruft den ChartManager auf und übergibt ihm die ID des zu erstellenden Charts. Der ChartManager holt alle benötigten Informationen aus der Datenbank und wandelt sie in Objekte um, wie sie in Bild 4-5 dargestellt sind. Diese Objekte übergibt er dann der ChartFactory, die aus den übergebenen Objekten ein Bild im jpg Format erstellt.

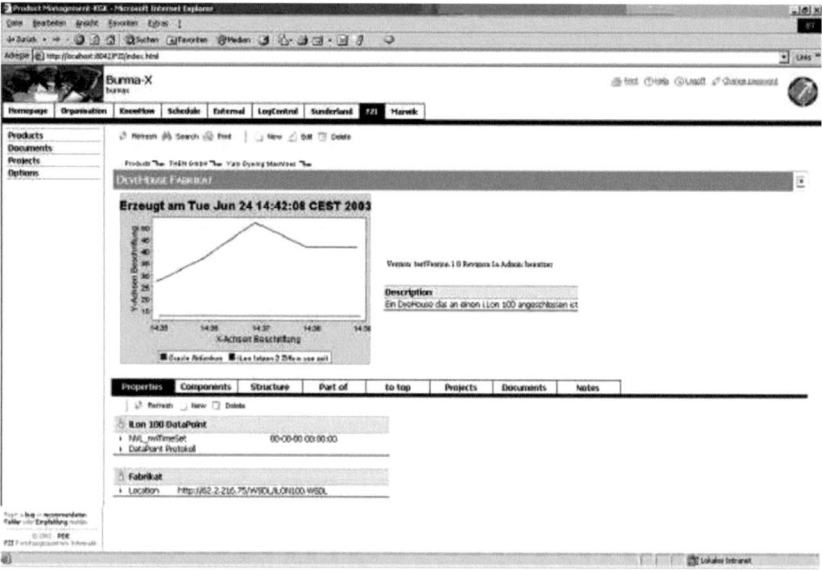

Bild 4-5: Beispiel für Graphische Darstellung

In der oberen Bild ist ein Screenshot des implementierten Programms zu sehen. In dem Screenshot aus diesem Bild ist auch ein Koordinatensystem zu erkennen, das den Verlauf von gemessenen Daten zeigt.

5 Zusammenfassung

Im Rahmen dieser Arbeit wurde ein Konzept zur agentenbasierten Kopplung von Web-Services am Beispiel der Integration von Standardsoftwaresystemen entwickelt. Das entwickelte Konzept wurde in verschiedenen Anwendungsszenarien verifiziert. Das Konzept wurde dabei auf dem am Forschungszentrum Informatik (FZI) entwickelten PDM-System „MiniPLM" verifiziert.

Zuerst wurden Anwendungsfälle ermittelt und die Anforderungen definiert wurden. Danach wurden die Anforderungen mit dem Sicherheitsaspekt ergänzt. Beim Erstellen des Konzeptes wurde versucht, das neue Modul möglichst flexibel zu erstellen, damit es an verschiedenen PDM-Systemen leicht anpassbar ist und an mehreren Standorten zu kleineren zusammenspielenden Modulen verteilt werden kann. Das Modul wurde in Form eines Prototyps implementiert und in Zusammenarbeit mit MiniPLM eingestellt.

Unternehmen haben inzwischen erkannt, dass die Nutzung von produktrelevanten Informationen über den gesamten Produktlebenszyklus von großer Bedeutung für den Erfolg eines Unternehmens ist [Sap-02]. So werden in zahlreichen Unternehmen für die durchgängige Nutzung einmal erstellter Daten während des gesamten Wertschöpfungsprozesses PDM-Systeme eingesetzt. Traditionell werden diese Anwendungen vor allem in den Bereichen Konstruktion und Produktion eingesetzt. Zu den produktrelevanten Informationen gehören aber auch Zustands- und Konfigurationsdaten, sogenannte as-maintained Produktdaten, die erst während der Nutzung eines Produktes anfallen. Bislang war eine manuelle Pflege der as-maintained Produktdaten in einem PDM-System allerdings sehr zeit- und kostenaufwändig. Jedoch ist insbesondere bei langlebigen Maschinen die Bereitstellung solcher as-maintained Produktdaten für effizienten Betrieb und Wartung von hoher Bedeutung.

In der Arbeit wurde daher ein Konzept vorgestellt, das unter anderem as-maintained Produktdaten mit möglichst geringem Aufwand automatisch in ein PDM-System integriert. Dazu wurden neue Technologien verwendet, die es ermöglichen Maschinen anzusteuern und Produktdaten zeitnah über das Internet zu übertragen. Die Anforderung, das Konzept nicht auf einen Maschinentyp festzulegen sondern auf alle Maschinen anwendbar zu sein, wurde durch ein flexibles Konzept erfüllt. So kann das Konzept auch zukünftig bei Maschinen eingesetzt werden, die weiterentwickelte Technologien für ihre Ansteuerungen verwenden.

Um Produktdaten in ein PDM-System zu integrieren reicht es nicht, dass diese einfach nur abgespeichert werden. Die von der Maschine empfangenen Produktdaten müssen vor ihrer Speicherung bearbeitet werden. Um auch diese Anforderung zu erfüllen, wurden mehrere Bearbeitungsschritte für die Produktdaten vorgestellt. Diese einzelnen Bearbeitungsschritte lassen sich flexibel auf jeden Anwendungsfall anpassen. Auf diese Weise kann man mit relativ geringem Aufwand die Überwachung an neue Maschinen anpassen, da sowohl Übertragung als auch Nachbearbeitung der Produktdaten anpassbar ist.

Durch das Konzept können jetzt auch Produktdaten, die während der Nutzung eines Produktes anfallen, effizient in ein PDM-System integriert werden. Diese neue Möglichkeit gestattet es dem Unternehmen, neue Dienstleistungen anzubieten. Wie von [Berg-04] gefordert, ist dies für Unternehmen ein weiterer Schritt vom dienstleistenden Produzenten zum produzierenden Dienstleister.

Bei der Erstellung der Architektur wurde sehr darauf geachtet, die Agentenvorteile möglichst weitgehend auszunutzen. Dabei wurden die Agentenmerkmale – Selbständigkeit, Kooperationsfähigkeit, Mobilität und Lernfähigkeit stark ausgeprägt.

Bei der Konzepterstellung wurde versucht, das Modul auf mehreren kleinen Komponenten aufzuteilen, die unter Koordination eines Masters gemeinsam funktionieren. Die Grundidee dabei ist, kleine Komponenten separat zu entwickeln und nur wenn sie gebraucht werden, in das Modul einzufügen.

An der Stelle von einem allgemeingültigen Rechtesystem wurden immer nur Beziehungen zwischen zwei Kommunikationspartner behandelt, um die Komplexität nicht unnötig zu erhöhen. Es wurde versucht, die Konzeption möglichst von der Implementierung und der Wahl der Agentenframework getrennt zu halten, damit später das Framework gewechselt werden kann.

Bei der Realisierung wurde auch probiert, die in MiniPLM bestehende Funktionalität möglichst wenig zu ändern. Die Schnittstellen von MiniPLM wurden um eine Export-Funktion erweitert. Dabei wurde die interne Datenbereitstellungsfunktion mit der SOAP Schnittstelle verbunden. Damit MiniPLM auch die neuen Module entsprechend benutzen kann, wurde ein HTTP-Servlet auf dem Agenten eingerichtet.

Dieses Modul ermöglicht leichte Konfiguration und Anpassung an andere PDM-Systeme. Es erlaubt eine Zusammenarbeit mehrerer Agenten um die Produktdaten bereitzustellen. Dabei werden die Strukturen nach der Kompatibilität mit dem Format überprüft und nach Bedarf in das Wunschformat konvertiert, wenn die entsprechende Hilfskomponente existiert. Verzeichnisse oder Konvertierungskomponenten können auch öffentlich gestellt werden oder von anderen Unternehmen gewartet werden. Dieses Modul ist leicht erweiterbar in Zusammenarbeit mit mehreren PDM-Systemen.

Das Agenten-Framework JADE hat sich für die Umsetzung äußerst hilfreich erwiesen, da der Implementierungsaufwand im Vergleich zu den anderen Frameworks wesentlich minimiert wurde. Die Komplexität bei der Trennung auf einzelne Module wurde deutlich reduziert, da dies im Grundkonzept von JADE steht.

Die Mechanismen von JADE für Thread-Verwaltung, Ressourcen-Überwachung und Plugin-Ausführung haben das Erstellen des Koordinationsmoduls als unnötig erwiesen.

Die internen Mechanismen für den Abfrageaustausch zwischen Agenten haben die Kommunikationsmodule entlastet. Der HTTP-Servlet im JADE hat auch eine schnelle

Umsetzung der externen Schnittstelle ermöglicht. Als sehr zeitaufwendig hat sich die Implementierung der Anfragen an die Agenten im MiniPLM-System erwiesen, da bei der Konzipierung als Datenquelle nur die zugehörige Datenbank vorgesehen wurde.

Da die Kommunikation von dem Agenten auf dem PDM-System MiniPLM eingeschränkt wurde, wurde das Format der Abfrage stark am MiniPLM angepasst. So erfolgt eine schnellere Verarbeitung. Bei Verbindungen mit anderen PDM-Systemen wird aber möglicherweise eine Erweiterung des Abfrageformats benötigt.

6 Ausblick

In vielen Unternehmen findet derzeit ein Umbruch statt, der sich sowohl auf die Organisation und Prozesse, als auch auf die Unterstützung dieser in geeigneter Informationstechnologie bezieht. In Zeiten von Globalisierung und zunehmendem Einsatz von IT-Anwendungen erfolgt eine Ausweitung der ehemals lokal-fokussierten Organisations- und Informationsstrukturen auf globalere und flexiblere Verbunde, wie beispielsweise weltweite Konzernstrukturen oder Virtuelle Unternehmen. Die Integration von Standardsoftwaresystemen und die Zusammenarbeit in produzierenden Netzwerken bilden dabei eine wesentliche Grundlage für effiziente Geschäftsprozesse. Um zukünftigen Herausforderungen zu gerecht zu werden, müssen Unternehmen eine IT-Infrastruktur entwickeln, die einerseits die Einbindung neuer Geschäftspartner und Serviceanbieter ermöglicht und andererseits einheitliche Sicherungsmechanismen unterstützt.

In diesem Themenkomplex sind SOA-Projekte dadurch gekennzeichnet, dass sie einen schrittweisen und kontrollierten Ausbau einer bestehenden Anwendungslandschaft gestatten. Dies gilt auch für Projekte im Bereich des PDM/PDM. Zudem wird es seine Zeit dauern, bis die vielen PLM-Anbieter ihre Lösungen auf eine SOA heben, obwohl sich heute schon die meisten dem Thema verschrieben haben. Das Nutzenpotenzial einer solchen Lösung soll sowohl der Entwicklungsabteilung als auch dem Management zugutekommen. Dabei steht im Zentrum SOA-Philosophie, dass Informationen und Prozesse als Services behandelt werden.

Dadurch, dass Informationen, Prozesse und andere Ressourcen als "Services" zur Verfügung stehen, sind sie leichter nutzbar und vor allem wiederverwendbar, und das hilft Anwendern, IT-Abteilungen und natürlich auch dem Management in mannigfaltiger Hinsicht. Prozessintegration wird durch das höhere Maß an Wiederverwendbarkeit gleichzeitig erstens einfacher, zweitens weitreichender und drittens günstiger - sogar und vor allem im Hinblick auf die Prozessintegration über bereichsübergreifende Systeme wie PDM. ERP, SCM und CRM. Im PLM-Umfeld, das von großer Dynamik gekennzeichnet ist, kommt der große Nutzen vor allem in der Anpassung und Weiterentwicklung der SOA-basierten PLM-Prozess- und Anwendungslandschaft zum Tragen.

Die Erweiterung vom einzelnen Unternehmen über Unternehmensgrenzen hinweg zu globalen und flexiblen, lose gekoppelten Verbünden stellt eine große Herausforderung dar. Bei dieser Erweiterung wird eine prozessorientierte Integration zunehmend wichtiger. Dies gilt sowohl für die unternehmensinterne Integration, als auch für die Öffnung eines Unternehmens nach „außen" im Rahmen aktueller und zukünftiger E-Business-Geschäftsmodelle. Dabei erfordert service-orientierte Informationstechnologie einen kompletten Paradigmenwechsel bei den betroffenen Unternehmen. Der Schlüssel zum Erfolg dieser neuen Technologie liegt in anpassungsfähigeren Systemen. Große Informationssysteme müssen in kleinere, flexiblere Komponenten aufgeteilt werden. Dieser Technologie liegt die Modularisierung von Systemfunktionen als Web-Services zugrunde. Vor allem wichtig ist, dass diese mithilfe von Standardsprachen wie XML beschrieben, veröffentlicht und aufgerufen werden und miteinander über Standard-Internetprotokolle interagieren.

Die Informationstechnologien basierend auf Web-Services können diese Herausforderungen meistern. Künftig werden immer mehr Anwendungsfunktionen in Form von Web-Services als selbst beschreibende, modulare Softwarekomponenten im unternehmensintern, unternehmensextern oder im weltweiten Netz veröffentlicht, gefunden und ausgeführt. Dadurch werden Ressourcen und Infrastrukturen vereinfacht. Durch bedarfsgerechte Zusammenstellung der Anwendungsfunktionen und Outsourcing profitieren Unternehmen von der flexiblen Entwicklung integrierter Anwendungen. Langfristig werden Web-Services so verbreitet wie das heutige Internet selbst.

Der Trend, in dem die Unternehmen ihre vorhandenen Systeme auf wieder verwendbare Module bzw. Services umstellen, wird weiterhin anhalten. Dies ist aber nur der Anfang auf dem Weg zu maximaler Flexibilität und Anpassungsfähigkeit. Eine vollständig automatisierte und bedarfsgerechte Integration von Web-Services ist ein weitreichendes Ziel. Auf diesem Wege sind auch einige Probleme zu bewältigen. Besonders die Interoperabilität erzeugt in dieser Hinsicht große Probleme. Das liegt zum Teil daran, dass die Services normalerweise von unterschiedlichen Abteilungen bzw. Unternehmen entwickelt werden. Darüber hinaus ergeben sich Schwierigkeiten aus der Komplexität und semantischen Heterogenität der bestehenden Systeme. Zum Beispiel müssen sich Entwickler in einem Labyrinth von Standards und Protokollen zurechtfinden. Für die kritischen Probleme mit der Interoperabilität müssen Lösungen gefunden werden. Um diese Probleme zu lösen muss die Forschung und Entwicklung Methoden und Werkzeuge entwickeln. Erst dann werden die Vorteile von service-orientierten Architekturen wesentlich leichter zugänglich sein.

Web-Services Technologie bildet hier die Grundlage für die prozessorientierte Integration und Automatisierung IT-gestützter Geschäftsprozesse. Denn Web-Services auf Basis von Standards des Internets (W3C) bilden eine solide technologische Basis zur Unterstützung zukünftiger Märkte, indem sie die global standardisierte Automatisierung und Integration von Geschäftsprozessen aller Art forcieren. In Analogie zur einheitlichen Bereitstellung und Nutzung von Dokumenten mittels heutiger WWW-Technologie definieren Web-Services die einheitliche, Server-basierende Bereitstellung und Nutzung von Applikationen und Diensten, entweder manuell mittels eines Web-Browsers oder automatisiert durch eigene Applikationen und Dienste.

Neben technischen Problemen wie der Schaffung von Web Services und Schnittstellen gilt es jedoch dabei, auch andere Hürden zu überwinden. Welche Informationen die in einem Servicenetzwerk beteiligten Unternehmen Agenten anderer Unternehmen zugänglich machen wollen, ist primär eine nichttechnische Frage. Wie in anderen Bereichen des PLMs kommt es auch hier verstärkt auf enge und vertrauensvolle Zusammenarbeit der Prozessbeteiligten an.

Zusammenfassend lässt sich feststellen, dass die Nutzung der Agenten-Technologie in einer service-basierten Architektur wertvolle Hilfestellung zum zeitnahen Informationsaustausch zwischen den Prozessbeteiligten leistet. Service-orientierte Architekturen auf Basis von Web-Services ermöglichen dabei einen plattformunabhängigen Zugriff auf unterschiedliche Daten und Funktionen und können effektiv mit Agentensystemen integriert werden.

7 Literaturverzeichnis

ABDH-97   Arnold, V.D.; Bosch, R.J.; Dumstorff, E.F.; Helfrich, P.J.; Hung, T.C.; John-son, V.M.; Persik, R.F.; Whidden, P.D.: IBM Business Frameworks: San Francisco project technical overview in: IBM System Journal 3/97, S. 437-445 Armonk: IBM, 1997

Abra-09   Abramovici, M.: Eine Lösung zur durchgängigen Produkt-Rückverfolgbarkeit entlang der Suply-Chain Lehrstuhl für Maschinenbauinformatik (ITM), Ruhr-Universität Bochum, BERLINER KREIS-MITTEILUNGEN Jahrg. 104 (2009)1-2

Abra-99   Abramovici, M.: *EDM/PDM-Einführungsstrategien – Erfahrungen und Perspekti-ven* in: Informationsverarbeitung in der Konstruktion ´99 – Beschleunigung der Produktentwicklung durch EDM/PDM- und Feature-Technologie, S.209-226 Düsseldorf: VDI Verlag, 1999

AbSc-05   Abramovici, M., Schulte, S.: PLM: Neue Bezeichnung für alte CIM- Ansätze oder Weiterentwicklung von PDM? in: Konstruktion 1/2-2005, Seite 64-70, ISSN: 0720-5953, Springer VDI-Verlag

AbGe-96   Abramovici, M., Gerhard, D., Engineering Daten Management (EDM) – Anspruch, Wirklichkeit und Zukunftsperspektiven in: Industrie Management spezial: Engineering Daten Management 1996/97, S.11-15 Berlin: Gito-Verlag, 1996

AbSt-07   Abramovici, M.; Schulte, S.: Megatrends im Engineering, Lehrstuhl für Maschinenbauinformatik (ITM), Ruhr-Universität Bochum, EDM-Report 2007

ADEK-05   Arnold, V., Dettmering, H., Engel, T., Karcher, A.: Product Lifecycle Management beherrschen, Ein Anwenderhandbuch für den Mittelstand, 2005, VI, 308 S., 88 Abb., Geb., ISBN: 3-540-22997-3

Agen-05   AgentLink III project - Technologie-Roadmap für agentenbasierte Datenverarbeitung, http://www.agentlink.org/roadmap/index.html, Abruf am 27.10.2005

Agil-05   Agile PLM-Grundsystem, White Paper: Agile Integration Framework, Agile Software Corporation, 03. März 2005, http://german.agile.com/view.asp?url=/pdf/datasheets/ds-plat-aif_w.pdf , Abruf am 30.04.2005

Agil-05   http://www.myagile.com/eservices/express, Abruf am 13.04.2005

Alpi-04   Alpine, J., OneSpace.net und Web-Services: Die sichere Verbindung von unternehmensweiten PDM-Lösungen mit den Systemen der Lieferanten, CoCreate Software GmbH Co. KG, CTO, 04/04

And-04   S. Anderson et al.: Specification: Web-Services Trust Language (WS-Trust), 2004, IBM developerWorks, http://www-106.ibm.com/developerworks/library specification/ws-trust/

AnAr-99   Anderl, R.; Arlt, M.: iPDM Systems in: Proceedings of the European Conference Product Data Technology Days 1999 in Stavanger, Norway, 1999, S. 317-323

AnRe-09   Anderl, R; Rezaei, M.: Unterstützung von Concurrent Design und Simultaneous Engineering - Fabrikdatenmanagement im Umfeld der Digitalen Fabrik, ZWF, DIGITALE FABRIK, Jahrg. 104 (2009) 1-2

Arlt-00   Arlt, M., Agentenbasierte Systemarchitekturen für Produktdatenmanagement-Systeme : Grundlagen und Konzepte / Martin Arlt. - Aachen : Shaker, 2000. - VIII, 230 S. : graph. Darst.; (dt.), ISBN: 3-8265-7945-3, Zugl.: Darmstadt, Techn. Univ., Diss., 2000

Arms-03   E. Armstrong et al.: The Java™ Web-Services Tutorial, 2003, Sun Microsystems, http://java.sun.com/webservices/tutorial.html

Asca-04   Bericht von ASCAD GmbH, ERP /PDM – Integrationen, Erfahrungen aus mehr als 50 Projekten, 2004

Atki-02   B. Atkinson et al.: Specification: Web-Services Security (WS-Security), 2002, developerWorks – IBM's Resource for developers, http://www-106.ibm.com/ developerworks/webservices/library/ws-secure

AnOp-04   Angele J. Prof. Dr., Oppermann H., Whitepaper Series, Semantic PLM - Next Generation Product Lifecycle Management, ontoprise® GmbH, http://www.ontoprise.de, 10. März 2004

AnTr-00   Anderl, R.; Trippner, D.: STEP. Standard for the Exchange of Product Model Data.; Teubner Verlag, 2000

ArAn-99   Arlt M., Anderl R.:. iPDM-Systems. In Proceedings of the 8th, Product Data Technology Europe, Seiten 317, Sandhurst, Berkshire, April 1999. Quality Marketing Services.

Bash-02   Basha, S. J., Professional Java Web-Services / S. Jeelani Basha - Birmingham : Wrox Press, 2002. - XI, 588 S. : Ill., graph. Darst.; (engl.) ISBN: 1-861003-75-7

Begq-02   Bequet, H., Beginning Java Web-Services / Henry Beqeut - Birmingham : Wrox Press, 2002. - VII, 473 S.; (engl.) ISBN: 1-86100-753-1

Beim-02   Beimborn, D., Mintert, S., Weitzel, T., Web-Services und ebXML, in: Wirtschaftsinformatik, 44 (2002) 3, S. 277-280

Beinhauer et al-08   Beinhauer, W.; Herr, M.; Schmidt, A.: SOA für agile Unternehmen, ISBN
                      978-3-939707-14-1, 2008

Bett-01   Bettag, U., Web-Services, in: Informatik Spektrum, (2001) 24. Oktober 2001, S.
                      302-304

Berl-04   E-Business-Standards in Deutschland, Bestandsaufnahme, Probleme, Perspekti-
                      ven, Ein Forschungsauftrag des Bundesministeriums für Wirtschaft und Arbeit,
                      Endbericht, Berlin, April 2003, Berlecon Research GmbH

Biscotti et al-10 Fabrizio Biscotti et al, Gartner, Inc., Market Share: Application Infrastructure and
                      Middleware Software, Worldwide, 2009, , 20. April 2010.

Boar-03   Boar, C., XML Web-Services in the organization / Chris Boar. - Redmond, Wash.:
                      Microsoft Press, 2003. - XIII, 190 S.; (engl.) ISBN: 0-7356-1882-8

Bohr-04   J. Bohren et al.: Web-Services Secure Conversation Language (WS-
                      SecureConversation), 2004, IBM developerWorks, http://www-106.ibm.com de-
                      veloperworks/ library/specification/ws-secon/

Box-03   D. Box et al.: Specification: Web-Services Policy Framework (WSPolicy), 2003,
                      IBM developerWorks http://www-106.ibm.com/developerworks/library ws-
                      polfram/

Born-02   Born, A., EAI: Spagat zwischen Prozess und Technik, iX, Seite 80, 7/2002

Brun-02   Brunner, R. J. Java Web-Services unleashed / Robert J. Brunner - Indianapolis,
                      Ind. : Sams, 2002. - XIX, 729 S. ISBN: 0-672-32363-X

BuHM-96   Bullinger, H.-J.; Hartmann, R.; Marcial, F.: *Marktstudie Engineering-Data-
                      Management-Systeme: EDM als strategischer Erfolgsfaktor im innovativen Unter-
                      nehmen* Stuttgart: Fraunhofer-Institut Arbeitswirtschaft und Organisation (IAO),
                      1. Auflage, 1996

BuMa-03   Buchholz, C., Maidstone, S., Sicherheit in offenen Systemlandschaften, Einfüh-
                      rung von Web-Services? Aber sicher!, SAP AG, 2003

BZWi-98   Brenner, W., Zarnekow, R., Wittig H,; Intelligente Softwareagenten. Springer-
                      Verlag, 1998

CaHa-98   Caglayan, A.K., Harrison, C.G.; Intelligente Software-Agenten. Carl Hanser Ver-
                      lag, 1998

ChAO-02   Christian Hilz, Andreas Krüger, Oliver Haas: Supplier Relationship Management,
                      Kunden-Lieferanten-Integration in der Automobilindustrie, HMD, Heft 228, De-
                      zember 2002

186

Chap-03   Chappell, D. A., Jewell T., Dt. Übers. von Dalheimer M. K.; Java Web-Services /
           1. Aufl., Dt. Ausg.. - Beijing ; Köln : O'Reilly, 2003. - XI, 290 S. : graph. Darst.;
           (dt.) ISBN: 3-89721-284-6

Chri-05   Christman, K., Webservices ersetzen feste Schnittstellen, Computer Zeitung Nr.
           15/11, Seite 20, Konradin Verlagsgruppe

CIMd-05   http://www.cimdata.com/PLM/plm.html, Abruf am 17. Mai 2005-05-17

CMSP-04   J. Cardoso, J. Miller, J. Su und J. Pollock. Academic and Industrial Research: Do
           Their Approaches Differ in Adding Semantics to Web Services? In: Semantic Web
                    Services and Web Process Composition (SWSWPC04), Seiten 14–21,
           2004

Comp-04   W3C empfiehlt Standards für das Semantic Web, Computerwoche, IDG Business
           Verlag GmbH, http://www.computerwoche.de/nachrichten/544361/, Abruf am
           10.02.2004

Comp-05   Oasis öffnet UDDI-Verzeichnis für Web-Services, http://www.computerwoche.de,
           Computerwoche, München, 04.02.2005

CoWo-06   IBM präsentiert Online-Katalog für SOA-Komponenten, 16.06.2006,
           http://www.computerwoche.de, Abruf am 10.2006

Coyl-01   Coyle, F. P., XML, Web-Services, and the data revolution / Boston, Mass. : Addi-
           son-Wesley, 2002. - XXXII, 356 S.; (engl.), ISBN: 0-201-77641-3

Daum-03   Daum, B.: Modeling business objects with XML schema / Berthold Daum. - Am-
           sterdam : Morgan Kaufmann; Heidelberg : dpunkt.verl., 2003. - XXV, 535 S. :
           graph. Darst.; (engl.) ISBN: 1-55860-816-8, 3-89864-218-6

DETE-03   DETECON White Paper, ERP-Strategien im collaborative Business ERP in der
           Sackgasse?, März 2003

DiKw-90   Digel W., Kwiatkowski G. (Hrsg.): Meyers Grosses Taschenlexikon in 24 Ban-
           den: Band A-Ang. BI-Taschenbuch-Verlag, Mannheim, 3. Auflage, 1990.

Ditm-05   PLM-Unternehmen wieder im Aufwind / Digital Engineering Magazin, Zeitschrift
           für Produktentwicklung, CAx-Technologien, Datenmanagement und Integration
           WIN-Verlag GmbH & Co. KG, Vaterstetten, 16.05.2005

EaRe-02   D. Eastlake, J. Reagle: XML Encryption Syntax and Processing, 2002, World
           Wide Web Consortium, http://www.w3.org/TR/xmlenc-core

EiSt-09   Ein Leitfaden für Product Development und Life Cycle Management, Martin Eig-
           ner, Ralph Stelzer, Berlin, Heidelberg : Springer-Verlag, 2009., ISBN 978-3-540-
           68401-5

EiOv–07   Eigner, M.; Ovtcharova, J.: Produktentstehung im 21. Jahrhundert: Anforderungen
             an die IT für die Konstruktion der Zukunft. Digital Engineering Magazin (2007) 3

ebXML-01   N.N., ebXML Version 1.0, http://www.ebxml.org, Abruf am 5.12.2002

EdmP-05   EDM/PDM- Newsletter, Fachjournal zu den Themen EDM/PDM, PLM und Engi-
             neering Knowledge Management, Pumacy Technologies AG, Ausgabe 1/2005

ECIN-03a   N.N., eBusiness-Standards aus Nutzersicht Identifikation, Klassifikation und Kata-
             logaustausch, 15.05.2003, http://www.ecin.de/state-of-the-
             art/ebusinessstandards/index-2.html, Abruf am 18.05.2005

ECIN-03b   N.N., eBusiness-Standards aus Nutzersicht, Transaktions- und Prozessstandards,
             15.05.2003, http://www.ecin.de/state-of-the-art/ebusinessstandards/index-3.html,
             Abruf am 18.05.2005

EbFi-03   Eberhart A.; Fischer S., Web-Services : Grundlagen und praktische Umsetzung
             mit J2EE und .NET; [Website mit Beispieldateien, Lösungen der Aufgaben, Links
             und zusätzlichen Infos zu Web-Services] / München; Wien: Hanser, 2003. - XIV,
             386 S. : Ill., graph. Darst.; (dt.), ISBN: 3-446-22530-7

eBSC-02   BMeCAT, http://www.bmecat.org/deutsch/index.asp, Abruf am: 06.06.2002.

eDMr-04   N.N.: PDM-Markstudie 2003 für Deutschland– Schwieriges Lizenzgeschäft, stetig
             steigender Servicebedarf; in: eDM Report; Heft 2/2004, Dressler Verlag, Heidel-
             berg, 2004

EhBu-02   Ehrler A, Buchbinder E. XML as Enabler for Integrating Collaborative, Lifecycle
             Support Applications with PLM and ERP. Lifecycle MSC, 2002, London

Ehrl-04   Ehrler, A., Eine integrierte Plattform für semantische Standards und Software-
             komponenten zur Unterstützung unternehmensübergreifender Produktentwick-
             lungsprozesse. - Aachen : Shaker, 2004. - XVII, 205 S. : Ill., graph. Darst.; (dt.),
             Forschungsberichte aus dem Institut für Rechneranwendung in Planung und Kon-
             struktion der Universität Kalrsruhe; 2/2004, ISBN: 3-8322-3294-X, Zugl.:
             Karlsruhe, Univ., Diss., 2004

Engl-02   Englander, R., Java and SOAP / Robert Englander. - 1. ed. - Beijing ; Köln :
             O'Reilly, 2002. - XV, 258 S.; (engl.) ISBN: 0-596-00175-4

Enge-04   Engel, T.: Produkt-Daten-Management (PDM) in der mittelständischen Ferti-
             gungsindustriem, FZI Forschungszentrum Informatik, Vortrag im VDI Weiterbil-
             dungszentrum Stuttgart, 27. Oktober 2004

ErUp-04   Erl, T., Upper S. R., NJ., Service-oriented architecture : a field guide to integrating
             XML and Web-Services / Prentice Hall PTR, 2004. - XX, 536 S. ISBN: 0-13-
             142898-5

188

ERSo-02	D. Eastlake, J. Reagle, D. Solo: XML-Signature Syntax and Processing, 2002, World Wide Web Consortium, http://www.w3.org/TR/xmldsig-core
Fast-04	Future Automotive Industry Structure (FAST) 2015, Mercer Inc., Fraunhofer Institute für Produktionstechnik und Automatisierung (IPA) und für Materialfluss und Logistik (IML), VDA, 2004
Feße-04	Feßenbecker, M., Web-Services - Revolution für EAI und B2B?, SEEBURGER AG, August 2004
FIPA-02	N.N., "Foundation for Intelligent Physical Agents", http://www.fipa.org, 2005
Freu-10	Freund, J.: Orientierung im BPM-Dschungel, Computerwoche, http://www.computerwoche.de/software/soa-bpm/2350819/, Abruf am 08.2010
FKKo-96	A. O. Freier, P. Karlton, P. C. Kocher: The SSL Protocol Version 3.0, 1996, Netscape Communications Corp., http://wp.netscape.com/eng/ssl3
Gart-09	Gartner, Inc., "Magic Quadrant for Integrated SOA Governance Technology Sets" von L. Frank Kenney et al, 31. März 2009.
Grah-02	Graham, S., Building Web-Services with Java: Making sense of XML, SOAP, WSDL, and UDDI / Steve Graham .... - Indianapolis, Ind. : Sams, 2002. - IX, 581 S. : graph. Darst.; (engl.) ISBN: 0-672-32181-5
Gaul-01	Gaul, Hans-Dieter; Verteilte Produktentwicklung - Perspektiven und Modell zur Optimierung; Dissertation, TU München (Lehrstuhl für Produktentwick-lung), 2001
GeRS-00	Geiger, K.; Ruf, H.; Schindewolf, S.: Product Lifecycle Management mit mySAP.com: Strategie, Technologie, Implementierung; Bonn: Galileo Press, 2000
GrAE-02	Grabowski, H., Arnold, V.; Erkayhan, S., Internetbasiertes Supply Chain Management für kleine und mittlere Unternehmen, Zeitschriftenartikel, PPS Management 7 (2002) 4; GITO Verlag; S. 13-16
GrEE-04	Grabowski, H., Engel, T.; Erkayhan, S.: PDM² - Neue Wege zum Produktdatenmanagement für den Mittelstand, Kongreßbeitrag/Proceeding, In: Spath, D.; Haasis, K. (Hrsg.): Aktuelle Trends in der Softwareforschung - Tagungsband zum doIT Software-Forschungstag 2003, IRB Verlag Stuttgart 2004, ISBN 3-8167-6453-3, S. 85-99
GrHa-00	Graham, G.; Hardaker, G., Supply-chain management across the Internet, International Journal of Physical Distribution & Logistics Management, 30 (2000) 3/4, S. 286-295.

Grif-98   Griffel, F.: Componentware: Konzepte und Techniken eines Softwareparadigmas /
             Frank Griffel. - 1. Aufl.. - Heidelberg : dpunkt-Verl., 1998. - XII, 645 S. : Ill.; (dt.)
             (dpunkt-Lehrbuch) ISBN: 3-932588-02-9

Gris-99   Griss, Martin L.; My Agent Will Call Your Agent ... But Will It Respond   Soft-
             ware Technology Laboratory, Forschungsbericht, HP Laboratories Palo Alto. 1999

GrLW-01   Grabowski, H.; Lossack, R.; Weißkopf, J.: Datenmanagement in der Produktent-
             wicklung.; Fachbuchverlag Leipzig, 2001

Hail-02   Hailstone, R.c.a., Web Services Adoption Timeline and Related Business Oppor-
             tuni-ties, IDC, 2002

HaGe-03   Han, Y.; Geng, H. et al.: VINCA – A Visual and Personalized Business-Level
             Composition Language for Chaining Web-Based Services, LNCS 2910, S. 165-
             177, 2003

HaBi-99   Hayzelden, Alex L., Bigham, J.; Software Agents for Future Communication Sys-
             tems. Springer-Verlag, 1999

Hayk-03   Hayka H.; Pasewaldt B.: Einsatz von PDM-Technologien; Carl Hanser Verlag,
             München, 2003

Haus-04   Hauser, T., Löwer U. M.; Web-Services - Die Standards : [Einstieg in alle Stan-
             dards und Spezifikationen ; inkl. XML-RPC, SOAP, WSDL, UDDI ; Sicherheit,
             Transaktionen und Prozesse] - 1. Aufl.. - Bonn : Galileo Press, 2004. - 234 S.: Ill.,
             graph. Darst.; (dt.) ISBN: 3-89842-393-X

HeGü-05   Hero, F., Gürtzgen S., Service-orientierte Architekturen in der chemischen Indust-
             rie: Katalysator für flexible Geschäftsprozesse SAP Info, http://www.sap.info,
             2005

Hein-00   Heinrich, H.; Holm J.; Jan W.: Vergleich von ERP-Systemen unter den Aspekten
             Benutzerfreundlichkeit, Dokumentaion und Anpassbarkeit am Beispiel von Baan
             IV, PSIPENTA und SAP R/3 / Aachen : Shaker, 2000. - IX, 80 S. : graph. Darst.;
             (dt.) ISBN: 3-8265-7797-3

Herr-08   Herrmann, W.: Microsoft definiert SOA mit Oslo, 11.2008,
             http://www.computerwoche.de/software/soa-bpm/1878085/index.html, Abruf am
             22.11.2008

Heus-08   Heuser, L.: Vision einer Web-basierten Dienstleistungsgesellschaft,
             http://www.sapinfo.de, Abruf am 2.2010

HeLA-02   Heutschi R., Leser F., Alt R., Web-Services - Einsatzfelder und Systemarchitektur, Bericht Nr.: BE HSG/ CCBN2/ 2, Universität St. Gallen - Hochschule für Wirtschafts-, Rechts- und Sozialwissenschaften (HSG), Institut für Wirtschaftsinformatik, Lehrstuhl: Prof. Dr. H. Österle, Version: 1.0, 2. Oktober 2002

Hutc-07   SOA Framework and Web Services, UGS Office of Architecture and Technology, 2007

Horn-04   Hornberg, O., Collaborative Engineering in interkulturellen Entwicklungspartnerschaften : Effizientes Informationsmanagement für flexible, dynamische Produktentwicklungsprozesse - Aachen : Shaker, 2004. - VIII, 176 S. : Ill., graph. Darst.; (dt.), Forschungsberichte aus dem Institut für Rechneranwendung in Planung und Konstruktion der Universität Karlsruhe; 1/2004, ISBN: 3-8322-3064-5, Zugl.: Karlsruhe, Univ., Diss., 2004

IBM-05   http://www-1.ibm.com/solutions/plm/country/de/index.html, Abruf am 17. Mai 2005

IBMs-08   SOA Approach to Enterprise Integration for Product Lifecycle Management, ibm.com/redbooks, Abruf am 9.2008

Idgb-05   Sprachstandard belebt Web-Services, COMPUTERWOCHE Nr. 21, IDG BUSINESS VERLAG GMBH München, 27.05.2005

Jaco-99   Jacobi, H.-P.: Das Geheimnis der „Legoware" in: Industrielle Informationstechnik 3/99, S. 31,32 München: Carl Hanser Verlag, 1999

Jano-03   Janowicz, K.: An der Kette, Über den praktischen Nutzen von Ontologien für verkettete Web Services, XML Magazin Web-Services, 6/03

Jans-03   Janssen D.: Kopplung von Web-Services, State of the art Recherche, Dezember 2003, Fraunhofer IAO, Stuttgart

Jenn-01   Jenne, F., PDM-basiertes Entwicklungsmonitoring : ein Beitrag zur Planung und Steuerung von Entwicklungsprozessen / von Frank Jenne. - Aachen : Shaker, 2001. - VI, 184 S. : Ill., graph. Darst.; (dt.), Forschungsberichte aus dem Institut für Rechneranwendung in Planung und Konstruktion der Universität Karlsruhe ; 2/2001, ISBN: 3-8265-9029-5, Zugl.: Karlsruhe, Univ., Diss., 2001

Jans-03   Janssen, D., Kopplung von Web Services, State of the art Recherche, Dezember 2003 Fraunhofer IAO, Stuttgart, 12/19/2003

Kaib-02   Kaib, M., Enterprise Application Integration : Grundlagen, Integrationsprodukte, Anwendungsbeispiele - 1. Aufl.. - Wiesbaden : Deutscher Univ.-Verl., 2002. - XXIII, 256 S. : Ill. ; graph. Darst.; (dt.) ISBN: 3-8244-2163-1

Kais-00   Kaiser, J.: *Arbeitsteilung zwischen CAD-, PDM-, und PPS-Systemen* in: CAD-
             CAM REPORT März 2000, S. 78-85 Heidelberg: Dressler-Verlag, 2000

Katz-10   Alfred Katzenbach, Engineering IT heute – Wege in die Zukunft, Product Life
             Live Kongress, Stuttgart, 2010

Klim-03   Klimesch, C., Ein Beitrag zur prozessgetriebenen Informationslogistik durch kon-
             textorientiertes domänenübergreifendes Wissensmanagement / von Christian
             Klimesch. - Aachen : Shaker, 2003. - VI, 198 S. : graph. Darst.; (dt.), Forschungs-
             berichte aus dem Institut für Rechneranwendung in Planung und Konstruktion der
             Universität Karlsruhe ; 3/2003, ISBN: 3-8322-1917-X, Zugl.: Karlsruhe, Univ.,
             Diss., 2003

Komp-05   KOMPASS Projekt-Site: http://www.webservice-kompass.de, Abruf am
             10.12.2005

Kole-04   Kossmann D., Leymann F., Web Services, Universität Heidelberg, IBM, 2004

KuJa-07   Kurbel, K.; Jankowska, M.A.: Diensteorientierte Architekturen und intelligente
             Agenten im Supply Chain Event Management, ERP Management 2 (2006) 1,
             GITO-Verlag

Krast-03   Krastel, M., Neue Potenziale für KMUs durch PLM, Product Lifecycle Manage-
             ment, Leitfaden • Fallstudien • Referenzen, IBM, Juni 2003

Koto-00   Kotok, A., http://www.xml.com/lpt/a/2000/08/02/ebiz/extensible.html, Abruf am:
             09.08.2002

Krum-05   Krumbein T.: Open Source-Software einsetzen und integrieren, Das Nachschlage-
             werk für lizenzkostenfreie Software unter Windows und Linux, Galileo Compu-
             ting, 1104 S., 2005, geb., mit DVD, 59,90 Euro, ISBN 3-89842-507-X

Lint-00   Linthicum, D. S., Enterprise application integration - Reading, Mass. ; London :
             Addison-Wesley, 2000. - XVII, 377 S. : Ill. ISBN: 0-201-61583-5

Legner et al-07 Vogel, T; Legner, C.; Au, C.; Augenstein, C.; Löhe, J.; Wittmer, J.: SOA in Au-
             tomotive: Konzept m:n-fähiger Web Services für das kooperative Änderungsma-
             nagement, Bericht Nr.: BE HSG / CC BN3 /Automotive 1, Lehrstuhl:Prof. Dr. H.
             Österle, Version:1.8, 02.2007

Lieb-07   Daniel Liebhart, Die Bedeutung von SOA für moderne IT-Landschaften,
             Unibversität Koblenz-Landau, Institut für Wirtschafts- und Verwaltungsinformatik

Lanf-04   Lanfermann, A., Web-Services anbieten und beziehen SAP Info,
             http://www.sap.info, 2004

Laut-05   Lautenbacher F., Ontologie-basierte Modellierung und Synthese von Geschäfts-
             prozessen, Report 2005-16,   Institut für Informatik, Universität Augsburg, Sep-
             tember 2005

LSDI-05   Large Scale Distributed Information Systems Lab LSDIS. METEOR-S: Semantic
             Web Services and Processes, 2005. http://swp.semanticweb.org

MaGe-08   Gunter Maag , Daimler AG und Dirk Gernhardt, Capgemini sd&m, SOA in der
             Automobilindustrie, Wie Daimler den PKW-Vertrieb beschleunigt, Computerwo-
             che, 27.11.2008

MaMH-97   Matthes, J.; Marcial, F.; Hartmann, R.: *Engineering Data Management in der be-
             trieblichen Praxis* in: EDM-Report 1/97, S. 34-39 Heidelberg: Dressler Verlag,
             1997

Mart-01   Martin W,. EAI im Wandel, Wertschöpfungsnetze durch kollaborative Geschäfts-
             prozesse, Strategic Bulletin, Eine Analyse von it Research – April 2002

Matt-03   Mattern T., Enterprise Services Architecture: Services-basierte Softwarearchitek-
             tur, Integration neu definiert, SAP Info, 26.04.2003, http://www.sap.info/de, Abruf
             am 01.05.2005

Matx-05   N.N., The Matrix PLM Platform,
             http://www.matrixone.com/matrixonesolutions/plm_platform.html, MatrixOne,
             Abruf am 18.05. 2004.

MeBo-03   Medjahed, B.; Bouguettaya, A.; Elmagarmid, A.; Composing Web Services on the
             Semantic Web, VLDB Journal 12(03):333-351, 2003

Meye-05   Meyer H., SEMANTIC WEB SERVICES, OBJEKTspektrum, SIGS-DATACOM
             Verlag, Troisdorf, 3/05

Mild-97   Milde, P., Ein Beitrag für den Aufbau und die Nutzung von integrierten Unter-
             nehmensmodellen / Peter Milde. - Als Ms. gedr.. - Aachen : Shaker, 1997. - III,
             164 S.; (dt.), Forschungsberichte aus dem Institut für Rechneranwendung in Pla-
             nung und Konstruktion der Universität Karlsruhe ; Bd. 97,3, ISBN: 3-8265-3074-
             8, Zugl.: Karlsruhe, Univ., Diss., 1997

Miha-04   Mihajloski K., Diplomarbeit, Web-Services zur automatischen Softwareverteilung,
             Fachbereich Informatik, AG Integrierte Kommunikationssysteme, Universität Kai-
             serslautern, Juni 2004

MMAc-02   Metcalfe D., Meringer J., Ackers G.: Web-Services True Costs Revealed, Forrester
             Research, Inc., 2002, http://www.forrester.com/ER/Research/Report Sum-
             mary/0,1338,14558,00.html

Mühl-08   Mühleck, K.: VW-CIO Mühleck über seine fünf Ziele mit SOA,
           http://www.cio.de/1873586, Abruf am 10.2008,

Morg-01   Morgenthal, J. P., with Bill LaForge. - Upper Saddle River, NJ; Enterprise applica-
           tion integration with XML and Java; Prentice Hall PTR, 2001. - XIX, 504 S. :
           graph. Darst. & 1 CD-ROM; (engl.) ISBN: 0-13-085135-3

NaGo-02   Pablo Naicker, Pooja Goyal Web-Services und ihr Einsatz, Die Plattform der Zu-
           kunft, SAP INFO, http://www.sap.info/de, 26.04.2003, ISSN 1619-6759

NeLo-05   Newcomer, E., Lomow G., Understanding SOA with Web-Services, Boston : Ad-
           dison-Wesley, 2005. - XXXII, 444 S. : graph. Darst.; (engl.) ISBN: 0-321-18086-0

Neel-02   Neela M. A., Zwische Hype und wahrem Nutzen: Was steckt hinter Web-
           Services?, SAP Info, www.sapinfo.de, 2002-03-18

Neub-01   R. Neubert, W. Colombo, U. Ax, R. Schoop, "An Approach to Integrate a
                   Multiagent-based Production Controller into a Holonic Enterprise Plat-
           form", In: Proceedings of the 1st International Conference on Information Tech-
           nology in Mechatronics (ITM'01), Special Session, Istanbul, 1.-3. Oktober 2001,
           S. 65-70.

Newc-02   Newcomer, E., Understanding Web-Services : XML, WSDL, SOAP, and UDDI /
           Eric Newcomer. - Boston : Addison-Wesley, 2002. - XXVIII, 332 S.; (engl.)
           ISBN: 0-201-75081-3

OBKM-03   Otto B., Beckmann H., Kelkar O:, Müller S., E-Business-Standards, Verbreitung
           und Akzeptanz http://www.media-
           vision.iao.fraunhofer.de/downloads/E_Business_Standards_August_2002.pdf Ab-
           ruf am: 05.01.2003

OMG-05   Document - mantis/04-04-01 (Product Lifecycle Management Revised Submis-
           sion, http://www.omg.org/cgi-bin/doc?mantis/2004-04-01, Abruf am 18.05.2005

Otto-01   Otto, B., openXchange, Framework for Integrated Business Processes and Meth-
           ods for Electronic Procurement and Marktplaces. In: E-work and E-Commerce,
           Volume 1. Amsterdam: IOS-Press, S. 479-485, 2001

oTRA-05   N.N., http://www.opentrans.org, Abruf am 18.05.2005

OWL-04   W3C Recommendation OWL, http://www.w3.org/01/sw/WebOnt/,
                   www.w3.org/TR/04/REC-owl-ref-040210/, Februar 2004

OWL-S   http://www.daml.org/services/owl-s/

OrYa-03   Orriens, B.; Yang, J.; Papyoglou, M.: Model Driven Service Composition, LNCS
           2910, S. 75-90, 2003

OvEn-05   Ovtcharova J. Prof., Engel T.: Probieren geht über studieren, PLM im Mittelstand von Anfang an richtig machen/ Digital Engineering Magazin, Zeitschrift für Produktentwicklung, CAx-Technologien, Datenmanagement und Integration WIN-Verlag GmbH & Co. KG, Vaterstetten, 2005

Paolucci et al-03 Paolucci, M.; Srinivasan, N., Sycara K. and Nishimura T., Towards a Semantic Choreography of Web Services: From WSDL to DAML-S, in: Liang-Jie Zhang (Ed.): Proceedings: First International Conference on Web Services, ICWS '03, June 23-26, 2003, Las Vegas, Nevada, USA. CSREA Press 2003, 22-26. http://www-2.cs.cmu.edu/~softagents/papers/isws_ieee_03.pdf

PaRü-02   Pape U., Rüther M.: Enterprise Application Integration: Eine "Datendrehscheibe" für prozessorientierte Integration, SAP Info, 21.05.2002

Pico-02   Picot, A., Web-Services - Bausteine für das e-Business : [Tagungsband ; Grundlage ... sind die Referate der Fachkonferenz "Web-Services - Bausteine für das e-Business", die am 27. Februar 2002 im Europäischen Patentamt in München stattfand] / hrsg. von Arnold Picot .... - Heidelberg : Hüthig, 2002. - VIII, 202 S. : Ill., graph. Darst.; (dt.) (Forum Telekommunikation des Münchner Kreises ; 21), ISBN: 3-7785-3969-8, 3-8266-5025-5

P2pl-02   P2plus White Paper, E-Commerce und Collaborative, Business mit P2plus, AP Automation + Productivity AG, http://www.ap-ag.com/Veroeffentlichungen/White_Papers/PDF/p2pluscommerce.pdf, 31. Mai. 2002, Abruf am 30.04.2005

ProS-05   http://www.prostep.org/de/news/ProSTEP+iViP+Verein+setzt+Standards.htm, Abruf am 7.4.2005

PTCW-05   N.N., Windchill, http://www.ptc.com/windchill, PTC, Abruf am 18.05. 2005

Ray-04   Ray, E. T.: Einführung in XML : [behandelt Schemas] / Dt. Übers. von Lars Schulten. - 2. Aufl., dt. Ausg.. - Beijing ; Köln : O'Reilly, 2004. - XIV, 428 S. : Ill.; (dt.) ISBN: 3-89721-370-2

Reag-02   J. Reagle: XML Encryption Requirements, 2002, World Wide Web Consortium, http://www.w3.org/TR/xml-encryption-req

ReSt-04   Reichert, M., Stoll D., Komposition, Choreograhpie und Orchestrierung von Web Services – Ein Überblick, EMISA Forum, Band 24, Heft 2, 2004, S. 21-32

RDF-04   W3C Recommendation RDF, http://www.w3.org/RDF/, Februar 2004

ReBr-01   Renz A.; Brice E., Supply Chain Management: "Intelligente" Supply-Chain-Netzwerke, SAP Info, 2001, http://www.sap.info/de, Abruf am 26.04.2005

ReIP-01   Repenning, A.; Ioannidou, A.; Payton, M.: Using Components for Rapid Distrib-
           uted Software Development in: IEEE SOFTWARE, March/April 2001, S. 38-45
           Washington: IEEE Computer Society, 2001

ReSc-99   E. Rescorla, A. Schiffman: The Secure HyperText Transfer Protocol, 1999

Rieg-01   Riegen R., Die Grünen Seiten der Internetfirmen: Mit UDDI zur nächsten Stufe
           des E-Business, SAP Info, 01.10.2001, http://www.sap.info/de, Abruf am
           01.05.2005

Ritt-01   A. Ritter, A. Braatz, M. Höpf, "Models and Modules for Production Agents", In:
           Proceedings of the 1st International Conference on Information Technology in
           Mechatronics (ITM'01), Special Session, Istanbul, 1.-3. Oktober 2001, S.   47-
           52.

Rohd-03   Rohde N., Web-Services nach dem Hype – warum Unternehmen jetzt aktiv wer-
           den sollten, Director Sales & Marketing Central and Eastern Europe bei der WRQ
           Software GmbH, ECIN, http://www.ecin.de/technik/webserviceshype, 17.07.2003,
           Abruf am: 04.06.2004

RoSi-04   Neue Chancen durch Informations- und Kommunikationslösungen in der Automo-
           bilindustrie, Siemens und Roland Berger Strategy, 2004

RöSH-01   Röder, A.; Sailer, B.; Haasis, S., Unternehmensübergreifende Informationslogistik
           in der Automobilindustrie, Zeitschrift für Wirtschaftlichen Fabrikbetrieb, 96
           (2001) 6, S. 299-302.

SaIn-02   Web-Services branchenspezifisch nutzen: Partnerzentriert, firmeneigen oder öf-
           fentlich?, http://www.sap.info/de, SAP AG, Global Communications, 18.02.2002

SASI-03   Silberberger, H., Snapshot, WEB-SERVICES IN EUROPA
           http://www.sap-si.com, SAP Systems Integration AG, 2003

SaLo-04   Web-Services, Logistik und Transport, Logistik Flyer, SAP Systems Integration
           AG, www.sap-si.com/files/Logistik_Flyer_final.pdf, Erstellt am: 17.03.2004, Ab-
           ruf am 01.05.2005

Schu-06   Schuster, Dr. E.: Enterprise SOA unterstützt Automobilzulieferer: Flexibilität
           schafft Wettbewerbsvorteile, 14.Juni.2006, http://www.sapinfo.de

Self-05   Self HTML, http://de.selfhtml.org/xml/dtd/entities.htm, Abruf am 01.05.2005

Sati-05   SATINE Projekt-Site:
           http://www.fokus.gmd.de/bereichsseiten/projekte/Satine/index.php?lang=de, Ab-
           ruf am 12.14.2005

Scha-04	Schaffry A. Dr., Web-Services und SMBs: Online-Datenbrücken in die Zukunft, SAP SMB News, 15.09.2004
Sche-97	Scheer, A.-W.: Architektur für das industrielle Geschäftsprozessmanagement in: Industrie Management spezial: Engineering Management 1997/98, S. 25-29 Berlin: Gito-Verlag, 1997
Schi-96	Schiewer, F.: Objektorientierung vereinfacht das Customizing von PPS-Systemen in: Industrie Management 5/96, S. 53, 54 Berlin: Gito-Verlag, 1996
Schl-99	Schlüter, A., Dr., Eine architekturgetriebene Vorgehensweise zur Integration von Geschäftsprozessen, White Paper, Softlab Consulting, September 1999
Schm-03	Schmale T. Dr., Web-Services zwischen Anspruch und Wirklichkeit, Vorstand inubit AG, 21.08.2003
Schi-02	Schichtel, M.: Produktdatenmodellierung in der Praxis / Markus Schichtel. - München ; Wien : Hanser, 2002. - 288 S. : Ill., graph. Darst. & 1 CD-ROM; (dt.), ISBN: 3-446-21857-2
Schö-00	Schöttner j.: Wieviel ERP braucht die Konstruktion? Gesunder Mittelweg, Thema: Das richtige Maß an PDM/ERP-Integration entscheidet über den Gesamterfolg, CAD WORLD, Nov./Dez. 2000, Nr. 6, S. 84-85
Schö-99	Schöttner, J.: Produktdatenmanagement in der Fertigungsindustrie : Prinzip - Konzepte - Strategien / Josef Schöttner. - München ; Wien : Hanser, 1999. - XV, 384 S. : graph. Darst.; (dt.), ISBN: 3-446-21152-7
Scho-02	R. Schoop, A. W. Colombo, B. Suessmann, R. Neubert, "Industrial Experiences, Trends and Future Requirements on Agent-based Intelligent Automation", Proc. of the IEEE IECON'02, Sevilla, 5.-8. November 2002.
ScWi-01	Schiegg-P.; Wienecke-K., Ist die integrierte Lieferkette nur ein Mythos?, Logistik für Unternehmen, 15 (2001) 11, S. 32-35
Sen-09	Kenan Sen, Software as a Service - DIGITAL ENGINEERING SOLUTIONS 2009
Send-04	Sendler U.: Liebensteiner Thesen des sendler/circle, 1995 CADcircle als Interessengemeinschaft der Anbieter von Engineering Software gegründet, welches nun mit erweitertem Themengebiet im sendler\circle it-forum seine Fortsetzung findet, http://www.sendlercircle.com
Send-09	Ulrich Sendler, Das PLM-Kompendium, Referenzbuch des, Produkt-Lebenszyklus-Managements, Springer-Verlag Berlin Heidelberg 2009, ISBN 978-3-540-87897-1

Sess-02   Sesseler, S., Eine modulare Architektur für dienstbasierte Interaktionen zwischen
               Agenten, Dissertation, Fakultät IV – Elektrotechnik und Informatik der Techni-
               schen Universität Berlin 2002

SFB4-02   N.N., SFB 467 – Wandlungsfähige Unternehmensstrukturen,
               http://www.sfb467.uni-stuttgart.de

Siem-10   Software as a Service (SaaS) mit Anwendungsbeispielen, Siemens IT Solutions
               and Services, 2009

SiSe-95   Siegwart, H.; Senti, R.: Product Life Cycle Management. Die Gestaltung eines
               integrierten Produktlebenszyklus.; Schäffer-Poeschel Verlag, 1995

Silb-03   Silberberger H., Web-Services verändern die Weltwirtschaft, Director Business
               Strategy System Integration bei der SAP SI, AG.COMPUTERWOCHE Nr. 44
               vom 31.10.2003

Slee-05   Sleeper S. Z., Yankee Group erwartet Offensive bei Web-Services: Service-
               orientierte Architekturen ganz oben auf der Wunschliste der IT-Abteilungen, SAP
               Info, 08.02.2005, http://www.sap.info/de, Abruf am 01.05.2005

Snell-02   Snell, J., James Snell, Doug T., Kulchenko P., Programming Web-Services with
               SOAP : [building distributed applications] - 1. ed.. - Beijing ; Köln : O'Reilly,
               2002. - XIII, 244 S. : Ill., graph. Darst.; (engl.) ISBN: 0-596-00095-2

Sopl-08   Möglichkeiten und Herausforderungen zum Einsatz von SOA im PLM-Umfeld,
               White Paper, ProSTEP iViP e.V, März 2008

SPLM-05   N.N., mySAP Product Lifecycle Management, http://www.sap.com/solutions/plm/,
               SAP AG, Abruf am 18.05. 2005

Stap-04   Stapf M., Agiles Business: Vom Prozess zum Dienst, BPEL das „SQL" der Pro-
               zesse, Java Spectrum, 01/2005

Star-04   Stark, J.: Product Lifecycle Management: Paradigm for 21st Century Product Re-
               alisation, Hardcover: 400 pages, Springer; 1 edition (September 10, 2004), ISBN:
               1852338105

Stau-99   Staub, G.: Komponentenbasierte Entwicklung und Implementierung von Produkt-
               modellen als Basis für interoperable Ingenieursanwendungen / Aachen : Shaker,
               2000. - III, 141 S. : graph. Darst.; (dt.) Forschungsberichte aus dem Institut für
               Rechneranwendung in Planung und Konstruktion der Universität Karlsruhe ; Bd.
               2000,4, ISBN: 3-8265-7396-X, Zugl.: Karlsruhe, Univ., Diss., 1999

Step-04   Aier, S., Enterprise application integration : Serviceorientierung und nachhaltige
               Architekturen (Hrsg.). - Berlin : Gito-Verl., 2004. - IX, 428 S. : graph. Darst.;
               (dt.) ISBN: 3-936771-30-8

Stier-03	Stierand B., Drum prüfe, wer sich ewig bindet, Die Web Service Inspection Language (WSIL) XML & Web Services Magazin Ausgabe, 4.2003
Stuar-05	Stuart T., L.: Die Software der Zukunft ist Service-orientiert, Softlab-News, http://www.softlab.de/de/detail/7067, Communication & Media Management, Abruf am 18.05.2005
Stuh-02	Stuhec G., Electronic Business XML (ebXML) als Standard für das E-Business, Globales Kommunikations-Werkzeug/SAP INFO, 28.02.2002
SWDe-03	Petra Schubert, Ralf Wölfle, Walter Dettling (Hrsg.), E-Business-Integration: Fallstudien zur Optimierung elektronischer Geschäftsprozesse, Carl Hanser Verlag, 2003
UDDI-05a	N.N., OASIS UDDI Specification Technical Committee, http://oasis-open.org/committees/uddi-spec, Abruf am 01.05.2005
UDDI-05b	N.N., OASIS UDDI Best Practices, http://www.oasis-open.org/committees/uddi-spec/bps.shtml, Abruf am 01.05.2005
UDDI-05c	N.N., OASIS UDDI Technical Notes, http://www.oasis-open.org/committees/uddi-spec/tns.shtml, Abruf am 01.05.2005
UGSa-05	http://www.ugs.at/about_us/press/press011.shtml, Abruf am 22.04.2005
UGSb-05	http://www.ugsplm.de/produkte/open, Abruf am 21.04.2005
UnLä-04	Ungerer M., Lämmer L.: Product Lifecycle Management Services within OMG's Model Driven Architecture, ProSTEP iViP e.V., 06.08.2004
Über-10	Überhorst, S.: Durchgängige Modelle, BPMN - ein Standard weckt Hoffnung, Computerwoche, 27.08.2010
Volk-05	Volker Wawer, U.: CAD und PDM: Prozessoptimierung durch Integration; München: Hanser Verlag, 2005
VSCu-04	K. Verma, A. Sheth und F. Curbera. Service Oriented Architectures and Semantic Web Processes, 2004. http://lsdis.cs.uga.edu/lib/presentations/ICSOC-tutorial-final.ppt
VDI-99	VDI-Richtlinie 2219: Einführungsstrategien und Wirtschaftlichkeit von EDM/PDM-Systemen Düsseldorf, VDI-Gesellschaft Entwicklung Konstruktion Vertrieb, 1999
Warn-99	Warnecke, Hans-Jürgen, Vom Fraktal zum Produktionsnetzwerk : Unternehmenskooperationen erfolgreich gestalten / Hans-Jürgen Warnecke ... (Hrsg.). - Berlin ; Heidelberg : Springer, 1999. - X, 193 S. : Ill., graph. Darst.; (dt.), ISBN: 3-540-64525-X

Wave-05   Wawer, V., Eine sichere Sache, Zeitschrift MM Maschinen Markt, Vogel Industrie
           Medien GmbH & Co. KG, 03.02.2005

Wals-02   Walsh, A. E., Upper S. R. NJ; UDDI, SOAP, and WSDL : the Web-Services
           specification reference book: Prentice Hall PTR, 2002. - XX, 305 S.; (engl.) ISBN:
           0-13-085726-2

Wedl-07   Wedel, Dr. Thomas.; Das Potenzial Service-orientierter Architekturen: Anwen-
           dungslandschaften schrittweise ausbauen ist Leiter des PLM Solutions Marketings
           von IBM. IT&Production, Ausgabe März 2007

Webs-02   Web Services - Webbasierte Business-Prozesse mit XML, Unabhängig und modu-
           lar SAP Info, http://www.sap.info, 2002

Whit-02   Whiting, R., Web Services Take Integration To A New Level, Information-
           week.com, http://www.informationweek.com/story/IWK20020411S0009,
           15.04.2002

Wild-98   Wildemenn, H.: Interne und externe Kunden-Lieferanten-Beziehungen. In: ZWF,
           93 (1998) 1-2, S. 43-45

Wolf-02   Keller, W., Enterprise Application Integration : Erfahrungen aus der Praxis - 1.
           Aufl.. - Heidelberg : dpunkt-Verl., 2002. - XII, 220 S. : Ill., graph. Darst; 24 cm;
           (dt.) ISBN: 3-89864-186-4

WoSc-03   Wolff E., Schmid A., Die Evolution zu XML: Objekt-Orientierung, Das XML &
           Web-Services Magazin - Software & Support Verlag GmbH, 4/2003

W3C-05   W3C, Web-Services Glossary, W3C Working Group Note 11 February 2004,
           http://www.w3.org/TR/2004/NOTE-ws-gloss-20040211/, Latest version:
           http://www.w3.org/TR/ws-gloss/ Editors: Hugo Haas, Abruf am 29.04.2005

W3Cb-02   W3C, World Wide Web Consortium Issues XML Signature as a W3C Recom-
           menda-tion, http://www.w3c.org/2002/02/xmlsignature-pressrelease.html.en,
           14.02.2002

W3C-03a   N.N., SOAP Version 1.2 Part 0: Primer, Editor: Nilo Matra,
           http://www.w3.org/TR/soap12-part0/, W3C Recommendation, June 2003

W3C-03b   N.N., SOAP Version 1.2 Part 1: Messaging Framework, Editors: Gudgin M et.
           al.,http://www.w3.org/TR/soap12-part1/, W3C Recommendation, June 2003.

W3C-03c   N.N., SOAP Version 1.2 Part 2: Adjuncts, Editors: Gudgin M et.
           al.,http://www.w3.org/TR/soap12-part2/, W3C Recommendation, June 2003

W3C-04a   N.N., Web-Services Description Language (WSDL) Version 2.0 Part 0: Primer,
           W3C Working Draft 21, http://www.w3.org/TR/wsdl20-primer, December 2004,
           Abruf am 01.05.2005

W3C-04b   N.N., Web-Services Description Language (WSDL) Version 2.0 Part 1: Core Lan-
           guage, W3C Working Draft 3 August 2004, http://www.w3.org/TR/wsdl20, Abruf
           am 01.05.2005

W3C-04c   N.N., Web-Services Description Language (WSDL) Version 2.0 Part 2: Prede-
           fined Extensions, W3C Working Draft 3 August 2004,
           http://www.w3.org/TR/wsdl20-extensions, Abruf am 01.05.2005

W3C-04d   N.N., Web-Services Description Language (WSDL) Version 2.0 Part 3: Bindings,
           W3C Working Draft 3 August 2004, http://www.w3.org/TR/wsdl20-bindings,
           Abruf am 01.05.2005

www-01   http://www.ltt.de/ws.sap-
           days.2004/stuttgart/conference.shtml%23uebersicht%23uebersicht, Abruf am
           09.2004

XSc0-98   N.N., XML Schema Part 0: Primer, Editor: Fallside D,
           http://www.w3.org/TR/xmlschema-0/, W3C Recommendation, May 2001

XSc1-98   N.N., XML Schema Part 1: Structures, Editor: Thompson H, Beech D, et. al.,
           http://www.w3.org/TR/xmlschema-1/, W3C Recommendation, May 2001

XSc2-98   N.N., XML Schema Part 2: Datatypes, Editor: Biron P, Malhotra A, et. al.,
           http://www.w3.org/TR/xmlschema-2/, W3C Recommendation, May 2001

Yate-01   Yates S., "Which Industries Will Adopt Web-Services," The Forrester Report,
           December 28, 2001

Zage-05   Zagel, M., Starre Stücklisten gehören der Vergangenheit, Computer Zeitung Nr.
           15/11, Seite 20, Konradin Verlagsgruppe

Zimm-03   Zimmermann, O., Mark T., Stefan P., Perspectives on Web-Services : applying
           SOAP, WSDL and UDDI to real-world projects / Berlin ; Heidelberg ; New York :
           Springer, 2003. - XXXII, 648 S. : Ill.; (engl.) ISBN: 3-540-00914-0

ZGDV-02   Jahresbericht 2002 Zentrum für Graphische Datenverarbeitung e.V., Prof. Dr.-Ing.
           José L. Encarnação

Reihe Informationsmanagement im Engineering Karlsruhe (ISSN 1860-5990)

Herausgeber
Karlsruher Institut für Technologie
Institut für Informationsmanagement im Ingenieurwesen (IMI)
o. Prof. Dr. Dr.-Ing. Dr. h.c. Jivka Ovtcharova

Band 1 – 2005	Seidel, Michael Methodische Produktplanung. Grundlagen, Systematik und Anwendung im Produktentstehungsprozess. 2005 ISBN 3-937300-51-1
Band 1 – 2006	Prieur, Michael Functional elements and engineering template-based product development process. Application for the support of stamping tool design. 2006 ISBN 3-86644-033-2
Band 2 – 2006	Geis, Stefan Rafael Integrated methodology for production related risk management of vehicle electronics (IMPROVE). 2006 ISBN 3-86644-011-1
Band 1 – 2007	Gloßner, Markus Integrierte Planungsmethodik für die Presswerkneutypplanung in der Automobilindustrie. 2007 ISBN 978-3-86644-179-8
Band 2 – 2007	Mayer-Bachmann, Roland Integratives Anforderungsmanagement. Konzept und Anforderungsmodell am Beispiel der Fahrzeugentwicklung. 2008 ISBN 978-3-86644-194-1
Band 1 – 2008	Mbang Sama, Achille Holistic integration of product, process and resources integration in the automotive industry using the example of car body design and production. Product design, process modeling, IT implementation and potential benefits. 2008 ISBN 978-3-86644-243-6
Band 2 – 2008	Weigt, Markus Systemtechnische Methodenentwicklung : Diskursive Definition heuristischer prozeduraler Prozessmodelle als Beitrag zur Bewältigung von informationeller Komplexität im Produktleben. 2008 ISBN 978-3-86644-285-6

Die Bände sind unter www.ksp.kit.edu als PDF frei verfügbar oder als Druckausgabe bestellbar.

Reihe Informationsmanagement im Engineering Karlsruhe (ISSN 1860-5990)

Herausgeber
Karlsruher Institut für Technologie
Institut für Informationsmanagement im Ingenieurwesen (IMI)
o. Prof. Dr. Dr.-Ing. Dr. h.c. Jivka Ovtcharova

Band
1 – 2009

Krappe, Hardy
Erweiterte virtuelle Umgebungen zur interaktiven, immersiven
Verwendung von Funktionsmodellen. 2009
ISBN 978-3-86644-380-8

Band
2 – 2009

Rogalski, Sven
Entwicklung einer Methodik zur Flexibilitätsbewertung von Produk-
tionssystemen. Messung von Mengen-, Mix- und Erweiterungs-
flexibilität zur Bewältigung von Planungsunsicherheiten in der
Produktion. 2009
ISBN 978-3-86644-383-9

Band
3 – 2009

Forchert, Thomas M.
Prüfplanung. Ein neues Prozessmanagement für Fahrzeugprüfungen.
2009
ISBN 978-3-86644-385-3

Band
1 – 2011

Erkayhan, Şeref
Ein Vorgehensmodell zur automatischen Kopplung von Services
am Beispiel der Integration von Standardsoftwaresystemen. 2011
ISBN 978-3-86644-697-7

Die Bände sind unter www.ksp.kit.edu als PDF frei verfügbar oder als Druckausgabe bestellbar.